1ヶ国目のインドネシアをバス移動中

どこかの惑星のようなマウント・ブロモ

夕空とプランバナンのシルエット

建築合戦シンガポールの摩天楼

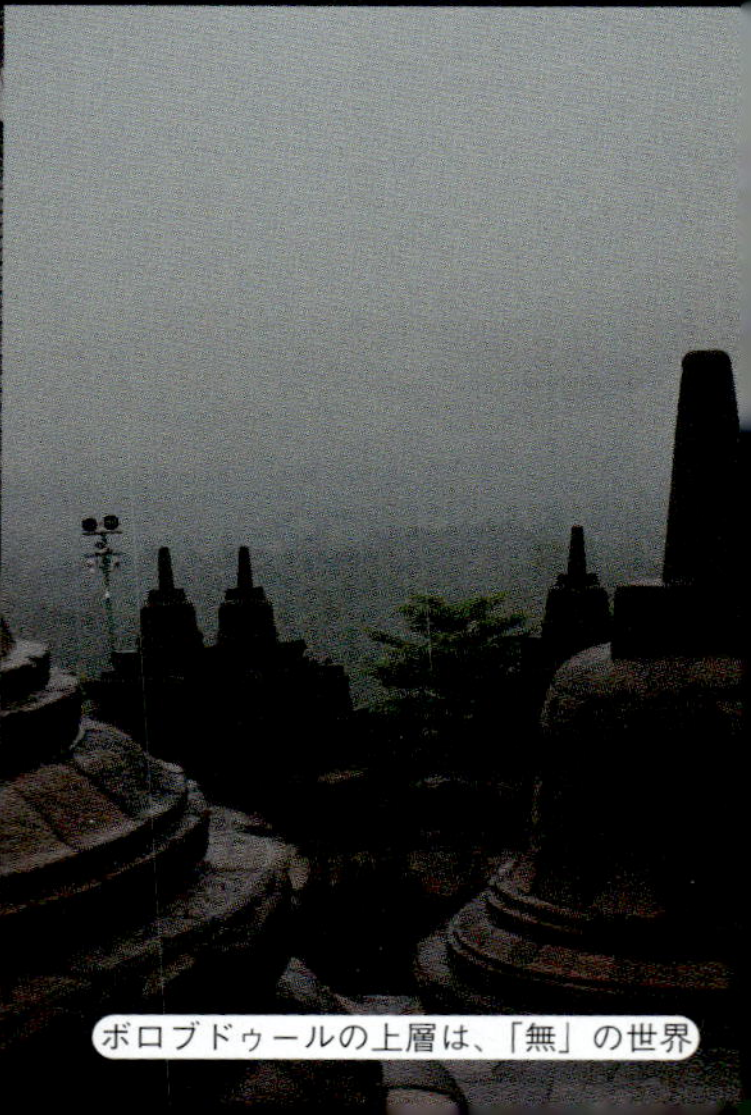
ボロブドゥールの上層は、「無」の世界

バガン寺院群と夕日と旅女

青空に映える茶色いバガン寺院群

失われる前に見たいインディンのパゴダ

バガンのアーナンダ寺院の金ぴか仏陀

金ぴかのシュエダゴォン・パヤー

インレー湖名物の片脚漁法

可愛いタイの小物たち

ドイ・メーサロンの桜

顔のペイントが可愛い首長族の女の子

シーパンドンの夕日と少年

ルアンパバーンの朝の托鉢

圧巻のトンレサップ湖水上生活

シェムリアップのアンコール・トムにて

マトゥラーで出会った家族

マトゥラーの街並みとサドゥ

聖なるプシュカルの魔力にかかる旅女

パリタナの巡礼の朝、祈りの花を

青い街ジョードプルを見下ろす

ムンバイの光と影

ハリジャンの村にて、工芸品に出会う

恋する旅《たび》女《じょ》、世界をゆく
——29歳、会社を辞めて旅に出た

小 林 希

幻冬舎文庫

――29歳、会社を辞めて旅に出た

恋する旅女《たびじょ》、世界をゆく

小林 希 Nozomi Kobayashi

目次

第3章 刺激のタイ・ラオス・カンボジア

序章

旅のない人生なんて、考えられない。人生は旅そのもので、旅は人生そのものじゃないかと思う。「なぜ、旅をするのか」と聞かれても、「なぜ人生があるのか」と聞かれているくらい、返答には困ってしまう。

それでも、私が旅に出ることになったきっかけ、理由というのを考えてみると、それは小さい頃から私の中にあった「孤独感」と、大人になってからも抱える「孤独観」ではないかと思った。

29年という人生で、私は苦悩していたと思う。というと、なんだか壮絶な生い立ちなのかと思われるかもしれないけれど、ごく平凡な家庭に生まれ育った。

両親は愛情を注ぎ一生懸命に育ててくれたし、唯一の兄妹である3つ年上の兄とも仲はよく、ただ高校を出てすぐに実家を離れてしまったので、なんだかわかり合える仲間を失ったような空虚感はいつもあった。

特に小学生の頃を思い返すと、まぶしくキラキラした思い出というのが蘇ってこない。「楽しそうだね」なんて思われることはあっただろうけど、私にはあまり色のない、モノクロームに近い記憶しかない。

私は寂しがり屋のくせに、1人でいることが好き。

小さい頃から、人といることでホッとするものの、相手に合わせて平気で自分を殺してしまう性格だった。なぜか「自分らしくいる」ということができない。他人がつくりあげるイメージを演じることが、何より生きやすい。

でも結局息苦しくなって、やっぱり1人でいることが気楽だというふうになった。それでも、寂しさまで綺麗に消えてくれるわけではないから、1人が寂しいときは、誰か私といてくれる心地よい存在を求めた。だけど、それもたった1人いれば、それで満足だった。

思えば、「みんなと仲良くしましょうね」と言われるのが、幼稚園の頃から嫌だった（らしい）。母は、どうしてこの子はみんなと遊ばないんだろうか、と胸を痛めたらしいのだけど、父は、

「なんでみんなと仲良くする必要があるんだ？　友達は1人いたら十分！」

と言って、両親は喧嘩をした。

幼心に、なぜそんなことで心配されるのかとか、両親が喧嘩するのかとか、不思議でならなかったし、苦痛。それでも、上辺では期待に応えたかったし、両親の誇れる娘になりたくて、愛を求めて、一生懸命に目立とうとした。いや、アピールするのに必死な「アピ少女」

だった。

アピして認められると、今度は目立つことが気持ちよくなってしまった。

小学生の頃は、そういうのが周囲の鼻についたんだろうと思う。だから、いじめられた。

まあ、なんだか可愛らしい顔もしてたせい？

この際、はっきり言うけれど、モテた。

小学生の頃は、モテモテだった。

だけれども、最大の悲劇は物心がつくのが遅かったことだ。

男の子から思われること、見られることが、苦痛でしかなかった。モテモテが嬉しくて、毎日生きているだけでルンルンしちゃうようなおませな女の子だったらよかったのに。何人もの男の子が教室のドアから私を見に来るというその視線は、刃物のようでしかなかったのに、それが理由で（それだけじゃないだろうけど！）、私はいじめられた。

屈託のない天真爛漫なアピっ子というのは気に障るらしい。

悪いけれど、恨んじゃいないけど、不っ細工な女がボス格なる（やっぱり恨んでる？）、まあクラスの一軍的な女子集団から。

いつしか、私に恋した男子たちまでもがいじめるようになった。

幼心に、小さな人間不信を抱いたのだと思う。学校で泣くのが嫌で、下校する道すがら家まで泣いた。家に着いたら私を温かく受け入れてくれる母がいる、と思って帰るのだけれど、いつしか母が異常なほどの心配性だとわかってきて、真実を伝えることが怖くなった。家にさえも、居場所がなくなっていくようだった。

これが私の記憶するうえで、初めての精神的な孤独にぶちあたった出来事だったと思う。それ以来ずっと毎日が曇り空のような日々。

どうやって他人とうまく付き合っていけばいいのかとか、どうやって本当の自分を出せばいいのかとか、はたまた「本当の自分」ってなんだろうかと思い悩んだ。

早く、大人になりたくて仕方がなかった。

そうすれば、この苦悩から解放されるのだと信じていたからだと思う。

そんな私は、ピアノを習っても、公文《くもん》に通っても、塾に行っても、つまらなかった。興味を持てるものが、まったくなかった。それがあるとき、そう、まさに青天の霹靂《へきれき》という出来事があった。

それが、旅先だった。

私が13歳になった頃、父は単身赴任だといってフィリピンへ移り住んだ。その年の12月に、母は兄と私を引き連れて、初の親子3人旅でフィリピンのマニラを訪れた。今から16年前のことだ。

父は空港で待ってはいてくれたけれど、到着ゲートを出て真っ先に目に飛び込んできたのは、父の顔ではなくて、空港なのにぼろぼろの服を着て座り込んでいる人々や、他人をギラギラした目で追っている怖そうな人や、私を興味津々に見つめる小さな子供たちだった。

空港のどよめき、喧噪、汗っぽいような湿気た臭いは、けっして日本にはない異世界だった。同じ地球の上に存在するのが不思議なほど、目の前の世界というのは驚きでしかなかった。

まさに、異世界への扉が開かれた瞬間だった。

フィリピン滞在中も、刺激過多で、私はずっと朦朧としていたような記憶しかない。それでも、今もなお頭の中の、あるいは心の中のアルバムにしっかりと残されているピクチャーは、車の窓越しに細い腕を伸ばして「マネー」と言ってくる同い年くらいの女の子や、河川敷にひしめき合うプレハブ小屋の貧民街や、多めの雨によってあっという間に冠水してしまう道路や、スーツケースなどけっしてガラガラと運べない凸凹の非舗装道や、道にむき出しに置かれたバナナや野菜、褐色の肌をしたフィリピン人たちが乗った混み合った乗り合いバスなど、たくさんある。ある程度セピア色の記憶になりつつも、忘れることなんてできない。

排ガスの臭いのする中、じめっと蒸し暑く、肌はずっと気持ち悪かったけれど、心は弾んでいた。

「お父さん、日本は冬で寒いのに、フィリピンは暑いね」とか、

「あの果物なに？　食べてみたい！」とか、

「ねえ、あの子たち痩せてるね。裸足で歩いてるよ。痛くないのかな」とか、

「何語喋ってるの？　タガログ語？　なんでみんな車に十字架をつけてるの？」とか、
とにかく興奮してたくさんのことを一度に知りたがった。父は、それについて一つひとつ説明してくれたけれど、覚えている返事は1つ、

「のぞみ、これが世界だ。日本は豊かな国だけど、世界には、日本より豊かなものがたくさんある。ここにだって、あるんだよ」

青天の霹靂だった。

目の前の光景で、日本より豊かなものなんて、あるわけないと思ったから。

でも、今ならわかる。

豊かさとは、物質的なものだけではないのだと。

帰国してからは、私の中で何かが変わっていった。それまでは関心のなかった英語や世界史なんかに興味を持ったり、次に旅に出られる日を心待ちにしたり、街中の外国人を振り返

って眺めたりと、日常が楽しくなった。それは私にとって、人生で初めて恋に落ちたような出来事だったのかもしれない。

いつしか本当に恋愛をして、異性を愛することで、日々がキラキラと輝くことも知った。私の中の孤独や寂しさが、なんだかどこかへ行ってしまったかのようにさえ思えた。

それなのに、相変わらず、1人でいる時間は必要なことだった。おそらく、父が海外赴任をしてから、父の分まで子供を育てあげなくては！　と感じていた母の口癖のせいだと思う。

「人は孤独なのよ、強くなりなさい」

だからか、孤独観というものをずっと抱くようになり、完全に無視するというか、切り離すことは難しかった。

いつしか、「1人で生きていける強さが必要だ」と思うようになった。だから、そのために、あえて1人の時間を求めた。

1人でいたいときは、必ず海を見に行っていた。東京から行ける海なんて、湘南くらいしかなかったけれど、それでも太陽が月に変わるまで、浜辺に座り込むこともあった。答えなど、求めていない。ただ、1人になりたかった。その時間を経験することで、なんとなく私は強くなれるのだと思い込んでいた。

大学へと進み、高校生のときから気になっていた写真部に入った。そうして、大量のフィルムと一眼レフを持って、幾度か旅をした。それは国内の身近な場所から、パッケージツアーで行くような海外旅行や、短期留学というようなさまざまな形で。一眼レフは旅の相棒となった。

20歳のときだ。

自分でアルバイトして貯めたお金で中国を3週間旅した。上海から西のウルムチというところまで、長い長い旅だった。列車に52時間乗ったのは、後にも先にもこのときだけ。当然、すべてが新鮮で、発見の連続だった。

広い大陸の上に立つ国は、同じ国内なのに、人の顔も言葉も住まいも自然も宗教も、さまざまであることを知った。

出会いの一つひとつに感動が湧き起こり、同時にさまざまな感情も湧き出てきた。やがてそれは、敦煌の鳴沙山という砂漠のような世界で、抑えきれなくなってしまった。

灼熱の太陽の光でキラキラまぶしい砂丘の上に座り、３６０度の地球を見渡してから、声をあげて泣いた。そばにいた親友の加奈は、

「この景色は感動するよね。感動して泣けるなんて、最高の旅だよ！」

と同じように目を潤ませた。

「うん、本当に綺麗だね」

と私は応えた。たしかに、目の前の光景は見れば見るほど美しく、それは涙が出るほど感動的なものだった。

けれど本当は、心の中で蠢《うごめ》く2つの感情にどう対処していいのかわからないでいた。それを見抜いたのかどうかわからないけれど、加奈は続けてこう言った。

「こんな遠くまで自分たちで来たなんて、大人になったよね、私たち」

まさに私の心の中は、やっと大人になれたことの喜びと、大人になることを受け入れたくない切なさに襲われていたのだ。

自分の足ではるか異国の地へ来ることができ、羨望し憧れていた砂の世界に辿り着いたことが嬉しいのに、それはもう子供ではないことの証のような気がして、身が引き締まる思いがしていた。

「20歳だよ、大人だもの。でも、何だか怖いね」

さらさらの砂を手ですくいながら、私たちは空を見上げた。

小学生の頃、早く大人になりたいと願っていたのに、同時に何か大事なものが失われていく気がして、怖かった。

灼熱の太陽の下で声をあげて泣くなんて、まるで悲しい気がしないけれど、私の視界に映る青空は、ゆらゆらと揺れて、まるで慈悲深くも厳しい海のように見えた。

それは、中国旅行で唯一、写真に収めることが不可能な光景だった。


その予感は、今思えば的中していたのかもしれない。

大学を卒業し、サイバーエージェントというＩＴ企業の会社に入り、仕事に忙殺されると、日常は仕事と恋愛がすべてとなった。一人暮らしを始め、両親から経済的に自立したことが、当時の未熟な私にとって、小さいながら最大の誇りだった。

そうして、ときおり感じる寂しさや孤独とは手をつないだまま、目の前の一つひとつを謳歌した。気づけば、物質的な幸せを追い求め、自分がいかに好きなことをして、楽しい毎日を送るかということしか考えなくなった。旅をしても、それはこれまでと明らかに違う種類のものだった。

心の奥底でうずく違和感を覚えながら、20代が駆け足で過ぎ去ろうとしていた。


２０１０年、28歳のときだ。

実家に戻り、洋服の整理をしようと、普段なかなか開けない押し入れを開けた。何がそこにあるのかなんて、すっかり忘れていたけれど、私はそこにしまわれたミッキーマウスのプリントされた白いTシャツを見つけ、瞬間的に抱きしめた。それは、あの中国旅行の砂漠で、声をあげて泣いたときに着ていたTシャツだった。

あのときの太陽の匂いがした。

小麦粉のように細やかな砂がまだ残っている気がした。

もう声をあげることはなかったけれど、泣きたい衝動を抑えることができず、代わりにTシャツを抱きしめたまま、大きく深呼吸をした。

社会人として過ごした数年間、そこで蓄積された物悲しさは、今思うと気づかないふりをしていたにすぎず、それがついに意識上まで溢れ出てしまったのだと思う。

「旅がしたい」

深呼吸して吐き出した息と一緒に出てきた言葉は、魂の声だったように思う。1人になりたくて海に行きたくなるのと同じ、久しぶりの気持ちだった。

それからすぐの2010年11月に、私はチュニジアを旅した。

1人ではなくて、会社の同期女子3人での個人旅行だった。久しぶりのバックパックは、背負うだけでうきうきとした。旅が好きでたまらなかった気持ちが再び私の中で湧き起こった。

青と白の作り出す美しい街並み、フレンチファイされたカフェや通り、美しいタイルが魅力的なモスクをはじめとするアラビアンナイトの世界、保存状態良好な古代遺跡群、映画『スター・ウォーズ』に出てくる惑星「タトゥイーン」の舞台となった村、惑星のようなサハラ砂漠、時間が永遠にあると思っているような、時間をかけることを惜しまない人々……、旅先で出会うすべてが異国情緒に溢れ、忙殺された日常で失われた何か大切なものの断片が、少しずつ、パズルのようにはめ込まれていくように感じられた。

チュニジアのサハラ砂漠で、寒くて体が冷える夜に、私は一緒に旅をしている綾子と理紗に言った。

「わたし、チュニジアが好き。また戻る、かならず」

それは、「旅をする」という意志を表明した言葉だった。そのときすでに、次の旅は数ヶ月から1年という、長期の旅にしようという思いを抱きながら。

チュニジアから戻り、私は2つの決意をした。会社を辞めることと、5年近く一緒にいた好きだった人のもとを離れることだった。

会社は、サイバーエージェントの子会社であり、ロックな性格の編集長のいる出版社だったのだけど、会社を辞めて旅をしたいと言うと、

「おうっ！　行ってこい！　また一緒に仕事しようぜ」

と、嬉しい言葉をもらうことができた。

「また一緒に」という言葉ほど嬉しい愛の言葉はないと、その日はじんわりと胸が温まった。

それから、大好きな人のもとを離れる決意だ。これまで、5年近い信頼関係があって、あたたかい泉のような彼の懐から飛び出すことを考えたことはなかった。

それでも、私には今のところ結婚願望というのがない。なんとなく、結婚生活というのは窮屈で、自分の時間がなくなるようで、気がすすまないのだ。

おそらくは物心ついてから、父が仕事のため家にいなかったこともあって、結婚生活に対するイメージが湧かないのもあるし、どこかに、

「結局人は、1人なのだ。それよりも自分の時間が大事」

という思いもあった。

だから、周りの友人たちは、「30歳を前に！」をスローガンに、華やかにバージンロードを歩いていくけれど、私は祝福はしても、羨ましいとか焦燥感を抱くなんてことはない。

今の私に必要な経験は、孤独感を瞬間的に埋めてくれる人と結婚したり、ずっと一緒にいることよりも、自分と向き合いながら1人で世界を旅することなのだと思う。

きっと、自分の中にある孤独観と向き合うことをしなければ、誰といても寂しい思いをす

るのではないかと思う。孤独や寂しさというのは、人と一緒にいれば解消されるものではないからだ。

30歳を前に、一人旅をする。

それが、自分らしい生き方の一歩だ。

そうと決めてからは、畏怖してやまない未知なる世界への冒険が始まるのだという高揚感と喜びで胸がいっぱいになった。ああ、こんな人生も素敵じゃない！

ふたたび私の目の前には、フィリピンのときと同じように、新たな世界への扉が開かれたのだ。そしてまた、恋をするように世界の一つひとつにトキメいていくに違いない。

さっそく、一人暮らしをしていたマンションを引き払い、実家に戻ってお金を貯めはじめた。ほとんど買い物もせず、贅沢はやめることにした。

ただ1つだけ、チュニジア人留学生に、アラビア語を教えてもらうことにした。話せるようになる、ということよりも、なにかしらの旅支度がしたくて仕方がなかったのだと思う。旅に出ると決めたチュニジアへ、ふたたびどうしても行きたかったからだ。

ところが、2011年1月、まさかのチュニジアが発端となって、アラブの春という革命が起こったため、出発は同年夏を予定していたけれど、延期することにした。情勢が不安定のままチュニジアへ行くのは危険であったし、思い切って1年間は会社を辞めず働き、お金を貯めることにして、2011年の12月中に日本を出発することにした。

結局、チュニジアの情勢は12月になっても不安定のままで、でもさらに旅を延期するには気持ちが間延びしてしまうので、最初にチュニジアへ行くことは諦めて、先に別の国々を旅することに決めた。

旅程は行きたいところを考えても、おそらく1年間はかかることになりそうだ。

ざっくりと、1月~3月までアジア、4月~6月までフランス、7月にはチュニジア、もしくはどこかへ行くことにした。チュニジア以降は、好きに動く。どこか好きな町を見つけて、数ヶ月滞在するのもアリだ。

フランスに長く滞在したいと思ったのは、単純な理由で、美味しいワインとチーズをありったけ堪能したかったから！　なーんて、オシャレな発想ではなくて、単にチュニジアがかつてフランス領だったから。もちろん、芸術の国というだけあって、いくつか触れてみたいアーティスティックな世界もあって。

まずは、3ヶ月のアジアの旅だ。

1ヶ国目はインドネシア、次には親友が住むマレーシア。それからシンガポール、ミャンマー、タイ、ラオス、カンボジア、最後にインドへ行く旅程。各国の中でどこを旅するかというのは、そのつど考えることにした。旅は、ケセラセラ、流れのままに動くほうが楽しい。

1つだけ心に決めたのは、学生の頃とは違い、安宿ばっかり泊まるとか、お金を切り詰めて本場の美味しいものを食べないとか、そんな旅はもうしない、ということだ。しないとは言っても、せざるを得ない状況に陥ることなど何度もあるだろうけれど、まあ、あまり我慢をしないで旅を楽しみたい。

多少（いや、かなり）お金はかかるものだと思って、旅に出ると決めてから1年間で貯まったお金と、毎月の給料から天引きで貯まっていった数年間分の貯金と、退職のときに有給休暇を買い取ってもらったお金をすべて旅に使うことにした。

しっかりと1年間の海外旅行保険にも加入して、それからワクチン4種類（破傷風、狂犬病、A型肝炎、B型肝炎）も打ち、着々と準備が整っていった。

29歳を迎えて2ヶ月半ほど経った2011年12月27日。夕方6時に会社の人事に社員証を返し、夜9時に羽田空港へ向かう。

旅立つ前、母は玄関先で私に聞いてきた。

「あなた、旅に出て、それからどうするの？」

「素敵な女性になるのよ」

母はだいぶん拍子抜けして、ひどくがっかりしたように見えた。私はニヤリと微笑み、バックパックを背負って家を出た。

母にはわからないであろう、私の旅への思いは、「素敵な女性になる」という一言に集約されてしまったけれど、間違いなく私の旅の目的は、それなのだ。

新しい価値観や、人との出会い、未知なる発見があって、それから別れがあるだろう。自分の中の不要なものだって、削ぎ落とされていくだろう。旅とはそういうものだからだ。

旅を通して、自分らしく生きてみたい。強くなりたい。

その姿は、私にとっての「素敵な女性像」。

駅に向かう道で、まぶしすぎる電飾のコンビニエンスストアを見て、「豊かな日本」ともしばらくはお別れだと思いながら、友人たちが見送ってくれる羽田空港へと向かった。

羽田空港行きの電車の中で、窓に映るバックパックを背負った私は、どこから見ても「旅《たび》女《じょ》」だ。そうだ、1年という長く、おそらくあっという間であろう旅は、もうすでに始まっているのだ！

第1章　魅惑のインドネシア・マレーシア・シンガポール

インドネシア

脱ジャパン！――旅女の世界旅行が始まった

２０１１年12月27日夜11時、ＬＣＣエアアジアは１人の乙女を乗せて羽田空港を飛び立った。行き先はインドネシアのジャカルタだ。途中マレーシアのクアラ・ルンプール国際空港でトランジットする。

羽田空港まで見送りに来てくれた愛しき友人たちは、涙をうっすら浮かべながら、

「のん、必ずメールしてね！」

「うん、ハガキも書くよ」

「心配してるからね。でも楽しんで！」

「ありがとう」

「のんちゃ――――ん。死なないでえええええ。必ず生きて還ってええええええ」

「（え？　私死ぬの？）……大丈夫！　また会おう！」

一人ひとりとハグをして、たしかに、もう二度と会えないんじゃないかという思いも僅か

に脳裏にあったから、周りの旅行者など気にせずに、力強く手を振った。

遅い時間なのに見送りに来てくれる友人たち。物理的な距離よりも、精神的な距離の大切さを実感する。別れは、たとえ一時的であれ、心の枠を取り払い距離を縮める最も有効な、でも切ない手段なのだ。寂しさや切なさは、相手への純粋な愛しさを生み出すのではないかと思う。

嗚呼……生まれ育った日本が遠のいていく。

嗚呼……寂しさがつのる。

真夜中なのに、胸が高鳴って眠れない……。ってことはなかったのか？　いつの間にかぐーすかぐーすか眠っていたようで、あっという間にトランジットするマレーシアのクアラ・ルンプール国際空港に着いていた。

「あら？　もう？」

夜中発つって便利、というか寝たら着いているわけだから、楽ちんだ。

羽田を発って7時間半が経っていた。

LCCはとにかく窮屈で、長距離なんて耐えられない！　と言う人がいるようだけど、バスシートのようなカジュアルな座席だと思えばいいのか。ん？　それが嫌なの？

現地時間、朝6時だ。周囲はまだ暗い。飛行機を降りると、もわっとした空気を感じた。日本は真冬ゆえ、ユニクロのフェザーダウンジャケット（ロング）をしっかり着込んできたけれど、そうだ、東南アジアは常夏。暑いに決まっている。

ダウンジャケットをコンパクトにまとめ、バッグへしまいこむ。もう、しばらくこれを着ることもないはず！

飛行機の階段を下りながら、一枚一枚脱ぎ捨て、私は解放された。

ダウンジャケットに続き、パーカと長袖のシャツとストールをバッグにしまうと、デニムのズボンにタンクトップとなった。

どこからどう見たって、真夏の格好！　太陽が好き、暑いのが好き、薄着が好きな私には、この軽やかな身なりへとなっていくことが、嬉しくて仕方がない。

空港のトランジットは簡単。飛行機から降りて建物に入ってすぐの階段を上るとイミグレがある。トランジットは階段左横の部屋へ移動する。そこで軽く荷物検査を受けて、搭乗ゲートへ移動し、時刻まで待機する。

ところがトランジットする人の数が多いのか、左横の部屋には人が入りきらず、てんてこまい。

「ねえねえ、みんなで順番に並びましょうよ！」なーんて精神はどこにもなく、我先にと姑息な追い越し合戦が始まっている。

ちょっと！　あなたさっき私の後ろにいたじゃない！　なんで前にいる？

中には「おい！　この紙を見ろ！　早く中へ入れろ！」と紙を高々と振りかざし、エアアジアのスタッフへ訴え叫ぶ者がいる。それを見て、「私だって持ってるわ！」と言わんばかりに別の者が叫び出す。

よくわからない言語があちらこちらから飛び交うさまは、

「ついに日本を出た！」という気持ちでいっぱいになりつつも、目の前で起こっている喧噪がいらついてくる。しまいに、私は叫び出してしまうのだ。

「ねえ、ちょっと！　頼むから黙って並んでちょうだいよ！」

実際は、そう叫んでいる自分を、脳内の映写機が限りなくループして、前頭葉あたりで映し出しているだけ。

げんなりしながらも、無事に搭乗ゲートへ入り、インドネシアのジャカルタ行き飛行機を待つ。

私はこの待ち時間が意外と使えて、嫌いじゃない。何をするかって、まずはお手洗いへ直行して、顔を洗い、歯を磨く。それからカフェに入って珈琲を飲みながら、スケッチブックに日記を綴る。

スケッチブックを持ち歩く癖は、頻繁に旅をするようになった大学生の頃から続いている。なんだか読み返すと恥ずかしくて、結局書いては、また次の旅に出る前に、「あの、お母様? 私にもしも何かがあったらですね、これ、何も見ないで捨ててください」という段ボール箱に入れられることになるから、いったい何のために書いているのやら。

だけど、私なりの理由がある。

一人旅は考えることが多い。話したいことも多くなる。そのときに対話する相手は自分しかいない。自分と対話する有効な手段は、書くことなのだ。そうして、1人の時間と向き合い、外側の世界が広がる一方で、自分の内側の世界も広げたいと思っている。けっして、読み返したいものではなく、孤独をうめてくれる大切な道具といえる。

飛行機は30分遅れで、ジャカルタへ向かった。

2時間が経ち、飛行機は着陸態勢へと入った。緊張が一気に高まる。これまでに幾度となく旅をしているとはいえ、1年という長期を、たった1人でバックパックを背負って旅をするなんて、初めてのこと。いったい何が、私を待ち受けているのかわからないのだから。

こういうとき、私は恐怖や不安スイッチを脳内でオフにする。

そう、このオン・オフスイッチはかなり使える。まるで、霊能者が、

「日がな一日霊が見えて大変では？」という質問に、

「いえいえ、普段は霊能スイッチオフにしてますから平気なんですよ〜」という感じ。危険察知のアンテナだけは常時オンにして、緊張して到着したインドネシアの大都会ジャカルタ。

空港は、きわめて安穏でございました。

いつだったか、どこかで出会った、ご年配の旅の達人に言われたことがある。

「新しい国や場所に着くと、だいたい人はテンパるものです。どうやって移動しよう、どうやって宿を探そうと。そういうときは、まず落ち着いてベンチに座り、一息つきます。カフェなんかあれば、珈琲を飲みながら、この先どうするかを冷静に考えるのです。その余裕が旅への不安を減らしてくれますから」と。

その言葉は天使の声となって、私のハートのチャクラへと降りてきた。さっそく空港のベンチに座り、これからどうするかを考える。

旅にとって大事な旅程というものだけど、私の場合、いつも予定がずれたり、行き先を変更してしまうものだから、事前にしっかりと組み立てるということができない。だいたいこんな感じで動こう、何は必ず観ておこう、というくらいは決めておくのだけれど。

今回は、4月1日からフランスへ行く予定だけが決まっている。たまたま、日本で、ネットで調べているときに見たエアアジアのパリ便が（今は就航していない）マレーシアのクアラ・ルンプールから2万9000円で売り出していたため、迷わず買ったのだ。

となると、アジアは2011年12月27日から2012年3月31日まで。まるまる3ヶ月しかいられない。そのうちインドには1ヶ月ほどいたいと思っているから、うまい具合に滞在日数を考えながら旅を進めなければならない。

インドネシアには10日ほど滞在しようと思っていた。どこへ行くかという目星はつけたものの、具体的にどう動くのかはジャカルタの空港に着いてから決めればいいやと思っていた。

さて、とベンチに座ってガイドブックを取り出した。マップを広げる。

「う――む」

ジャワ島の西側にあるのがジャカルタ。ならば一気に東側の街まで飛び、少しずつ西側へ戻ってくるという旅程はどうか。

東には、聖なる火山の地、マウント・ブロモがある。ガイドブックの写真を見るだけでも、灰色の荒涼たる大地とそこに聳《そび》え立つ火山は、神秘的な世界だと思わせる。

「いいわ、なかなか刺激的な場所だわ！」

一発目に、宇宙を感じる場所へ行く。

それから、中部の古都ソロや世界遺産ボロブドゥールに近いジョグジャカルタ、温泉が出る西部のバンドンなど通りながらジャカルタへ戻ってこよう。そう、決めた。

ガイドブックによると、まずマウント・ブロモへ行くためには、スラバヤという東の街からバス移動をしないといけないらしい。

スラバヤまで、エアチケットを買いにライオンエアのカウンターへ行く。タイミングのいいことに、出発時刻も1時間半後、すぐにチェックインできる。国内線のチェックインはボーディングの1時間前までにすればよい。荷物を預け、搭乗ゲートへ向かう。

いつの間にか、心はふたたびワクワクドキドキしている。

旅って、ひらめきと導きで決まるもの。冒険心と好奇心と、向こう見ずな勇気でもって、さあ、行こう。旅女を待っていてくれる何かに出会えると信じて！

秘境――ここは、惑星ですか？

あら？　外が明るい？　てことは、日の出ツアーはすでに終わってしまっている。

昨日、ジャカルタからスラバヤへ飛び、その後バスに乗って、夜遅くにも拘わらずマウント・ブロモの麓の村チェモロ・ラワンまで移動したのだ。それは、マウント・ブロモの日の出ツアーなるものに行ってみたいと思ったからなのに。

「…………」

一瞬テンションはさがるが、でも仕方ない。そんなことよりも、日常と違う朝を迎えたのだ。そう、いつもと違う朝。なんだか不思議な気がする。

外に出る。

かすかな霧が視界を遮るのだけど、昨夜暗闇で見えなかった宿の目の前には、もやもやとした白いガスと、この世に存在しない物質でできているようなグレイの大地の世界が広がっている。

火山の町ゆえのグレイッシュな世界は、まだ夢から目覚めることができないでいるかのような不確かさを抱かせる。そんな背景の遠くには、うっすらとだけれど、マウント・ブロモが見える。

視界の中にその緑色が入ってくると、確かに、この現実にいるのだという安堵感に包まれて、ようやく、空気がきんと冷たく美味しいということに気づいた。

大きく深呼吸をしながら、大地を踏んだ自分の足を見た。

私は今、旅先にいる。

今頃、日本の家族や友達も起きているのだ。ああ、不思議。同じ空の下にいるのに、私はもう非日常の隙間に入り込み、でも変わらずに日本では私のいない日常が送られている。そうだ、私がいなくなったとしても、日本で過ごす人々の日常は、何一つ、変わらない。

そう思うと、もしかしたら私の陽炎《かげろう》みたいな分身が、当然のことのような顔をして日本で日常を送っているのではないかという気がしてくる。

今、ここにいる旅先の私は、いったい誰だろう……。

宿のスタッフに「グッド・モーニング」と声をかけられて、我に返り、朝食をとりに行った。野菜入りの焼きそばのようなヌードルは、麺がやわらかく、味は甘くて辛いような不思議な味がした。それから具材のあまり入ってない、味のないチャーハンも食べた。

チェックアウトを済ませ、バックパックだけ宿で預かってもらい、歩いてマウント・ブロモに向かうことにした。ところが、歩くには遠い！

すかさずやってくるバイクタクシーと値段交渉をして、乗せてもらうことにした。こういうときいつも思う。このタイミングよくやってくるバイクタクシーだけど、いったいいつから私を追っていたのかと。え、自意識過剰ですって？

バイクタクシーは途中で止まり、

「あそこで入山料を払え」と言う。

1人5万ルピアという紙が張られているので、バイクタクシーを降りて窓口のような所でお金を支払うと、

「撮影するなら撮影料も払え」と私の相棒、ニコンの一眼レフを指さして言うでないの。

お——、来たわね。それには騙されない。

「あーら？　そんなこと、どこにも書いてないわよ！」と言って、バイクタクシーに戻る。

こういうときは、ゆっくり、堂々と歩かなくてはいけない。騙してないならぜったい追いかけてくるはず。しかし、あっけなく彼らは引き下がった。ほら見たことか。

「簡単に人を騙せると思うんじゃないよ！」と、心の中で相変わらず私は叫ぶ。


バイクタクシーはさらに道を進む。

舗装されていない凸凹の道でお尻がときにポンッと浮いてしまう。旅が始まって、いきなり事故死はさけたい。恐怖を覚えつつも、しだいにバイクタクシーは道を外れ、道なき場所を少し下ったかと思うと、カルデラの大地というか火山灰の砂漠のような場所に入っていった。

荒涼たる平らな大地だ。

バイクの走る後ろから砂埃が舞っている。

振り向くと、その砂埃は空高くまでのぼり、拡散され、やがて見えなくなっていく。

前方からも、風に乗って細やかな灰が顔に触れてくる。

霧のせいで白んだ世界の中、遠くから馬の蹄の音が聞こえてきた。何頭かいるのか、足並みの揃わないリズムを刻みながら、音はしだいに大きくなり、やがてその姿を現した。

馬に乗った浅黒い顔の地元の人たちが、頭から腰の辺りまで布を巻き、目の部分だけを外界にさらしながら、さっそうとすれ違っていく。

バイクよりもずっと高い位置にいる彼らの数個の瞳と目が合った。

たった数秒の一部始終が、限りなく現実とかけ離れた空間だったけれど、すれ違いざまに見せてくれる彼らの優しい瞳が、ここは地球で、インドネシアで、マウント・ブロモだと教えてくれる。

これぞ、旅情。

たまらない旅情を感じて、手の力が緩んでバイクタクシーからずり落ちてしまいそう!

マウント・ブロモには、馬に乗って登ることができるらしく、馬の客引きがたくさんいた。

でも、何時間もの登山ではない。すでに標高が高いところにいるわけだし。

「よーし、がんばって登るわよ！」

馬の客引きを振り払いながら、草木のほとんどない荒涼たる灰色の砂の世界を感じながら登る。ときおり目に入る植物は、葉のない木々と、赤色をした草だけ。

右手には、マウント・バトゥが見える。お皿に載ったプリンのような綺麗な形をしていて、なんとも違和感を覚える。自然というのは生命体であるはずなのに、いささか「死」を彷彿させる、ミステリアスな光景。

登りながら見上げる景色は、まるでタロットのOSHO ZENカードにある「TRAVELING」の絵とそっくり。タロットは、私が以前働いていたときに、タロット鑑士さんの書籍編集を担当したことをきっかけに、すっかり個人的な趣味になってしまった。

ところで、「TRAVELING」のカードの意味は、長い人生そのものを表したりもするし、新しい人生を行くという意味だったり、実際的な旅を意味したりもする。

旅とは人生そのものであって、あるいは人生に旅のようであって、そこには楽しいことだけじゃなくて苦悩もあるし、疲れることのほうが多いのだという気がしてならない。

それでも、前へ前へと人は人生の階段を上っていく。素晴らしい光景が待っていることを信じて。それが人の生きる道であるかのように思えてくる。

と、思考を巡らせるのだけど、肉体にはこたえてくる……。

「けっこう急勾配じゃないのよ〜、ぜえぜえ……」

ある程度登ったところで、前方に階段が見えた。まるで壁にかけた梯子のような角度だ。

「あれが最後の難関ね……」

でもこれぞ、人生、苦あればきっと何かがあるはずだ！　さあ、立ち向かおうではないの。

鼻息荒く（実際に）、階段の下まで着くと、なにやら大家族が食事をはじめている。ビニールシートを敷いて、その上には穫ってきたばかりのようなココナッツの実がごろごろ転がっている。それからバナナは房のまま置かれ、葉っぱにくるんだご飯らしき食べ物もある……。

まあ、インドネシア式ピクニックだと思う。

写真を撮らせてもらうと、優しそうなおばさんがバナナを1本くれたので、ありがたく頂上でいただくことにした。

不思議なのは、皆さんの顔がジャワ島西部のジャカルタの人たちと違うこと。顔の色は浅黒いというよりは茶褐色で、鼻が低く立体感のない平面的な顔をしている。まあ、日本だって、沖縄の人は顔が濃いだとか、秋田美人は色白だとかいうのだから、当然か。

頂上はいっそう視界が悪く、小雨まで降ってきた。

はるか下に見える火口湖はうっすら抹茶色をしている。そういえば、何年か前に草津の白根山で見た湯釜（火口湖）は綺麗なブルーをしていたなあと思いだす。5年近く好きだった彼と行ったのだ。あのときは、きっと彼とは、こういう光景を2人でこれからもたくさん見るのだろうと信じて、疑わなかった。

乾燥した唇の皮を剝いてしまったときのような、ピリッとした小さな痛みが心に広がった。普段まったく使わない、鍵のかかった記憶の引き出しを開けていくような作用が、旅先にはあるように思う。

寒さが一層増してくる。

3分後、あっという間に、なーんにも見えなくなった。誰もいない。

周囲を閉ざされ、とらわれの身にでもなったそら恐ろしさがこみ上げてくる。

「誰よ、苦あれば何かがあるだなんて！」

バナナをパクリパクリと食べながら、自然の気まぐれにいじけ、

「もう下山してやる！」と思ったときだ。

いきなり視界がぱ～っと開けた。なぜか、霧が晴れていく。

とある絵画が埃まみれになって置かれていたのを発見して、埃をふう～っと払ってみると、みるみるうちに神秘的な月の世界が現れるというような感じに。

月の世界とはいえ、それは木々が点在し、遠くには山があり、馬や人もいる世界だから、もっと温かみのある、生命のかよった別の惑星というイメージだ。

神秘性をもったその光景は、これまでの人生で一度も見たことのないものだった。

遠くには寺院のような小さな建物もある。何教の寺院なのだろうかと、ささやかな疑問がわき、どこかの惑星にもし生命体が暮らしていたら、そこにも信仰心というものが存在するのだろうかと思った。

下山したあたりで、焚き火をしているおじさんとおばさんがいた。寒さの限界にきていたため、火にふらふらと引き寄せられ、一緒にあたらせてもらう。で、気づいたら、宴会？

きっとこれもインドネシア・ブロモ式なのだけど、１本の瓶ビールを１つのコップに入れて回し飲み。これって、瓶ビールを回し飲みすればいいような。おもてなしの作法やらマナーがあるのだろうか。

私にコップが回ってきたところで、聞かれた。

「どこから来た？」

「ジャパン！　東京」

「ほう、ここは好きか？」

「うん、とっても。でも寒いねー」

「東京は寒くないのか？」

「もっと寒い！　でもここは暑いと思ったの。ところで、あそこに見えるのはお寺？」

遠くに見えて気になっていたお寺らしき建物を指すと、

「そうだ。ヒンドゥー」と言う。

それには驚いた。インドネシアというと、バリ島以外はイスラム教だと思っていたから。でもそうか、もう少し東へ行くと、ジャワ島に隣接したバリ島だから、このあたりもきっとヒンドゥー教徒の町なのだ。

「祀っている神様は？　ガネーシャ？　シヴァ？」と知ってるヒンドゥーの神様を言うと、

「ノー！　マウント・ブロモ&マウント・バトゥ！」と言う。

ヒンドゥー教にはさまざまな神様がいるけれど、そんな名前の神様は聞いたことがない。それどころか、ここに聳え立つ山の名前を言ってる。つまり、自然崇拝ということなのだろうか？

それって日本の神道のよう。たしかに、『インドのヒンドゥー教と日本の神道は同じなのだ』と、昔インドを旅したときに出会ったヨガの先生が言っていた。奥が深い。

きっと、これから世界のあちらこちらで、こういった祈りを捧げる人々や聖なる場所に出会っていくのだろう。だけど、私自身の中には、信仰心というものが果たしてあるのかさえわからず、あるとすれば、ときおり空や太陽に向かって何事かを祈るというだけ。宇宙に浮かぶ、美しい星々が流れゆくときに、何かお願い事をするというだけ。

それでも、世界は私に何かしらの「答え」を与えてくれるのだろうか。

ふたたび馬の客引きがいるところを通過して、さて、どうやって戻るかと思ったとき、ブ――――ンと、私の前に1台のバイクタクシーが現れた。

「ハロー、アゲイン！」

さっきの運転手がにっこりと微笑んだ。

「乗ってきなよ！」

またしてもタイミングよく現れてくれるじゃないの。

さては、ずっと私が戻ってくるのを待っていたわね？　助かるけどね〜。だから、やっぱり自意識過剰ですって？　ま、相手の目ったらルピアマークでギラギラしてたけど！　おかげさまで、無事に宿まで戻れたから、いっか。

荷物を受け取り、午後2時すぎに宿を出る。これから、ソロという街へ移動するつもりだ。

これぞアジア――夜道でバスが故障、もはや動かず……

マウント・ブロモから戻り、ミニバンがチェモロ・ラワン村を出たのはその日の午後3時。西洋人の旅人3人と一緒だ。

「Hi!」と挨拶を交わすが、会話はなし。私は人見知りなのよ。だから、寝たふりなんかすぐにしちゃったりして。

雨が降り始め、ミニバンは出発した。村へ来たときは真っ暗な夜道だったので、全く景色がわからなかったけれど、改めて見る周囲の景色は、ジャングルというか、森のような山道で、ところどころに木造の小さな家があったりするけれど人の影はない。自然に溶け込んでいるその家々は、もしや人間ではない何者かが暮らしているのでは、と妄想させる。

そんな好奇心と冒険心をくすぐられるのも、旅だからこそ。


プロポリンゴからは、思い切り西へ向かい、ジャワ島中央部にあるソロへ行こうと思う。ソロはジャワ島で最も大きいソロ川のほとりにある古都。気になったのは、ソロから東へ36キロの場所にある、ラウ山の麓にあるスクー寺院とチュト寺院。

寺院ていうのだから、いわゆるお寺なのかと思うと、そうじゃない。ガイドブックにはこんな感じで書いてある。

「15世紀に建てられた2つの寺院は、アニミズムの影響を受けたヒンドゥー教の遺跡であるが、本殿はジャワ島建築様式とはかけ離れた、まるでマヤ文明のピラミッド遺跡を彷彿させる」

なんと。こんなジャワ島のど真ん中にピラミッドがある？

好奇心と冒険心はくすぐられるどころか、火がついてしまった！　次は、ここへ行く。惑星のような秘境のあとは、古代遺跡の謎に迫りたい！

そういえば、東京で仲のよい放送作家の吉田にょろり氏とは、『月刊ムー』（オカルト雑誌）を肴に夜ご飯を食べる同士（「我らムー民！」と言っている）で、彼がある日こんなことを言った。

「ねえ、のぞこ知ってる？　『ムー』に書いてあった、インドのヒマラヤ山脈のことなんだけど。大昔、大陸とインド半島は離れてたんだって。でね、いつの時か、地球上の大陸がもの凄い速さで動いたときがあったと言われるのさ。日本だって1日で1回転したかもしれないんだって」

「え、何ですって⁉」と、興味津々に食いつく私に、にょろり氏は得意気に続ける。

「で、インドもそうで、インド半島は大陸から離れた島だったんだ。でも、それがもっっっのすごい勢いでユーラシア大陸にぶつかった。そのぶつかった衝撃で、大地がもりあがり、それがヒマラヤ山脈になったらしい。のぞこもさ、世界旅行で、世界の不思議を発見してきなよ！」

するとインドネシアの島々とマヤ文明のある中米あたりが地続きだった可能性もある。さっそく、世界の不思議に迫ろうではないの。さあ向かうわよ！

プロポリンゴからソロまではだいぶ距離がある。どう向かおうか悩んでいると、プロポリンゴまで一緒のミニバンに乗り合わせたインドネシアの学生が、ガイドブックを見ている私に助言をしてくれた。

行く方法は2つ。スラバヤまでバスで行き、そこから飛行機で行くか、バスでダイレクトに行くか、どちらかしかない。

プロポリンゴに着いた時間はすでに夕方。そこからスラバヤまでバスだと、飛行機はもうないだろうし、スラバヤで1泊するのはタイムロスになってしまう。

うーむ。うーむ。古代遺跡が私を待っているというのに。

すると乗り合いバスの運転手がやってきて、あの西洋人3人がジョグジャカルタへバスで行くので、一緒に乗っていけば安いし、途中ソロで降りられるから、そうしたらいいと提案してくれる。

乗り合いバスは、乗る人の数が増えるほど、1人あたりの値段が安くなったりする。あるいは、ある程度人が集まらないと出発してくれず、車内でかなり待たされることもある。

この乗り合いバスにかぎっては、出発もすぐらしい。ただし到着時間は深夜になるという。深夜到着は気が乗らないけれど、時間と手間を考えて、行くことに決めた。宿も、どこかしらあるはずだ。

きっとかなりの長距離になる。覚悟しようと思いながらも、「ああ、旅が始まった！」なんて感じる瞬間だったりする。時間がかかることも受け入れて、その先にある「何か」に期待をして、旅女は前に進む。

そう、我が心はもうムー民と化していて、マル秘な神秘なる場所に向かうのだと意識すると、そうやすやすと行けたらつまらない、いいえ、簡単に行けるはずがないのだわ！　と、細い目になりながら妄想は止まるところを知らない。

夜7時に出発だと言われたので、それまで近くで軽く焼きそばを食べてから言われた場所へ行ったのだけど、またしてもインドネシアンタイム。遅れて当然だって？

結局夜8時に乗り合いバスは出発した。

西洋の旅人たちと車内でふたたび「Hi!」と挨拶する。会話？　あるわけない。微笑という名の会話オンリーよ。

それにしても驚いた。乗り合いバスと聞き、いわゆるローカルなおんぼろかと思っていたのに、かなりラグジュアリーな車体で、シートもふかふか（いつも、硬いから）、快適！

となると……あっという間に眠りについてしまった。

ところが、気づいたらバスが止まっている。なにやら運転手が外に出て、点検をしている。どうした！　何が起こった⁉　あ、動き出した。もう、驚かさないでよね。こんな夜道に、ゲリラでも現れたかと思ったじゃないの。ほら、妄想の世界は広がり続けているから。で、ふたたび寝る。

ところが、またしてもバスが止まっている！

今度は運転手に「外に出ろ！」と促された。

なんだって、パンク⁉　故障？　こんな真夜中に……。

あえなく、旅人4人とバックパック4つ、夜道に放り出され、待たされることとなった。運転手は一生懸命にタイヤをチェックしたり、誰かに電話してアドバイスをもらったりしているのだけど、作業進捗ゼロ。

ぼ――――っとする。これってもしや夢の中？

古代の謎に迫ろうとする旅女に、謎の力が働いて、やっぱり簡単には行かせてくれないのだろうか。いやいや、そんなこと、あるわけない。

路上に座り込み、待たされて2時間が経った。どうしようもない。路上で寝ることも踊ることもできない。深夜営業しているお店でビールを買い、4人で乾杯した。

「我らの旅路に乾杯！」

なるたけ逃げていた「会話」も、こうなれば殻を破って話せるものね。人見知りだというキャラクターも克服か？

西洋人3人は、1人が男性で、2人が女性。どういう関係なのか気になり、

「どこから来たの？」と聞いたら、

「ネドールラーンド」ときた。よく聞き取れず、

「え？　ネバーランド？　それって国？」と真剣に聞くと、

「もちろんさ！　知らないのかい？　オランダだよ！」って笑われて……、ようやく「ネーデルランド」だとわかった自分が情けない。

「ああ――参ったね！」と彼らはスモーキングしながら愚痴り始める。どうして西洋人てば、シガレットがそんなに似合うのですか？

夜空は曇って星も見えない。今頃はソロに着いて、宿で眠っている頃だったのに。

待てど、暮らせど、バスはどうにもならず、ついに、私は重い腰を上げ、運転手に一歩一歩近づいた。

「ねぇ、もうどうにもならないでしょう!?　YOU！　あきらめなよ！　早く助けを呼んで！　私たちは客なのよ？」

と言ってやろうとすると、何かが通じたのか？　ドライバーは親指を高々と天に向かって突き上げた。私はその親指を見上げ、何かが空からやってくるのかと、思わず天を見て……。なーんてことはない。やってきたのは別の夜行バスで、彼は必死にヒッチハイクを試み始めたのだ（本気？）。

しかし夜中にも拘わらず（たしか2時くらい）、ローカルなバスは地元民をいっぱいに乗せて止まってくれない。

とうとう、運転手がタクシーを呼び（はじめから呼んでほしい！）、皆で近くのバスターミナルまで向かい、そこから、これまた人がいっぱいの（なぜ、こんな深夜に？）バスに乗り込んだ。

いちおう、ホッとするけれど、シートは直立。日本でいう市営バスみたいなものよりもずっと古くて乗り心地は悪い。なんとか座れたけれど、オランダ人の旅人たちとはバスの中ではぐれてしまった。別れの言葉は言えそうにない。けれど、乗り物が動くだけでありがたい。

しだいに、空は白み始め、朝を迎えようとしていた。

ソロの踊り子たち——伝統舞踊に挑戦

無印良品で買ったトラベル用のアラームが鳴ったのに気づかず、自然と目が覚めたのは午前11時。

プロポリンゴから、早朝になってやっとソロに着き、宿を探して道を歩いていたときに、けろけろけろっぴのTシャツを着ていた女性に宿がないか尋ね、教えてもらった道順を記憶まかせに歩いていき、ようやく見つけたのだけど宿は満室。

でも宿のおじさんがMama Homestayという近くの宿を紹介してくれ、無事に寝床にありつけたのだ。

そこは、おそらく大家族だった家を宿にしたような内装で、受付もなく、中庭といくつか寝床がある家という感じ。いわゆる超ローカルな安宿。500円するかしないか。

意外に周囲は静かで、アラームが鳴るまで一度も目覚めず、熟睡できた。

部屋にはベッドしかなく、共用のコールドシャワー（水しか出ない）を浴びてから、宿のおじさんにいそいそと、午後からスクー寺院とチュト寺院に行きたいと相談した。

古代遺跡の謎まで、あと少しと迫っている！　なんだか急に目が覚めてきた。ところが、

「いや～無理無理！　行くなら朝から行かなきゃ。遠いぞ」とあっけなく一蹴。

「え！！！！　なんとか方法はないですか？」と食い下がるものの、

「いや～無理無理！　タクシーでもギリギリだね。明日行きな！」とさらに一蹴。

「今夜はジョグジャカルタへ移動したいから今日中に行きたいの！」

たしかにもう1泊したらいいのだけれど、大晦日は、朝からジョグジャカルタで過ごしたい。プランバナンという遺跡にも行きたい。今夜、ここにもう1泊するつもりはない。

「だって、行ったところで、すぐに寺院閉まるぞ。あきらめな」と、もうこれ以上求めるな！　と言わんばかりの深みのある表情をされた。

そんな顔されたら、これ以上何も言えないじゃないか。

あー、古代遺跡の謎が……。あっけなく散っていった。仕方ない。きっと同士ムー民のによろり氏は言うだろう。

「のぞこ、そこは、きっと行ってはいけなかったのだよ。謎は封印されたまま、静かにそっとしておこう。それが宇宙からの信号さ」って。

というわけで、夜の列車の時間まで宿に荷物を置き、ソロの町を歩くことにした。迷わな

いように、宿の人に、大きな道にはこう行ったらいいと教えてもらい、宿を出た。

古びて色の剝げた壁や年季の入った雰囲気のする扉や窓のついた家々が、幅２メートル程の小路に建てられていて、その小路はいくつも入り組み、一帯は迷路のようになっている。

宿の向かいは、製本所。私よりずっと若い年頃の男の子たちが、子供向けの教科書を作っている。一冊一冊が手作りだ。幾枚か紙を束ね、糸で縫うように綴じていくと、それは簡単に本になっていく。

手先が器用に動くさまに引き込まれながら、出版社で編集の仕事をしていたことを思い出す。製本会社の方々と打ち合わせをして、

「こんな製本をお願いしたいのですよ！」と無理なお願いをい――っぱいした。

あっという間の日々だったけど、かけがえのない時間だった。ついこないだまでのことなのに、そこはもう私のいない世界だと、感傷に浸ってみるのも、いいものだ。

まずは、ご飯にしよう。そういえば、旅に出てからろくなご飯を食べていない。私の悪い癖だけど、１人だとかなり適当になってしまう。グルメとまでは言わなくても、食いしん坊の人たちと一緒にいると割と食べるのだけど……。って人のせいにするな？　いやいや、その国を知るには、美味しいものを食べることだとはわかっている。

大きな道に出て、少し歩き回ってから、ローカルレストランに入ってみた。席は地元の人たちでいっぱい。満席だけど「カモン！」（実際は無言）と通されて、相席を余儀なくされる。

メニューを見ても、ちんぷんかんぷん。

「えーーっと、エクスキューズ・ミー？」

相席の女性2人に、身振り手振りでおすすめを聞き、注文してみた。

まず来たのが、コロッケみたいな揚げ物。なぜか甘いペーストをつけて食べるが、いまいち。好きな食べ物ベスト3にコロッケをあげる私にとって、コロッケ評価は厳しめではある。ややや、もさもさする。もっと味に安定感も欲しいところ。

そしてサラダだと思って頼んだものは、汁ものだった。どんな勘違いをしてしまった？それも、酸っぱい味。酸っぱいスープ！　酢は大好きだけど、あーダメダメ、これもいまいち！

最後に持ってこられたメインのチキンのステーキは、美味！　肉食女の肉に対する評価は甘い。お腹が満たされると、気持ち的にも元気が出てきた。食事は大事だと実感する。

街をぷらぷらふたたび歩き、こてこてのジャワ建築だというマンクヌガラン王宮があるので行ってみたけれど、すでにクローズ。どこもかしこも私を拒絶してくれる！　なかなか旅ってうまくいかないものだ。

けれども「旅はケセラセラ」というのが私のモットー。「流れのままよ！」という現実を受け止める能力だけ、ぐんぐんとレベルアップしていきそうだ。

王宮の門の前の広場には芝生が広がっている。

う―――んと体をのばして芝生に寝転がってみる。気持ちいい。広場は、子供たちの遊び場のようで、自転車に乗ってキャーキャー騒いでいる。

笑い声が何度も空に消えていく。

寝転がりながら、ふと遠くを見ると、1本の大きな木の下で、モデル風のスタイルのよい女子がカメラマンに撮影されているのを発見。女の子のポージングがずいぶんといけている。あの堂々と、「私を見て！　撮って！」という姿勢、悪くない。もじもじするのが一番恥ずかしい！

と、じ―――っと見入っていたら、なぜかキャップをかぶったカメラマンが私のほうへレンズを向け、写真を撮ってきた。こんな親父みたいなポージングで横になっている姿、撮らないでください。それに私の写真、けっこう高いんですけど〜。もじもじ。

次は、カスナナン王宮へ行ってみる。そこまでは距離があるので、ベチャに挑戦。ベチャは、客席付きの三輪自動車であるオートリキシャやトゥクトゥクの自転車バージョンだ。自転車の前方に客席があって、そこに私が座り、運転手がペダルを漕いで目的地まで運んでくれる。

普通の道路を車と同じように走るので、車やバイクがブブブーッとクラクションを鳴らして追い越していく。割とスリル満点！

それにしても、ベチャのおじちゃんが立ち漕ぎで坂道を上ってくれるのだけど……ごめんなさい……私よりもずっと細いのに……、と申し訳ない気持ちになりながら、到着。

カスナナン王宮は、18世紀に王朝がソロへ遷都した際に建てられたという、ヨーロッパとジャワ建築がまじりあったような外観をしていた。屋根は赤茶色の瓦葺きなのに、壁や扉や装飾が、青と白の色調。それはどこか地中海の感じがするし、私は、迷わずチュニジアを思った。

世界は、どこかしら影響し合い、はるか遠い異国の地にも共通の装いを見せる。こんな小さなつながりを発見し、胸が躍る。

でも、ここも、中に入れず。時間的に遅かった。クローズ。

はい、ケセラセラですから、仕方がない。

残念だけど、王宮周辺を歩くことにした。

周辺も青と白の世界を少しだけ引きずっていて、古さの残る道沿いに建つ家の色の剝げかけた壁がある種芸術的に見え、その前に置かれた大きな鉢植えには、濃いピンク色の花々が咲いている。それは絵画的に私の目に映り、どこか自分のいる世界とそこには境界線があるような不思議さを思わせる。旅先ではよくある感覚だ。

少し行くと、地元の少年少女たちと思われる踊り子たちが寺院のようなところで踊りの練習をしていた。迷わず、いいえ、堂々と中へ入っていった。

「ハロー、エブリワン！　ちょっと見ててもいいかしら〜？」

って、もちろん、もじもじしながら言うと、中学生くらいの踊り子たちが、はにかみながら、「イエス！」と言ってくれる。

メインの男の子と女の子が踊り、それを数人の子が座りながら見ている。先生らしき大人もいて、真剣なるまなざしを向けている。

インドネシアといえば、バリ舞踊が有名で、日本でも一度だけ、どこかのカルチャーセンターでバリ舞踊の体験をしたことがある。足腰を落とし、重心を下げて体を丁寧に動かしていく。日本の歌舞伎のような、所作一つひとつを丁寧にする感じで、それは全身の筋肉をものすごく使う。

音楽がまたよく、ガムランというさまざまな大きさのゴングや打楽器を用いて合奏する。どこか悲哀を思わせるメロディもまたいい。

古都ソロのこの舞踊がバリ舞踊と全く同じなのかはわからないけれど、彼らが1曲踊り終えると、私はとても感動していた。ものすごく美しいものに出会ってしまった。

「ブラボ――――！」と叫ぶ。

拍手は、尊敬の気持ちとなって伝わっただろうか。

急に、一緒に踊ろうと言われ、せっかくなのでやってみることにした。女の子が私の前で踊ってくれて、私は見よう見真似で踊るのみ。体がまともに動かない。29歳にはちょっとハードルが高いみたい。超スローモーションなロボットダンスになってる！　と思いながら、なんとか最後までやりきった。汗が滝のように流れている。

「ベリー・グッド！」と、心優しき少年少女は言ってくれる。

話を聞くと、彼らは沖縄へ踊りのイベントで行ったことがあるのだとか。そして今練習している踊りは、ソロで開かれる大晦日のイベントで、披露されるらしい。

「ああ、見たかった！　こればかりは残念よ！」

旅はケセラセラとはいえ、タイミングの悪さに、少し泣きたくなった。

けれど、思うのだ。いつかまたどこかでインドネシア舞踊を見ることがあっても、私はこの日見た踊り以上に美しいと思うものには出会えないだろうと。旅にはそういうマジックがかかるもの。この日、宇宙が私を導いた先は奇怪なる古代遺跡ではなくて、美しい聖なる踊りの場だったのだ。

そろそろ私もジョグジャカルタへ向かう時間。名残を惜しみながらお別れをして、宿に荷物を取りに戻る。

近郊電車に乗り、ジョグジャカルタへ向かった。車内はなんとなく日本の山手線みたいな雰囲気がある。ところで、向かいの女性もそうだったけど……電車の中であぐらをかいて座っている女性が何人もいた。

なんで？　でも、自由だわ。そう、悪くない。

ジョグジャカルタで年越し――爆竹、花火に死の危険？

2011年最後の日を、私はソロの古代遺跡の謎に迫ることもなく、ジョグジャカルタで過ごすこととなった。

年末年始はどこか素敵なホテルに泊まりたいと思っていた。宿とは呼ばない。「ホテル」である。

って、このニュアンスの違いは、私の中の単なる差別化であって、宿は安宿含めて、ゲストルームやホステルなどの共同部屋（ドミトリー）であったり、一人部屋であっても、アジアで言えば1000円程度（以下）の宿泊施設のこと。それ以上は、ホテルと呼んでいる。バスタブなんかあるところは、高級ホテルと言わせてもらう（どうでもいいって？）。

そして、実際に泊まったホテルは「ホテルフェニックス」という高級ホテルの1つ。サービスも行き届き、白亜の内装は宮殿のように美しい。部屋のバルコニーからは、プールになっている中庭を見下ろせる。バスタブだって、あるのだから、久しぶりにお湯を張って入ろう！

嗚呼、素敵なホテルが嬉しくて、思わずバルコニーからプールへ飛び込んじゃいそう！

大晦日の朝、ホテルでゆっくり朝食をとってから、インドネシアの世界遺産であるプランバナン寺院群へ向かうことにした。

ここジョグジャカルタには、同じく世界遺産であり、東南アジアの三大遺跡とも言われるボロブドゥール遺跡もある。それは元日に、初詣で行く（※三大遺跡はほかにミャンマーのバガン仏教遺跡とカンボジアのアンコール・ワット）。

プランバナン寺院群へはバスで向かうことにした。ホテル近くのバス停から乗車。

バス停では係員に言ってキップを買い、1つある改札を通る仕組みだ。意外と近代的と思いつつ、バス自体の乗り降りは、ドア付近にいる係員が手動で行うアナログ式。こういう進化の過程が発展途上というのだ。きっと日本も、当たり前だけどこういう時代を経験したに違いない。

バスはどうやら乗り換えをしなくてはいけないようで、ドア付近にいる係員にしっかりと、

「わたし、プランバナン、行く」

と伝え、乗り換えの停留所を教えてもらうことにした。バスはそれなりに混んでいて、けれどやっぱりイスラム教徒が多い。女性たちはヒジャーブと呼ばれる、イスラム教徒の女性が髪の毛を隠すために使う布を頭に巻いている。

「きみ、ここ、降りろ」

と係員に促され、降りて、2Aというバスに乗り換えた。

そこからおよそ1時間半ほどでプランバナンに到着した。日本人はおろか、これまでになかなか観光客を見なかったため、その多さに驚いた。ツアーの団体客もいるし、インドネシア人らしき観光客もいる。きっと探せば日本人もいそうだ。

寺院の入り口までかなり歩かされる。バス停からおよそ1キロ、ようやくチケットが買えた。寺院群がある敷地の中もまた、ありがたいほどに広い。

緑の濃い木々が多く、それらはいかにも東南アジアに似合う。

突如、天に向かって聳え立つ6基の寺院が現れた。その出で立ちたるや、荘厳。プランバナン寺院群の中で最も有名で美しいヒンドゥー寺院ロロ・ジョングランだ。

シヴァ神のための最も背の高い聖堂を中心に、その両側にヴィシュヌ神の聖堂とブラフマー神の聖堂があって、さらにその前にはそれぞれの神の乗り物であるナンディ、ガルーダ、ハンサを祀る聖堂がある。

ロロ・ジョングランの醸し出す神々しさに、じんわりと圧倒されていく。豪華絢爛というのではない、渋みのある美しさ。なにより近づくほどにはっきりと見えてくる、建造物に彫られた無数のレリーフや神々の像の繊細な美しさに呆然とさせられる。

これがハンドメイドだなんて、人類って本当に尊い。神に近づきたいと願った、人類の挑戦と神への賛美が伝わってくる。

ちなみにロロ・ジョングランは、9世紀半ばに、マタラム王朝のピカタン王が建て、また彼の霊廟でもある。

6基の寺院の中へは入ることができる。もちろん行ってみたい。きっと聖なるエナジーが充満していることだろう。

観光客の長い列に並んで、ゆっくりと入る。そして……、

「う、ううっ！」

いきなりビッグなエナジーが！

じゃなくて、雨季だからか湿気で中の空気が悪すぎるうえ、臭いが……。うっぷ。神様、ごめんなさい。鼻のよい私には、カビ臭さ（あえて言う）が耐えられず、そそくさと出てしまった。でも、中は神像が置かれているありがたい場所だということは知ることができました。めでたし？

やはり東京タワーもエッフェルタワーも、遠くから眺めたほうが美しいというのと同じく、プランバナンも6基すべてを遠目から見るのが最も素敵ではなかろうか？


ロロ・ジョングランの800メートルほど北に、仏教寺院セウがある。プランバナン寺院群の敷地内にあって、一説によると、8世紀末にシャイレーンドラ朝の王女とサンジャヤ朝の王が結婚した際に、それを記念して建てたものらしい。

なんだか、とっても不思議だった。空気というのが、ロロ・ジョングランとは全然違う。わかりやすく言うならば、セウ寺院はとても女性的で優しい感じだ。癒しと包容感のある穏やかな空間にいるような気がした。王と王女の、愛と希望の思いが残っているのだろうか。

寺院が閉まるまで少し時間があるので、セウ寺院を眺めながらスケッチブックに絵を描いてみることにした。でも、少し描き始めたらすぐに雨が降ってきたので、寺院の中に入って雨宿りをするけれど、いっこうに止む気配がないうえ、警備員が、

「もうクローズだから帰れ！」と言う。

バッグにスケッチブックと相棒（一眼レフ）をしまい込み、ずっと前にチュニジアで買った大きな布を頭からかぶり雨をしのぎつつ足早に寺院を出た。

雨は寺院を出るあたりで止んでくれた。鬱蒼とした木々に覆われた東南アジアは、雨あがりが最も美しいように思う。土と木々が湿り、特有の匂いを感じる。熱帯アジアを感じる瞬間でもある。

で、素直にバスに乗って帰ればいいのだけど、冒険心が湧いてきて、プランバナンの村をちょっとのぞいてみようと、小道の中に引き込まれていき……気づいたら地元の指圧屋さんでマッサージを受けていた。


大通りとはずいぶんと雰囲気の違う村の中を通る1本の小道は、果てしなく、どこまでもまっすぐ続くようで、歩くほどにどこだかわからない感覚になった。ときたまオレンジやピンクのカラフルな家々が3Dのように目に飛び込んでくるのだけど、そんなとき、ふと病院らしき小さな家が目に飛び込んできた。

たまたま向かいの家から出てきたおじさんに、

「ここは病院？」と聞くと、

「マッサージ！」と軽快に教えてくれたので、好奇心のまま入ってみた。すると可愛らしいおばちゃんが顔を出して、

「トライ？」と笑顔で聞くものだから、

「うん！」と、やってみることにしたってわけだ。

しかし、あなどっていた。さきほどの笑顔の天使はどこへ？ 体のツボを知り尽くしているに違いなく、痛い〜気持ちいい〜やっぱり痛い〜のループ。

「今年のラストデイだから……痛い！ 1年の汚れを落としてもらって……ううっ。すっきりして年越したいの——あああ！（悶絶）」

ちなみにおばちゃん、英語は話せない。はじめの「トライ？」はなんだった？

マッサージはおよそ1時間で終わり、気づいたらすっかり夜になっていて、急いで最終バスに乗って（ギリギリ駆け込む）、ジョグジャカルタ市内へ戻った。

市内には、「どうした⁉」というほどのすごい人が集まっている。

大晦日、年越しのカウントダウンをするために、すべての地元民が集結した模様。どこも

かしこもすごい人出のうえ、バイクも車も通ろうとするからものすごく危険なのだ。

「ソーリー、ソーリー、ちょ、ちょっと、通して、通してってば！」

人をかきわけ、かきわけ、前に進むのだけど、あちらからもこちらからも、ときには1メートル先から爆竹がダイナミックな音を立てながら火花を散らしている。

ついに、2011年最後の夜に、天に向かって叫びたくなった。

「ヘルプ・ミィ――――――！！！！」

鳴り響く花火や爆竹のけたたましい爆音に、魂だけ私の肉体を置いて逃げていきそう。

私、今日で死ぬかも……。

どう帰れたのか記憶にないけれど、なんとか無事にホテルへ戻った。前線から生還できた兵士の気持ちが100分の1でも実感できた気がする。

ホテルのレストランでラクサというココナッツ風味の麺と牛肉スープを頼み、他の宿泊者たちと踊ったり、シャンパーニュで乾杯！　したりした。宿泊客みんな、外にはとても出られない！　ってことで、一緒に飲む感じになっていたのだ。

それにしても、人生って本当に不思議だ。29歳、20代最後の大晦日をまさかインドネシアのジョグジャカルタで過ごすことになるとは。それも1人だなんて、ある意味貴重な経験ではないだろうかと思うし、いくぶんか自分らしく悪くない。

むしろ、そういう自分をもっと好きに感じるようになっている。きっと勇気を出して一歩踏み込み、自己の解放や自由意志を肯定できた行動へ移れたという、自負のような誇りのようなものだと思う。

両手で自分を抱きしめて、言う。

「よい年を！」

ボロブドゥール遺跡に初詣――どしゃぶりの中、東南アジアの悲劇

2012年の元日にはしたいことが決まっている。

そう、世界最大級の大きさであり、東南アジアの三大遺跡であるボロブドゥール遺跡へ初詣！　なんたって、世界で絶対に訪れてみたい遺跡として恋いこがれていたところ！　それにしても元日から雨とは、さすが雨季のアジアだ。

プランバナン寺院群と同じルートでバスに乗るのだけど、途中乗り換えのバスが待ってもなかなか来ない。出発した時間が少し遅くなったこともあり、仕方なく、バス停のそばに停まっていたタクシーと交渉し、往復2500円で行ってもらうことにした。

向かう道中、雨は降ったり止んだりを繰り返す。ときおり激しいスコールになって、車の

フロントガラスには雨が叩きつけるようにぶつかってくる。速度の上がらないワイパーでは、ただ風景の映し出された池の水面をかき乱すような、あいまいな視界にしかならない。ただ、それも長く降り続けることはない。

しばらくすると雨は小降りになってくれた。

ジャングルともいえる木々が多い緑の世界は、雨の中や雨上がりの霧でかすむとき、一層幻想的で神々しくなる。ときおり太陽が雲間から現れて光が差し込むと、地上に降りたしずくはキラキラと反射して輝き始める。それは人がけっしてつくることができない美しさなのではないかと思う。

雨で湿った土の匂い、道沿いの木造家屋の屋根からしたたり落ちる雨のしずくの煌めき、狭い道を雨合羽を着てバイクを運転する人たちが鳴らすクラクションの音……これまで活動を遠慮していたような五感の一つひとつが動き出していくような気がしてくる。

目にする喜び、耳にする喜び、鼻で嗅ぐ喜び、触れる喜び、味わう喜び……。それらが、小さくもしだいに大きな実感としてやってくる。

まさに「生きる」ことを体感している証。

タクシーが進むにつれ、自然なる緑の色は多様性と深みを増していき、熱帯雨林の顔が本格的に現れてきた。好奇心と冒険心で、心がわずかに高揚しているのを実感する。

タクシーは、駐車場のようなところに到着した。

雨だけれど、元日のせいか、観光客は多い。運転手がどこに停めようか迷っているすきに、「コンコン」と、雨合羽を持ったおばちゃんたちが私のいる後部座席のウインドウをノックして、売りつけてきた。

通常、物売りから何かを買うことはまずない。けれどもこの雨の中、傘は意味をなさない感じだし、まして傘をさしながらの写真撮影は難しそう。窓越しにも、雨合羽を着ている観光客が多いのが見てとれ、窓を開け、５０００ルピア（50円）で黄色い雨合羽を買った。

タクシーの中で雨合羽を着用し、いざ、外の世界へ飛び出した。

すごい雨！

中から見ていたよりも大雨だった。体に当たる雨の圧力が凄まじく、痛いほど。

ひとまず屋台が並ぶところで、インドネシア式チャーハンのナシゴレンを食べてランチを済ませてから、チケットを買って中へと入った。

人が多く、傘をさしている人たちのほとんどは、なぜか赤、黄、緑のビーチパラソルのような傘を持っている。濃い霧のかかった緑の世界で、その色はとても異彩を放っているし、あるいは似合っているようにも見える。東南アジアは原色カラーがとても似合う。

人の流れについて歩くと、前方にぼんやり黒い影が見えてきた。あいまいな前方の黒い塊は、雨と濃いガスに覆われ、なかなかはっきりとした姿をつかめないのだけれど、それは、紛れもなくボロブドゥール遺跡。

「はうっ」

プランバナンよりも正直何倍もの迫力を感じた。威風堂々たる遺跡から溢れ出る威圧感といったら、言葉も出ず、身がすくんでしまいそうになった。

そもそもプランバナン寺院群はヒンドゥー遺跡だけど、こちらは仏教遺跡。なんとなく雰囲気が違うのは当たり前だとは思う。いや、より謎めいた感じがする。なんだか鬱蒼とした熱帯雨林に突如現れた謎の遺跡という感じだ。

事実、ボロブドゥール遺跡が発見されたのは1814年で、当時は密林の中に埋もれていたとか。原因については、火山の降灰によって埋もれたか？　諸説ある。

ただこの寺院の形も計画的な計らいがあるような気がする。そう、この寺院は真横から見るとピラミッドのようでもあり（全部で9層ある）、真上から見ると曼荼羅のような形状をしているとも。仏教でいう曼荼羅は、仏の悟りの境地や宇宙観を表すもの。すなわち、これから、私は巨大な曼荼羅遺跡の中へ入っていくわけだ。

まず階層だけど、一番下に基盤となる層があり、そこから上4層までは、上空から見ると正方形につくられていて、上部の3層は円形なのだ。そして最も上にストゥーパが立つ。

このピラミッド型が意味するのは、基盤となる一番下の階層が人間の欲界、正方形につくられた階層は仏陀が欲界からあらゆる欲・煩悩を捨てて悟りを開いていく狭間の世界の色界、円形の上層階は神のいる世界、すなわち無色界だ。

ちなみに、実際にはピラミッドとは違い中に空間をもたず、土を盛り合わせている。

こんな知識を学ぶだけでも十分楽しめるけれど、実際足を踏み入れるとぞくぞくするほどの感覚に鳥肌が立った。

下から上へあがるのだけど、そのつど現れる壁に彫られている無数のレリーフには5万人以上の人間と、仏陀が悟りを開いていくさまが細密に描かれている。

やがて上層部分（上から見ると円形となっている階層）へ到達すると、そこには仏陀の石像が何体もあり、代わりにいっさいレリーフはなくなった。

レリーフに描かれた、人間がなかなか手放せない煩悩から抜け出し、ついに輪廻転生からも脱した世界。ここには、孤独もなければ、怒りや哀しみもなく、喜びや幸福もない。

それが、神のいる世界。

しばらく、立ち尽くしたまま動けなくなってしまった。

ますます霧が濃くなるとともに視界は白くなっていき、石造の遺跡は水分を多く吸収してグレイというか黒に近いような色となり、そのモノクロームな世界はまさに色のない世界、「無」の境地のような気がして、気づいたら足が少しだけ震えていた。

目に見えぬ存在に対し畏怖と畏敬の念を抱いたのだと思う。

人が信仰する神の領域というのは、なんとも恐れ多い場所かと、身を以て経験したのは、初めてのこと。

初詣、こんな神秘的で荘厳なる遺跡へ来られて、まだ数日の旅だけれど、何かに感謝したい気持ちに溢れた。

今年は少しでも煩悩から解放されるよう、日々精進してみよう!

下りるとますます雨はひどくなり、ついに道が冠水した。雨の勢いたるやものすごく、あっという間にくるぶしまで水の中。雨合羽も効果があるのかもうわけわかりませぬ、という状態。待ってくれているタクシーを探し、乗る直前に雨合羽を脱ぎ座席の下へ丸めて置いた。

タクシーは、ジョグジャカルタ市内へと向かった。

下界はサバイバルだ。生きるって大変! 雨にも負けず、か。

「すごい雨。大変ね」と運転手にミラー越しに言うと、

「ああ。でも、俺は一番好きな時季なんだ」と言うから、私は、それ以上何を言っていいのかわからなくなった。

道が茶色い川のようになってしまっているところを通るとき、ふと13歳のときに訪れたフィリピンのマニラを思い出した。

車に乗り、同じように後部座席に座っていたのだけど、突然スコールに見舞われ、車外は滝のように雨が降り、あっという間に道路は茶色い川となった。凸凹道の凹んだあたり一帯は、人の膝下まで水位が上がり、車のドアを開けたら水が入ってきてしまうのではないかと、心配で怖くて仕方なかった。

それでも慣れれば、運転手のように、「でも好きだ」と言えるようになるのだろうか。

市内まで戻り、その日の夜は前日ネットで予約した、少し郊外にあるコテージ風のホテルにチェックインした。雨と暗闇によって、あまりどういうところなのだかわからないのだけど、庭つきの部屋だからか、雨というオーケストラに合わせて、巨大な牛蛙の声がメロディを奏でるのが聞こえる。

ザ――ぐえええ　ザ――ぐえええ　ザ――ぐえーぐえー

初詣のせいか、牛蛙が大量にいそうだというのに（部屋の周囲？）どこか晴れ晴れとした気分で、ずぶ濡れになったズボンを脱いだ。

「ぎええええええ！！！！！（牛蛙の鳴き声ではありません）」

薄い水色のデニムパンツが黄色いシミだらけになっている！　それも前も後ろもあそこもこの箇所も!!　間違いなく、あの雨合羽の塗料が付着したと思われる。こんなシミだらけのパンツ穿いたら、一目で汚い旅女だと思われる！　洗ってないいんじゃないの？　とか言われちゃう……そんなの、嫌だ！

日本から持ってきた小袋入りの洗剤（アタック）で狂ったように洗い続け、洗い続け、洗い続けた！

でもダメだ。アジアの安い塗料は付着力満点で、まったく落ちる気配がない。

ぐえええ　ぐえええ……

牛蛙の鳴りやまぬ声は、同情の歌？

ど————んとテンションが下がった。

わたくし、ダメであります。こんなことで心にダメージを受けるなんて、今年もなかなか煩悩から解放されることはなかろうかと存じます。

ジャカルタの交通事情——さすが世界一の大渋滞とぼったくりSOS

ジョグジャカルタを出て、夜遅くに大都会ジャカルタへ戻ってきた。たった10日前にドキドキ、ワクワクしながら旅がスタートした場所だ。それが、今となっては、いささか懐かしささえ感じる街に思える。

結局、ジョグジャカルタからジャカルタへ戻る途中、時間があれば立ち寄ろうかと思っていた温泉地バンドンへ行くことは、時間がなくなったためあきらめてしまった。予想以上に、ジョグジャカルタでゆっくり過ごしてしまったのだ。

ジャカルタに戻ってきた日は夜遅く、観光は翌日にすることにした。といっても、翌日は夕方にジャカルタの空港からインドネシアを出て、シンガポール経由で親友が滞在するマレーシアのジョホール・バルへ行く。

あっという間に1ヶ国目の旅最後の夜を迎えたのだ。

インドネシア最終日の朝、さっそく観光することにした。空気が澄んだ美しい田舎街から来たせいか、ジャカルタは驚くほど空気が悪い！　排ガスはすごいし、クラクションの大合奏だし、なにより道路は渋滞でなかなか前へ進まない。

なるほど、これが「世界一の大渋滞」と言われる現実だ。

いつだったか、誰かが、

「知ってる？　インドネシアにあるすべての乗り物を並べると、国内のすべての道路を足した総距離よりも長くなるらしいよ」

と言ったのを思い出した。インドネシア経済にも悪影響を与えていること間違いない、という感じ。だからか、近年電車（メトロ？）化計画が進められているそうで、工事中の現在は、よけいに渋滞の毎日なんだとか。

こんなんじゃ、短時間でジャカルタ観光なんてできやしない！　渋滞を考えると観光もテンジョンが下がるほど。しかし夕方までは時間がある。

「とりあえず、どこに行こう？　何を見る〜？」と自問する。

「正直行きたいところありません〜。見たいものもありません〜！」と自答する。

この渋滞を考えると、やや早めに空港へ向かったほうが賢明だ。となると、さらっとちゃらっとジャカルタをエンジョイできるところはないだろうか？　パラパラとガイドブックをめくるなり、素敵な場所を発見した。

それは、ジャカルタのど真ん中にある、ムルデカ広場の独立記念塔モナス。１９５０年のインドネシア独立を記念して造られたそうで、白亜の大理石でできているという高さ１３７メートルの塔。

塔の最上部には、ジャカルタ市内を一望できる展望台がある。たとえるなら東京タワー的な存在。ここだったら「一気にジャカルタを見下ろせる＝ジャカルタをすべて観光制覇」したも同然！　違う？

というわけで、塔へと向かった。

ところがだ。

〈展望台本日クローズなり〉

……無念。しかたなく、塔の1階にある博物館へと足を運んだ。

「どーせ、たいしたことないでしょうよ」と高をくくり見学。事実、展示物よりも、平然と館内のフロアで寝そべったり座り込んだりしている地元民のほうがずっと気になってしまった。なに、外は酷暑だからって、みんな涼みに来ているだけではなくて？

　博物館で得られた知識というと、
・ジャワ島だからジャワ原人がいたこと
・インドネシアが独立するまでの歴史を紹介する人形が精巧リアルに作られていたこと（ジオラマだった）
・やっぱり人は単に涼みに来ているだけっぽいこと

ジャカルタに思い残すことは、ない。さあ、空港へ向かおうか。

一度ホテルに戻り荷物をとり、タクシーで向かった。その空港へ向かうタクシーで、ちょっとしたハプニング（いやトラブル？）が起きた。

乗車する際に、運転手に、

「メーター使ってね」と言うと快く承諾してくれたのに、走り出すと彼は急に、

「○○ルピア払え」と言ってきた。

「ノー、ノー」と軽くかわすが、

「いやだめだ。マダム、○○ルピアじゃないと乗せられない」と言う。

旅人でも、タクシートラブルは多いし、そのトラブルで一番多いのは、やっぱりぼったく

りだ。厄介な運転手につかまってしまった。

「ヘイ！　マダーム、聞いてるのかい？　だから〜、○○ルピアでいいね？　わかったね？」

という偉そうな態度。

彼とミラー越しに目が合って、気づいたら言ってしまっていた。

「だったらここで降りるから止まってよ。止まりなさいよ！」

って、どの口が吠えた？　だってここは、高速道路のど真ん中！

どうしたものかと思いながらも、私はもはや腹話術人形のように自分の意志と関係なく言葉が出てしまう。

「騙したわね！　降りるわ！　止まりなさい！！！」

ゆるゆると、車は気の弱い人のように遠慮がちに止まる。

すかさずドアを開けて外に飛び出し、バーーンッと強く閉めた。そして外界から運転手へ振り向いて言ってやった。

「お金払わないわよ！」

そして瞬時にどうするかあれこれ考える。別のタクシー拾えるかしら？　とか。

でも折れたのは向こう。すぐに運転手は、助手席の窓まで身を乗り出しながら、慌てて言った。

「オー、ノー、カモーン、マダム。乗って乗って！　ここ危ないから。わかったから！」

胸をなで下ろしながらも、

「いいわね、メーターの値段以上も以下も払いませんから！　プロミス!?」

彼は言葉ではなく、両肩をちょっとあげる仕草で、「わかったよ」と合図。そんな中途半端は、許さない。

再び、「プーローミ――ス!?」と聞くと、怒り口調で、

「オー、イエス！（舌打ちした？）」と応えたので、謹んで再乗車させていただいた。

ふーやれやれ。この私にふっかけてくるなんて！

空港に着いて降りるとき、またしても、

「マダム？　チップ♡」と言ってきたのだけど、きれいきっちりお支払いをして降りてさしあげました。


あとでこの話を日本にいる友人とスカイプしたときに話した。

「え――危ない！　高速道路で降りるだなんて。そんなことしないで～気をつけてよね！

でもさ、そんなにふっかけてきたの？」と聞くので、

「そうね……、１０００円……くらい？」と怒りをこめて応えた。

「…………」

あら？　スカイプの音声マイクの調子が悪くなった？

「おーい？　おーい？　聞こえてますか～？」

いやいや、この出来事、私が許せなかったのは、実際の金額のことではなくて、ドライバーが嘘をついたことだ。こんなこと、世界にはひんぱんに起こり得ることで、小さな嘘にすぎない。けれど、私にはそれが許せなかった。

飛行機は、インドネシアの領空を越えシンガポールへと向かった。

マレーシア&シンガポール

ジョホール・バル――親友を訪ねて

インドネシアのジャカルタからライオンエアに乗って、シンガポールに着いた。そこからバスで国境を越え、マレーシアのジョホール・バルへ行く。目的は１つ、中学校からの親友、くりなに会うため。

彼女は23歳のときに結婚して、子供が3人いる。旦那さんは日本人だけど、今は仕事でマカオに住んでいるので、彼女は1人で子供を地元の学校に通わせている。送り迎えはもちろん、夕飯の食材を買いに行き、近くのショッピングモールへ子供を連れていき遊ばせる。そういうことをすべて1人でやっているのだ。

彼女のたくましさは、私の友人たちの中でも群を抜いている。

日本への一時帰国でさえも、1人で子供を3人連れて飛行機に乗ってきてしまう。私だったら、旦那に助けを求め、助けてくれないならば、ずっとずっと恨みつらみでぐちぐち言いそうなところ！

そんな彼女は私を「たくましい」と言うけれど、私からすれば彼女のたくましさは私の倍を超えている。

彼女と私は中学と高校が一貫の私立学校で出会い、とりわけ仲良くなったのは高校1年生のときに同じクラスになってから。自然と気が合い、サバサバとしているけれど、情の深い彼女には姉妹のように信頼を置いている。

高校を卒業してからも、たくさんの時間を共有したのち、彼女と私は正反対の生き方をしている。だからこそ、お互いの生き方を尊重できるのかもしれない。

ジョホール・バルの彼女の家へは、シンガポール国際空港からバスで国境を越えた後、マレーシア側の国境にあるバスターミナルから彼女に公衆電話で連絡を入れてタクシーに乗り、住所を告げて連れていってもらった。ジャカルタのタクシーのトラウマもあって、少々緊張気味に乗り込むけれど、ジョホール・バルのタクシーはお願いすることもなくメーターを使ってくれた。

マレーシアの中で、ジョホール・バルは治安が悪い街とガイドブックに書いてあったり、噂に聞いたりするけれど、彼女曰く、「暗くて危なそうな道を夜に歩いたりしなければ、そんなことはない」らしい。むしろ、とても、居心地がよいとか。地元の人たちは、子供たちにも優しくしてくれるらしい。

タクシーは20分ほどで、高層アパートに着いた。主にマレーシアに駐在している外国人が住んでいるみたいだ。入り口のセキュリティを通過してゲートから中の敷地へと入る。

すると、懐かしき我が友の姿が！　彼女はグラウンドフロアで子供たちと一緒に待っていてくれた。ピンクの可愛いマキシワンピを着てバギーを押している姿は、とても3児の母親とは思えない。相変わらず、素敵な彼女を見て、嬉しい気持ちがこみ上げる。

「くりな！　久しぶり！」

「ようこそ〜。よく来てくれたね」

彼女のチャームポイントである大きな目と口で、太陽のような笑顔を見せてくれる。もともと美人で大人びていた彼女は、29歳になっても変わらないまま。

ちなみに、この歳不相応な肌や顔のぴちぴちした感じは、つまり「年齢よりも見た目が若い」のは、日本女性が世界に胸を張って威張れちゃうところだわ〜としみじみ実感する。

部屋はずいぶん広々として、テラスから気持ちのよい風が入り、ゆったりとした時間が流れていた。東京にはない時間の流れが存在するのだと、すぐにわかった。

翌日、くりなは、借りたばかりだという車で、街をぐるっと案内してくれた。後部座席には3兄弟。微笑ましい光景だと思ったのだけど……、すぐに長男と次男が喧嘩をはじめ、しかられる。異国の地で、3人の子供を厳しく、優しくのメリハリを持って育てている彼女は、真にたくましい！

街自体はとくに目立った観光地はなく、生活を営むには困らないような、観光客お構いなしの街だと感じる。だからこそ、来た甲斐があったようでワクワクする。1人ならば、きっと1泊もしないいんじゃないかと思うから。

やがて車はＫＳＬという大型のショッピングモールに着いた。

「ちょっと子供遊ばせていい？」

と彼女に言われ、その間、私はモールの中にあるＴＥＳＣＯを散策してみることにした。品揃えがよく、生活するにはちっとも不自由しなさそう。

洋服屋の前を通ると、アジア特有のリアルな顔の絵まで描かれたマネキンが並んでいる。文具店に入り、欲しかったボールペンを探したけれど見つからず、40分ほどで子供の遊び場へ戻った。

ふたたびみんなと合流してから、少し早めの夕食をとることにした。場所は彼女のお気に入りのマレーシアンレストラン。

パイナップルを半分にカットして中をくりぬき、器になった部分に盛られたチャーハン（ナシゴレン）はちょっと辛いけれど美味しい。鶏肉の串焼きサテーはピーナッツの甘いタレをつけて食べる。大好物のラクサヌードルは本場はひと味違うように感じる。ココナッツ風味が一段とこくがあって、たまらない。

マレーシア料理というと土地柄かインドネシア料理やタイ料理と似通っているみたいで、多国籍料理と言われたりもするみたいだ。

夕食から戻り、心地よい風にあたりながら、テラスで珈琲をいただく。日が沈んだばかりの空はピンク色をして美しい。すると心が自然といろいろなことを話したがるようだ。

「ジョホール・バルがこんなに穏やかなんて想像しなかったなー」

「そうでしょ？　私、ここが好きなんだよね」

「なかなか旦那さんはマカオから来られないの？」

「そうそう、けっこう重要な仕事を任されているみたいで、難しそう」

「でも、やっぱりマカオには行かないんだね？」

「行かない。子育てにはジョホール・バルのほうが環境はいいと思って」

「くりなりの旅をしてるんだね。孤独はない？」と言うと、彼女は笑いながら、

「旅はどう？　旅も孤独でしょ？　でもきっと寂しくはないんだね」と言った。

　長期の旅に出ると彼女に伝えたときに、私は、

「ダメよ、ダメ。全然ダメだわ！　恋愛、結婚、仕事……30歳を前に立ち止まってしまったの。そして計り知れない物悲しさと孤独を感じる。きっとこのまま、日本にいたら居場所がなくなる」と説明した。

　たかが29年の人生、されど塵が積もった不要なものを捨てに行くのだと。

「ＴＨＥ人生の整理整頓よ！」

それには、1人である必要があったし、孤独なこともわかっていたけれど、私はその孤独と向き合わなければいけない。人は人生を誰かと同じ乗り物に乗って生きていけるとは思わない。自分には自分の乗り物しかないのだと思う。

そのうえで、他の乗り物に乗った他者と同じ方向を向いて動いていくことが、きっと人とともに生きていくことの意味であり、愛することの大前提にある意識なのだと思う。そのためには、自分自身の乗り物をもっと強く美しくしたいと思った。

だから旅をしている。たった1人で。いつか、私が感じる物悲しさや孤独感が立ち去ってくれるのではと思いながら。

テラスからは群青色から濃紺へとなった空と、青黒く広がる海が見える。少しだけ風が冷たくなったけれど、気持ちよいほどだ。きっと、マレーシアの海も美しいのだろうなあと考えながら、

「私たち、素敵な孤独ぼくろがあるからね」

「そうよね」

と2人で笑うと、彼女のひざに座っていた3男が、きょとんとした顔をしてから、一緒に笑った。

そう、その孤独ぼくろの話。

3人目の子供が生まれたときに、彼女は私にこう言った。

「もう、孤独になる覚悟をした。3人男の子。大いに育って、大いに飛びたち、そしていずれ愛する人のところへ行き、なによりも愛する家族をつくってほしいから」

それを聞いたとき、そんな遠い先のことを、と思った。けれどお腹を痛めて産んだ子供たちがいずれ巣立っていく日のことは、すべての母親が経験することなのだろう。その日のことを思うと、きっと胸が苦しくなるのは、子供を産んだ経験のない私にはわからない。

まだ2歳の次男にさえも、「パパ」「ママ」と呼ばせず、「お父さん」「お母さん」と呼ばせる彼女だから、きっとそういう生き方の意志の1つに違いない。

「知ってる？　私ね、孤独ぼくろがあるんだよ」と彼女は言い、ホッペタのほくろを指さした。

「へー、それ孤独ぼくろなんだ。孤独になるの？」

「実際に孤独になるんじゃなくて、孤独を意識した生き方をするんじゃないかな。あれ、のぞにもあるよ」と私のホッペタを指さした。

「やっぱり!?　だって、人って皆、本当は孤独だと思ってる。だから、人を愛せるのかと思うしね〜」

「うんうん、孤独は味方！」

「同感。孤独を抱きしめよう！」

「そうだね」

「でもさ、本当に老後、孤独なおばあちゃんになったら？　うん、一緒に暮らそう」

「それ、最高」

「じゃあ、本日、ここにて孤独ぼくろ同盟が結ばれましたー」

「乾杯だねー」

そんな会話をしたのも、だいぶ前のこと。まさか私たちが、異国の地で再会するとは想像もしていなかった頃。


私は、大学生まで、人に弱みを見せるのが苦手だった。きっと、周りもそうだったのかもしれない。自分が幸せだとか、毎日楽しいとか、そういうことを言い合うことはできたのに、つらくて、悲しくて、そばにいてほしいと言い合えるには、まだ恥や見栄やプライドがまさっていた。幼かったのね、と思う。それが、あるときから、胸の内を何でも言い合えるようになったんだもの。

「わたし、孤独なんだ！」というようなことさえも。

くりなの家に3泊し、4日目の朝、私は彼女の家を出た。これから、ミャンマーへ行く。エアアジアだと、シンガポールからクアラ・ルンプールまでのフライトがたったの5ドル。それに税金などがついて15ドルくらいにはなったけれど、あまりの安さにそれで行くことにした。その日の夕方に、クアラ・ルンプールから、ミャンマーまで飛ぶ。

くりなの家から国境へ、そこからシンガポールに入って、空港へ向かう。しっかり時間の計算をしたはずなのに、朝になってくりなから、それだと間に合わないかもしれないと言われ、急いでタクシーを呼んでもらうことにした。彼女が車で送ってもいいけれど、タクシーのほうが道をよく知っているから早いはずだという。

アパートのグラウンドフロアで待つけれど、タクシーはなかなか来ない。しびれを切らし、「車のキー取ってくる」とくりながエレベータへ向かったちょうどそのとき、タクシーが来た。

「くりな！　タクシー来たから、行くね！」と叫ぶと、彼女は急いで戻ってきて、「これ」と言って手に紙切れを渡してくれた。

それは、マレーシアリンギットだった。

「だめだよ、もらえない」と押し返そうとすると、

「いいの、持っててよ。これがもしかしたら役に立つかも」と言って、タクシーのドアを閉めた。

「ありがとう、ごめんね、バタバタと」

「あはは、のぞらしい」


のちに彼女から、こうメールが届いた。

――のぞがジョホール・バルを去ってから、こちらはずっと雨です。バタバタとタクシーに飛び乗って手を振っている姿は、高校生のときとちっとも変わっていなくて懐かしんでしまった。旅人も何かを与えてくれるのね。いつも想っています。


1つの経験を誰かとすることで、その人の記憶の中で、私という存在が生き返る。私は高校生の自分とまた出会える。これも旅。移動するだけが旅ではない。

時空を超えて、過去にも未来にもわたって旅をする。

なんて自由で、なんて嬉しいことだろう。

そして、思う。このジョホール・バルでの再会のことを、10年後、20年後にきっと笑って

彼女と話をするのだろうと。人生の旅路の先で、そんな一場面が待っているに違いないだろうと。


タクシーが出発した。

「国境まで！　急いで、飛行機に乗り遅れそうなの！」と運転手に言うと、

「OK！」と言って、くりなに20分はかかるだろうと言われた道をおよそ半分の10分ほどで行ってくれ、さらに支払いでもたもたしていると、

「これでいいよ！　急いで！」と端数はいらないと言ってくれた。

空港行きのタクシーにトラウマがあったのが、一気に払拭されたわよ！

タクシーを降りるとき、

「あ！」と言われ振り向くと、

「よい旅を！」と言ってくれた。

本当に、今まさに、あなたのおかげでよい旅をしているのですよ、と言いたかったけれど、とにかく全速力でイミグレーションへ向かわないといけなかったので、

「ありがとう！」とだけ言ってバタバタと走っていった。

あとで、この話をくりなにしたら、きっとまた「のぞらしい」と言われてしまうなあと思

いながら。

シンガポールは建築競争？――東南アジアで建築家の腕試しか？

親友くりなを訪ねてマレーシアのジョホール・バルにいる間に、日帰りでシンガポールへ遊びに行った。そもそもシンガポール側の国境から来たわけだから、ふたたび戻ることになる。イミグレとバス移動などで、時間にすると、片道でおよそ1時間半ほど。

シンガポールといえば、印象にあるのは、だいぶ前だけれど、SMAPが登場するソフトバンクのCMで、3つの高層ビルの屋上に巨大な船が載っているような設計をしたホテル「マリーナ・ベイ・サンズ」。

マリーナ・ベイに面したホテルはまさに水上に浮かぶ船さながらで、部屋数はなんと2560室！　さすがラスベガスのカジノリゾート会社が開発したというだけある。

屋上の船はサンズ・スカイパークといって、プール（世界一高い場所にあるらしい）やクラブやバーなどがあって、ホテルのほか世界最大のカジノやショッピングモール、美術館やら映画館なんかもあるらしい。

正直あれを見て、私は異常だと思った。

天空の船とでも言うのだろうけれど、格好いいとは到底思えない見てくれじゃないか？というのも、私は美しいものが好きであって、とくに建築物というのには大変興味があるけれど、あれには心を奪われることは全くないのだ。

うーん、迫力はあるけれど、美しいとは違うような印象を受ける。アミューズメント施設として見れば面白いのか？　なんて、偉そう？

あとは、あれ、マーライオン。たいして興味もないけれど、やっぱり一応見ておくか。だから、偉そうだって？

とにかく小さい国だから1日あれば雰囲気はわかるよって、くりなが教えてくれた。

シンガポールに着くなり、まず向かったところはアラブ・ストリート。イスラムな世界へと足を向けた。

チュニジアやトルコもそうだけど、私はイスラムの世界観が好き。イスラム教云々となると話は別なのだけど、モスクに代表されるあの幾何学的な模様や建物の設計はとても魅惑的で、けっしてクリスチャンの国にはない色彩が存在する。

色彩というのは、ただの色という話ではなくて、色の掛け合わせや、どの色をメインに他の色を配置させていくかというような話。限りなく秩序があり調和がある。私的に言うと、そう、大変美しいのだ。だから、イスラムの国々で見かける絨毯というのも、まさにそれがデザインされているわけで……いつも喉から手が出るほど欲しくなってしまう。

まずは、サルタン・モスクという1824年に建造された（1928年に改装）シンガポール最大で最古のモスクを目指した。

いきなりゴールドの美しい球体をしたモスクの上部が見えてきた。あのアラビアンナイトの世界にトリップしたかのような錯覚に嬉しくなる。

ちょうどお祈りの時間なのか、終わったのか、大勢のイスラム教徒がモスクの前に溢れ返っている。一般見学者はモスクの中には入れず、入り口部分から中の様子を窺うしかない。それでも美しい大ホール（祈りの場所）をのぞき見でき、モスク特有の巨大なランプが天井からつり下げられているのや、巨大な赤い絨毯が敷かれているのが見られて、満足！

その後はやたらにポップな色使いで、重厚感のない、あえて言うなら可愛いらしい建物が並ぶ道をぷらぷらと歩き、それからバスに乗ってチャイナタウンへ向かった。

バスは現地の人に聞いて乗った。ところがお金の払い方がわからない。運転手に、「チェンジ（おつり）プリーズ」と言って適当に渡してみると、

「ノー、ノー！　ノー・チェンジ！」と言って相手にされない。

えーどうしよう？　と思っている間にも乗客は増え続け、気づいたらバスの中ほどへ移動。やがてチャイナタウンに着き……降りちゃった。

すみませーん。ただ乗り〜、だけど許して〜。

そうか、シンガポールのバスは小銭を用意しないといけないわけね！


チャイナタウンはいきなりの真っ赤な世界。そして飛び交う中国語ったら、どうしてこんなに大声なのよ？　ずっと聞いていると疲れてくる。どなり声みたいだ。

とくに欲しいものも、見たいものもなく、パゴダ・ストリートとスミス・ストリートを歩き、中国人の波に流されるまま、気づけばなぜだかヒンドゥー教のスリ・マリアマン寺院を見ていたり、スーパーマーケットのようなところをうろうろ彷徨《さまよ》っていた。

早々にチャイナタウンを離れることにして、次に向かったのはザ・シンガポールなあそこ。チャイナタウンから電車を乗り継ぎ、ラッフルズ・プレイスまで行く。そう、マーライオンを見るために。

しかし結構歩く。途中でスターバックスで珈琲を買うと、日本より高い！　シンガポールって、たしかに綺麗だし、高層タワービル群もあって、どことなく東京に似ている部分があるように感じる。けれど、東南アジア旅行の楽しみは、物価の安さでもあるのに……（地元の人ってお金持ち？　それともスタバには行かないの？　ぶつぶつぶつ……）。

　おお！　ついに発見！　マ〜〜ライオン！　想像以上に小さい。ライオンというからには巨大で迫力満点かと思いきや、個人的に、その小ささは猫を思わせるので、正直可愛いと思った。「ニャ〜ライオン」とかに名前変えたらいいのに。って違うか。

　対岸には、例のＣＭで見た天空の船を載せた３つの高層ビル群マリーナ・ベイ・サンズが見えた。なるほど、ここに来れば一気にホットなシンガポールを満喫できるってわけだ。いやいや、すごく異様な存在感。案の定美しいとか魅惑的な建築というよりは、完全にアミューズメントパーク！　まるでビルに乗っかる宇宙船！

　というか、シンガポールは半日しか滞在していないけれど、歩いてる途中やバスから見える建築物といったら、カラフルだし、不思議な設計をしているし、斬新さが何より大事と言わんばかり。そして周囲との共生はまったく眼中にないみたい？

「何？　おたく、そんな斬新な設計しちゃったわけ？　ならばこっちにもっとすごいの建ててやる！」

　という気合いが感じられる。まさに、建築合戦。

見るのはとっても面白いのだけど、この国がかつて歩んできた歴史や伝統を重んじる精神というものはこれっぽっちも建築物に影響を与えていないようにも思えてしまう。そもそも歴史が浅い国ではあるのだけど。きっと、それがかつての日本であり、ううん、今の日本でもあるのかなあって思う。

戦後、高度成長期から始まって、あれよあれよと建築された摩天楼。その間を縫うように、細い道路が迷路のようにつくられて、高速道路が走り、中小サイズのマンションや一軒家がひしめきあっている、一種独特の街並みとなった東京。きっとシンガポールも、これは東京にしか見られない街並みだ、と言われるように、今後もっともっと面白い街並みとなって、そこでしか見られない独特な形態になるのだろう。

だから思い切って、また5年後とか10年後に訪れてみたいとさえ感じた。

前に建築を専攻しているという旅人の学生に聞いたことがある。

ヨーロッパでは歴史を象徴する古い建築物を壊し、新しい近代的な建物をつくることは難しい。そこでヨーロッパの建築家はこぞってアジアで己の建築（デザイン・技術において）を建てたがると。つまり建築家の腕試しをしているのだと。

だから思い切りへんてこりんな建物ばかりが立ち並ぶわけか。なーんて、いい加減に怒られそう？　違うのだ。馬鹿にしているのではなくて、逆にシンガポールの魔力のようなものに、驚き、それから楽しんでいるのだ。

たとえばマリーナ・ベイ・サンズだって、設計はイスラエル生まれのカナダ人モシェ・サフディという有名な建築家で、たしかに彼が手がけた他の建築物を見るととっても美しく、素敵だったりするのだから。ある意味シンガポールは、建築家の感性に不思議なマジックがかかってしまうのかもしれない。

まじめな話をすると、それでもシンガポールは都市計画をきちんと、巧みに行っているそうで、建築家のコンペもかなり厳しく選定しているのだとか。海外の建築家と国内の建築家を組ませて国の風土や気候をしっかりと意識してプロジェクトをスタートさせるらしい（緑の少ない国で緑化計画も同時に考えつつ……とか）。

ちなみにマリーナ・ベイ・エリアにある大観覧車「シンガポール・フライヤー」は日本の建築家・黒川紀章氏が設計したらしく、我が国の建築家の食指もこの地に動いてたってわけだ。

シンガポール、たったの半日、行き当たりばったりで感じた世界観だにでもエンジョイできた。斬新、奇抜、豪華な建築物をたくさん拝めて満足！

できることなら夜景は最高に美しいと聞いたことがあるので、またいつか行けたらと思いつつ、くりなとチビたちが待つジョホール・バルへ戻ることにした。

また国境を越える。

そのバスを待つ列はすでに長く、夕方5時を過ぎる頃には100メートルを超える列を作っていた。おそらくジョホール・バルの人たちがシンガポールへ働きに来ていたりするのだと思う。みんなの帰宅時間と重なってしまった。

あまりにすごい人波にはじき飛ばされそうだったけれど、私の前に並んでいた青年と彼の母親が何かにつけ私を気にかけ、

「早くこっちに来なさい！」と誘導してくれる。

「大丈夫？　危ないから気をつけて」と、すっかり彼らに守られ、安心の帰路。

ふと彼の母親に、

「お嬢ちゃん、何歳？」と聞かれ、思わず、

「20歳」と応えてしまった。

だって、何度も私を振り返り、ちゃんとついてくるのよ〜と手を引っ張ってくれるママさんに「今年で30歳です」なんて言えなかったよ〜。それにしてもサバ読み過ぎ？　許して〜。

第2章　神秘のミャンマー

ミャンマー

ミステリアス・ヤンゴン！――初日にガイドブックを紛失、もうダメだ！

「もう、ダメだ……」と、つぶやいたミャンマー初日。

「ミャンマーのデビルにさらわれる」

と、漆黒に近い色をした夜空に浮かぶ満月を、ホテルの部屋から、しっかり睨む。まるで、それがこの世で月を見るのが最後のときだというように。

旅の神は、私を突き放したのね？　ねえ！　何か言ってよ～と、首根っ子を押さえて問いつめたくとも、首が絞まっていくのは、私自身。

そう、夕方、私はミャンマーのヤンゴンに着いた。手にはしっかりと、ガイドブックがあったはず。慣れてくれば、ガイドブックというものがなくても、それなりに旅ができるものだとわかったけれど、まだ旅は始まったばかりだし、特にミャンマーという国に対する緊張感もあった。

だから、「ガイドブック」＝「お守り」という方程式が堅く成り立つほどの、失ってはならぬ存在なわけ。なのに、ホテルの部屋に入ったとき、それがないと気づいた。

ホテルのロビーに戻り、レセプションのお兄さんにも聞くけれど、日本語の本は見当たらないという。

ホテルの部屋に入ったところから、DVDのように、記憶の巻き戻しボタンを押す。脳裏には走馬灯的に数時間前のことが次々と思い浮かんできて、その映像はタクシーの中でガイドブックを読んでいたところで止まった！

きっと、ホテルに着いて、タクシーを降りたところで後部座席にでも置き忘れたのだろう。タクシー会社なんてなく、遺失物案内所なる所に連絡することもできず、もう私のもとには戻ってこないのだと確信した。

あまりの落胆ぶりに、お兄さんは、

「日本語の本を売っている本屋もありますよ」

とささやかに励ましてくれる。けれど、もっと大胆な励ましじゃないと、耳にも届かぬ。

ああ、このミャンマーという国から、生きて帰れるのか？　みな、英語も話せないというじゃないか。文字だって、なんだろうか、あの「たいへんよくできました」の花丸が崩れたみたいな文字！　読めない……。情けなくて、涙が出そうになる。

そもそも、ミャンマーという国自体が、あまりにもミステリアスだった。日本でビザを取

りに行ったときも、なぜか申請者（つまり私）自身の身長や目の色、髪の色などまで書かされる。それを友人に言ったら、

「の、のんちゃん……言いたくないけれど、きっと……何かあったときに、身元確認のための情報じゃないだろうか」

「何かあったときって⁉　な、なんなのよ⁉」

ぶるぶる。ネットで調べたってある一定の情報しか得られない。ふたたび、頭の中にデビルが登場する。

「ふっふっふ……社会主義国家の真相は、蓋を開けてみるまでは教えてはならぬのだ〜あっはっはっは！」

もうダメだ、完全に妄想に支配されている。

軍事国家ミャンマー！　デビルが私に銃を向ける！

なーんて、そろそろ眠りなさいよ！　と、さすがに自分で突っ込みたくなるほど、妄想列車は終点に着かない。とはいえ、燃料切れだ。

朝、目が覚めると、枕元にサンタクロースがガイドブックを置いてくれていた！　なんて、きっと地球が逆回転したってあり得ないわけで、けれど代わりに素敵なひらめきが降りてき

た。

「東京ゲストハウスって宿があったはず！」

そこは、日本人のおじさんがやっているらしいヤンゴンの宿。なんだか珍しくて、ミャンマーへ向かう飛行機の中で、チェックしていた。ここならば、日本語が通じるし、ミャンマーのリアルな情報も仕入れられるだろうし……。

「この宿に泊まる！」

鼻息荒く、移動を試みることにした。

なんだか、そうなるといくらかゆとりが出てくる。

バルコニーへ出て、深呼吸。鬱蒼とした木々と空が触れ合う遥か遠くのほうに、寺院の頭が見えた。ミャンマーを代表するシュエダゴォン・パヤー。人々の祈りの場だ。今日、行けたら行ってみたい。ちなみにパヤーは仏塔（ストゥーパ）のことで、寺院と違いそこに僧侶は住まない。

昨日のレセプションで優しく対応してくれたお兄さんが、「東京ゲストハウス」の行き方をタクシーの運転手に告げてくれた。ある程度、地元でも知られている宿なのかもしれない。

ちなみにそのお兄さん、タクシーに乗る前に、

「日本語を話せる友人に電話するから話してください」と携帯電話を渡してきた。

電話に出ると、綺麗な日本語を話すミャンマー人女性の柔らかい声がして、日本語のガイドブックをなくしたことを心配してくれていたし、もし困ったことがあったらいつでも電話してほしいと言ってくれた。

その優しい対応にも、ミャンマーのイメージは一気によくなった。

タクシーは出発し、街へ行く。泊まっていたホテルは、インヤ・レイク・ホテルという、市内から少し離れた場所にあった。東京ゲストハウスは、市内のダウンタウンにある。閑静だったところから、やがてにぎやかな街へと入っていった。街の中へ入るほどに、ヤンゴンの実態が目の前に現れてくる。それには、驚きを隠せないほどだった。

というのは、あまりにも、その街並みが古いから。古いというのも、表現によっては、歴史的だったり、クラシカルだったりするわけだけど、違う。「廃墟」という別の言い回しが可能な「古い」建物が、立ち立ぶ。

壁が剝がれ、ペンキは色あせ、鉄筋や杭なども、ところどころなにかの拍子に出てきてしまったままだ。ひどいところでは、崩れかかったビルもあるし、嵐でも来たら倒壊してしまいそうな脆さを漂わせている建物ばかり。

街が一気に歳をとって、なんとか若返りを図って修復したような建物と、それでも間に合わず、もしくはあきらめたまま、今にも崩れ落ちそうな建物が仲良く隣り合っている。

道は一見整備されているのだけれど、あちこちに溝があったり、アスファルトが剝がれてグラグラしていたりする。足下は、石橋をたたいて渡ってちょうどよさそうだ。

この光景が、どこかに似ていると思い、どこだ、どこだと頭をぐるぐる回して、やっと、インドだとわかった。初めてインドを訪れたときに感じた建物の印象と似ている。

そんな街並みのなかを、ヤンゴンの人々はロンジーという布を下半身に巻いて歩いている。みな痩せているし、小柄だ。日本人とあまり変わらない体型はしているものの、肌の色は褐色か黄味がかっていて、平面的な顔に切れ長な奥二重の目が印象的だ。

タクシーが止まった。

ん？　どこに宿が？

運転手が「あっちだよ」と指さす方向に目をこらすと、薄汚いアパートのような建物の入り口に、「TOKYO GUEST HOUSE」とある。その外観に一瞬ひるむが、ここが、そう、私を絶望から救い出してくれるオアシス！　メシアがいるってわけだ。

おんぼろのタクシーを降りて、トランクからバックパックを取り出すと、砂埃まみれ！

真っ黒なバックパックが真っ白になっている。

背負う面だけ手で埃を払い、肩にかつぎ、一歩一歩、アパートの中へと入っていく。

こんなぼろぼろのアパートにある宿、果たして大丈夫なのだろうか？　と思うけれど、信じるものは救われる？

二階に上がり、ブーーッとブザーを鳴らして、扉を開ける。

すると！

「コンニチハ～！」と、日本語の、天使の声がする！　しかも、中はまるで地下都市のように、外観とは裏腹にしっかりとした内装で、家庭のようなぬくもり感のある清潔な宿だった。

入り口からすぐのカウンター奥にある、リビングだか、食堂だかの部屋から、ご年配の素敵に白髪を伸ばした日本人のおじさんが顔を出した。

「はいはい、本日は泊まりますか？」

「あ、は、はい！　それと、ガイドブックを落としてしまったようで、どこかで手に入らないかと思って……」と言うと、彼はピンッと人さし指を出して、下に向けた。

そこには、なんと！　ガイドブック！　のコピ～！　って、いいのですか？　販売してるけれど……と案外冷静になりながらも、

「これ、買います」と、財布からお金を出す仕草はほぼ一緒。同時に不安だった気持ちは、

台風が過ぎ去った後のように、晴れ晴れとして消えてなくなっていた。

私の部屋は小さく、簡素な窓のない部屋だけれど、ベッドのシーツは可愛らしいピンク色で小さな鏡も壁にかけてあってラブリー。蚊帳とエアコンもあるし、清潔で、1泊11ドルだ。

さらに、いっそう私を安心させたものは、なんとも、ありがたや。お味噌汁にございます。おじさんが、スタッフに教え込んだと思われる。やや味は薄いのだけど、たしかに味噌汁だし、しっかりご飯までいただいてしまい、私は故郷を思い、涙がでそうに……。とはならないけれど、ぬくもりのようなものを感じたのはたしか。

リビング兼食堂にいると、宿泊している一人旅行者が集まってきて、その場がにぎやかになった。素敵なホテルもよいけれど、こういった安宿にしかない出会いやぬくもりもある。

おじさんにマップであれこれ、どこへ行ったらいいかご指南いただき、いよいよヤンゴン観光へ！　お守りを持ち、今度は落とすまいと心に誓い、いざミステリアス・ミャンマーの旅がスタートした。

シュエダゴォン・パヤーでの出会い——変わりゆくミャンマー

ガイドブックというお守りを手に入れた今、無敵となった私は、落ち着いたところで、ヤンゴン市内を歩いてみることにした。

その前に、明日、ヤンゴンから約700キロ北にあって、ミャンマーのちょうど真ん中に位置するマンダレーという街へ行くためのバスチケットを買いに、いくつかのエージェントを回った。ところが、どこも交渉は不成立。

交渉って、つまり「もっと安くしてください」というお願いなのだけど、頑として、値下げに応じない。これならば、東京ゲストハウスで手配してもらうほうが安い。なので、チケットは買わずに、そのままシュエダゴォン・パヤーへ向かうことにした。

道路は、車がびゅんびゅん走る。本当に、スピード違反という概念ありますか？　と尋ねて回りたいほど！

車は、ホンダやトヨタなど、中古の日本車がずいぶん多い。見るからに古く、それがものすごく勢いよく走っているから、見てるほうは空中崩壊してしまうのではと、ハラハラする。

ちなみに道路には信号なんて、ほとんどない。猛スピードの車がひっきりなしの道路を、現地人はするりするりと渡ってのける。こりゃあ、渡るには、かなりコツがいるだろう。

手始めに、現地の人にくっついて、なんとか一緒に渡ることに成功するも、コツなんて把握する前に、おっかなくて仕方がない。それでも、幾度となく繰り返すと、あれだけ猛スピードだった車も、実はそこまで猛スピードではない気がして、するりするりと渡れるようになってしまうから不思議だ。

工事中のまま途中で終わってしまったようなガタガタの側道を歩いていると、何度も僧侶とすれ違う。彼らは赤茶色の袈裟を着て、すこし埃っぽくかすむ道を、ゆっくりと俗世とは違うみたいなペースで歩いている。修行僧たちが、日中に街中を歩いている姿は、やっぱり日本ではあまり見かけない光景だし、なんとも情緒に溢れている。

タクシーに乗った。

シュエダゴォン・パヤーまでのバスの乗り方がよくわからないので、仕方ないけれど、まだ相場はわからない。運転手には、2万K（チャット）と言われた。だいたい0を2個取ると円になる。200円か。インドネシアのほうが安かった気がする。とはいえ物価はミャンマーのほうが安いはずだから、だったら乗らないと決めた。

たいてい断ると、

「わかったよ、いくらだったら乗るんだい？」と聞かれるのが東南アジアだと思っていたら、

「あ、そ、じゃあ他探しな！」と、あっさり走り去っていくのを見て、もしかしてミャンマーはタクシーが高いのだろうか？　よくわからない。こういうのは、いくらガイドブックがあったって、当てになるのは自分の経験のみ。少しずつ、相場を知るしかない。

続けて2台に声をかけると、みな「2万K」だと言う。これが相場のようなので（たとえ

外国人価格であろうと）、3台目のおんぼろ（失礼！　でも本当！）タクシーに乗った。

10分もしないうちに、シュエダゴォン・パヤーに着いた。ヤンゴンのシンボルだ。チケットを買う。ドル払いだ。靴を受付に預け、中へと続く階段を上っていった。

中は、ゴールドの世界が広がっていた。

「まぶしい!!」

真っ青な空を背景としたパヤーのゴールドの輝きは、目に痛いほど。キラキラキラ〜！というよりは、ギラッギラッギラッ!!　と輝きを放っている。一眼レフのファインダーから間違って太陽を直視してしまったときのように、目が眩んでいる。

やがて、その世界に慣れてくると、大勢のミャンマー人が生活の場として、祈りに来ていることに気づく。おそらく、仕事の途中に、買い物の後に、学校の帰りにといった具合だ。

人々は、床に座り、手をおでこの前で合わせてから床に手をついて拝む。その仕草を丁寧に3度ほど繰り返してから、熱心にぶつぶつと祈りはじめる。

耳をすますと、あちらこちらから、祈りの声が聞こえてくる。同時になんだか懐かしいような、胸がきゅんとするお香の匂いが流れてきた。

真夏の暑いお盆に、毎年、三重県の祖父母の家に行っていた幼少時代の記憶が蘇ってきた。

畳の大広間には仏壇があって、外ではみんみんと蟬が鳴いている中、仏壇の前で兄と私は揃ってずっと正座をしていた。祖父のお経が終わるまで動いてはいけなかったのだ。正座した足がしびれてくるのと、じとっとした汗が出てくるのが、つらかった。それでも、祖父の傍でお経を聞いているのは好きだった。火のついた線香の尖端から空中へ流れていく一筋の線を追いかけるのが好きだった。

ミャンマーでは、僧侶の前で手を合わせる人が多い。悟りを得るために修行している僧侶は、俗世の人たちからしたら、自分よりもはるかに仏に近い存在だからだろうか。

ところで、パヤーは土足厳禁で裸足にならないといけない。石の床は、陽の当たるところは火傷しそうに熱く、日陰はひんやり冷たい。日陰を選びながら、パヤーの中を見て回る。

それにしても、暑い。少し休もう。

ひんやりする床を求めて座り込み、ぼうっとしていると、横や向かいにいるミャンマー人がじろじろと見てくる。

ああ、そうか。私は異邦人なのだ。私には関係のない世界、けっして入り込めない世界に、なにかの拍子に迷い込んできてしまったみたいだ。

子供たちが～空に向かい～両手をひ～ろげ――♬

自然と口ずさむ『異邦人』は目下私の旅テーマソング。ミャンマー人が1人で歌いながら歩いているのをよく見かけ、私もそれに習っていつでも歌うことにした。

そのとき、「ニホンジン?」と声をかけられた。

日本語が達者ゆえ、日本人をよくガイドしているというミャウオンという青年だった。彼は私の横に勝手に座りこみ、にこっと可愛らしい笑顔を向けてきた。25歳くらいだと思う。内心、「おー出た出た。ガイド頼みませんからね〜。お金払いませんからね〜」と思いつつ、気づいたらいろいろな話をしていた。彼の気さくな人柄が、私を安心させてくれた。

彼の話は実に興味深かった。

ミャンマーは、これからどんどん変わっていくけれど、まだまだ貧しいのだと言っていた。開国が始まったミャンマーは、さまざまな事象が変化の狭間にあるらしい。

「僕たちの国は長いこと鎖国状態だった。海外の情報なんて入ってこなかった。だけどそれでもよかったんだ。これから、この国がどう変わるのか。僕には想像がつかない。だけど、僕たちなんかよりも海外のいろいろな国がここを変えていくんじゃないかと思う」

鎖国という言葉に、私ははるか160年前の日本を思った。

1853年、浦賀沖にペリーの率いる黒船がやってきて、日本に「開国」を迫った。それまで250年続いた江戸時代は、「鎖国」していたと言われている。同時に、最も日本が美しく、平和な時代だったというのをネットや本で読んだことがある。『大君の都』を書いた初代駐日イギリス公使のオールコックは、日本について、「西洋諸国の誇るいっさいの自由と文明をもってしても、同じくらい長年月にわたってこの幸せを確保することはできない」と言っているし、日英修好通商条約締結のために来日したローレンス・オリファントは『エルギン卿遣日使節録』に、「この町（長崎）でもっとも印象的なのは、男も女も子供も、みんな幸せで満足そうに見えるということだった」と、日本を幸福な島国と書いている。

物質的な豊かさや便利さが今では想像もつかないほど足りない時代、不自由さや不便さに苛まれることもなく、人々は太陽と月のリズムに合わせて生活し、季節に寄り添って暮らしを考え、森羅万象に宿る神々に敬意を払い、隣人と助け合い、必要以上に求めることがなかったのではないだろうか。心は満たされていたのではないかと想像する。

それが、やがて明治維新を経て、日本は急速に世界の舞台へと躍り出るようになった。

「日本に生まれたなんて、最高に恵まれている」

と、旅先で会う外国人や日本人同士でも話をすることがある。たしかに、目で見える世界においては、日本は便利で自由で豊かに思える。

けれど、彷徨っている、と思う。

「私は、幸せなのか」という疑問を持って生きている。少なくとも私は、そうだ。13歳の頃、父が私に話してくれた言葉がふたたび思い出される。

「のぞみ、世界には、日本より豊かなものがたくさんある」


灼熱の太陽がずいぶんと西に傾き始めた頃、いつの間にかミャウオンは、愛について語り出していた。

「愛することについて思うことがあってね。どうして、人間はたった1人を愛することができないんだろうって。僕がガイドをする日本人の10人に7人は、女の子を買うんだ。愛は尊いものなのに」

「それは、心が満たされていないからかも。愛や自尊心が、必ずしも物質的な豊かさに比例するとは限らない」

そう言うと、彼は少し困ったように笑った。

きっと、この国も開国が始まって、人の尊い愛までもが失われていく、あるいは変わっていくことを危惧しているのかもしれない。

そういえば、道を歩いているときに、男女のカップルが仲良く手をつないで歩いていたり、ベンチで男の子が女の子に膝枕してもらって寝ているのをよく見かけた。おそらく大学生くらいの年頃だと思う。ペアルックも流行のようで、見ているこちらがこそばゆくなる。

「デートはどこに行くの？」と聞いたら、意外。

「ホテルへ行くよ！」だって。

ちなみに、ミャンマーでは、外国人を泊めていいホテルは国の許可がおりているところのみ。だから旅人たちの間では、ミャンマーは「ホテルが少ない」という印象があって、そもそもホテルが少ないのかと思い込んでいた。実際は、地元の人向けのラブホテル的な宿泊場所というのがあるのだと驚いた。

それから彼は、

「最近お客さんがいないから、お金がない」とつぶやいた。それでも、同情してガイドをお願いしたくはなかったので、

「ノーガイドでいいのよ、私」と念を押す。

　けれど、ずっとそばにいて、ミャンマーは曜日によって仏様が違うけれど、ノゾミは木曜日だから（生年月日から割り出す）、この仏様だよと線香をくれてお参りさせてくれたり、パヤーのてっぺんに輝くダイヤモンドの色が変わって見えるという場所を教えてくれたりした。

「あの人とも写真撮ってあげる」と、何者なのかよくわからないけれど、おそらく僧侶だと

思われるおじさんと、一緒に写真を撮ってくれた。おじさんは英語を話さない。けれど、「ジャパニーズ」と言うとニッコリ笑い、なにか不思議な言葉をくれた。

あれは何と言っていたのかと彼に聞くと、「あなたの欲しいものが手に入りますように」と言う。まるで、「ちちんぷいぷい」のような魔法の言葉！

彼が立ち止まり、ふと思い出したように、

「そうだ、夕日が綺麗に見える西門へ行こう」と言って、連れていってくれた。

西門へと続く廊下はとてもエキゾチックだった。長い廊下の両側には円柱がリズミカルに一定の間隔で林立している。壁にある窓から差し込む西日の朱色の光が柱に当たって、床には長く細い影が縞々に描かれ、その美しい空間の中を歩く。

ただし、足下にはところどころ鳩の糞が落ちていて、うまく避《よ》けながらというのが、少し面倒ではあったけれど。

門を出たところで、ちょうど夕日が沈んでいく数分間を楽しむことができた。

太陽が姿を消し、月が顔を出すと、シュエダゴォン・パヤーも装いを変えた。なんて幻想的……というのではなくて、なんというか、電飾が一気について、超ポップ！　パレードが始まりそうな装いだ。

そんな中、人はいっそう増えていき、人工的な電光に加えて、ロウソクや線香の光がぼうっと灯り始めると、祈りの場はようやく厳かな雰囲気になっていく。

「ここでは、何か1つだけ、一番欲しいものを願って」

と、ミョウオンは、私に線香を渡してくれた。30センチほどの長さもある、細い木の枝のような線香を眺めてから、座って、おでこの前で手を合わせ、床に手をつき祈った。

そして、ロウソクが温かく灯るところに行って線香に火をつけ、たくさんの線香が煌々と灯る場所へさしに行った。

「何を願ったのか、教えてよ」と聞かれたけど、

「内緒だよ」と言って笑うと、彼は歯を見せて笑っていた。

私に欲しいものは、正直見当たらなかった。だから代わりにこう願った。

「幸福な旅ができますように」

「さ、そろそろ宿に戻るから帰るね～」と言うと、東京ゲストハウスは彼の家からも近いらしく、遅い時間だから一緒に帰ろうと言ってくれた。実に、3時間もパヤーにのんびり滞在していた。

夜道を歩く。いまだにしょっちゅう、ミャンマーは停電するらしい。常に懐中電灯を持ち

歩くように心がけておいたほうがいい。

振り返ると、電光のほぼない町に、電飾華やかなゴールドのパヤーがかなりの存在感を放ち建っている。

1人では歩けないような暗い夜道を歩き、スーレー・パヤーまで出ると、スーレー・パヤーにつながる陸橋で、何組ものカップルがいちゃいちゃしているのを見かけた。夜中のデートだ。愛を育んでいらっしゃる。こういうとき、遠慮なく直視できちゃうなんて、外国人特権というやつ？　え、迷惑？


それから、初となるミャンマーのローカルバスに乗り（ほぼ、飛び乗るに近い感じ。絶対1人では無理！）、ミャウオンと一緒に降りて、ちょっとだけ歩くと、もう東京ゲストハウスがわかる道だった。

ヤンゴンのダウンタウンは、東西に走る大きな道路が3本あり、それらと南北に交差する道が何本かあって、碁盤の目状になっているため、行きたい場所の通りの名前さえわかっていれば、マップを見ながらであればまず迷うことはないと思う。といっても、それは太陽の出ている明るい日中での話。夜はなるべく1人で出歩かないほうが、いい気がする。

「もう、あそこが東京ゲストハウスだよ。じゃあ、僕はこっちの道だから、もし困ったことがあったら連絡してね」

と、彼は連絡先を書いた紙をくれて、さわやかに帰っていった。

あ、と気づいたら、バス代は彼が出してくれていた。たった２０００K（20円）のバス代だけど、それが彼らにとってどれほどの価値なのかと思いながらも、そういう好意が嬉しかった。心が温かくなって、自分のことを少し切なくも感じた。

すっかりお腹がすいたので、宿の前の「POWER」というローカルレストランへご飯を食べに行った。東京ゲストハウスのおじさんオススメのお店。まあ、食堂という感じで、地元の人がいっぱいいいる。

フライドライスwith チキンというのを頼んでみた。いわゆるチキンチャーハン。日本の中華料理屋さんでいただく味と、さほど変わらない。ミャンマー料理は基本的に油っこく、ミャンマーカレーといえば、「油＝ルー」。さすがに、不健康そうだし食指が動かず。ミャンマービールも飲み……んーよく眠れそう！

ガイドブック紛失で、気持ちが凹んでいたけれど、今日は、なかなか上出来じゃないだろうか。なんだか、とっても長い一日だった気がする。

宿の部屋で落ち着くと、自然と笑みがこぼれた。そうだ、「たいへんよくできました」の、花丸な日。

さて、明日は、どうしよう。いいや、明日考えればいい。

チャタウンの心優しき青年――浮き彫りになった、我が悪魔の心

ヤンゴンから北に700キロの、ミャンマー中央部にある街マンダレーまで、東京ゲストハウスで手配してもらった夜行バスで向かうことにした。といっても出発は夜の9時だというので、それまで、ヤンゴンから少し離れた小さな村を訪れた。

そこは、チャタウンという村で、ヤンゴンからローカルバスに乗って1時間半くらいの、水上寺院があるところだ。

泊まっていた東京ゲストハウス近くの道路沿いにある216番バス乗り場に行く。といってもバス停らしきものはない。ただ、なんとなくその場所にバスが次から次へと来るから、このあたりなのだろうと思う。

バスには大声で行き先を告げる係の人が乗車しており、その行き先を聞いて人はほぼ動いているバスに飛び乗る。

まるで、あっちから「新宿！　新宿！　新宿！　新宿！！！！（永遠に繰り返す）」ときて、続いて「渋谷！　渋谷！　渋谷！　渋谷！！！（永遠に繰り返す）」と、怒号が飛び交

う感じだ。当然、どこ行きなのか聞いたって、ちんぷんかんぷん。

「チャタウン」とミャンマー語で書かれた紙を手ににぎりしめ、つばを飲み込んだ。怒号を上げている乗車員に足早に近づき、こちらも叫びながら聞いてみた。

「ここ（紙を見せる）行きでしょーか！！！？」

一瞬声を上げるのをやめ、意外としっかりと紙を見てくれるが、

「これじゃない！　あれだ！」

と、我がバスではないとわかると扱いは一変。後ろのバスを指さすと、また「なんたら！なんたら！　なんたら！　なんたら！！！」と声を張り上げてバスは早々と行ってしまった。

あれって言われても、どれだ!?　後ろから、バスが次々に何台も来るのだ。

こうなったら火の中へ飛び込む気持ちで行くしかない。いつの間にか、ヒゲの生えたガテン系男子モードに切り替わる。そして、走った！

次から次へと、

「ここ行くの？」

「違う？　じゃあ、どれだってんだ！」

という調子で聞いていく。強引さのレベルが上がったかもしれない。数人の人にあれだ、これだ、と言われていたら、いつの間にかバスに乗っていた。

バスに乗ったときに、私は後ろの席に座っていた男の子に声をかけた。「わたし（自分を指さす）、チャタウンに行きたい（紙を見せる）けど、このバスで合ってる（バスを指さして、首をかしげる）？」

彼は無表情に「ＯＫ」と言った。たぶん、高校生くらいだと思う。上下青いジャージのような服を着ていて、髪の毛をつんつん立てている。こちらの若者の流行へアスタイルなのだろうか。なんだか、微笑ましい。

やっと一息ついたところで、バスからヤンゴンの街並みを眺めた。市内を離れ、川を渡ると、とたんに景色は変わっていく。びっくりするほど、私の知りうる限りの現代という時間から過去に遡っていくような気がした。まるでバスはタイムマシーンで、時間旅行でもしているのではないかと錯覚してしまう。

１時間くらいしたところで、急にバスは止まり、全員降ろされた。バス停でもなくて、ただの道沿いで、という感じ。

え？　ここじゃないはずなんだけど……。

すると後ろの席にいた男の子が、「Follow me」と私に言ってきた。バスを降りると、すぐに別のバスが来て、それに一緒に乗った。どうやらバスを乗り換えなきゃいけないらしいのだ。この適当すぎるように思われるバス停の場所にも、バスの来る時間にも、どうやらこの土地なりの秩序やルールがあるらしい。

20分かそこらで、無事にチャタウンに着いた。

男の子が、「Here」と地面を指さしてから、やっぱり無表情に去っていった。


のどか。当たり前のように、オレンジ色の袈裟を纏った僧侶が道を歩いている。

お目当ての水上寺院が遠くから確認できたので、まずは村の中を歩こうと思った。でも、あまりにも小さい村で、歩き回るという感じではない。1本のメインとなっている道を100メートルくらい歩いたら終わり。あとは、民家に入っていく道しかない。通りは後で歩くことにしよう。

川辺のほうを歩くと、何人かのミャンマー人と目が合った。ミャンマーでは、女性や小さい子供が（時に大人の男性も）日焼け止めのために、「タナカ」という樹皮をすりおろして粉にしたものを水でとかして顔に塗っている。お化粧のような感覚らしい。ほっぺたと鼻筋に塗るのが基本らしいけれど、塗り方は人それぞれのよう。

私もミャンマー滞在中何度か塗られたけど、泥パックのような肌感。乾くと、ちょっとだけ肌がつっぱる。美容に大変いいらしい。ならば塗りたくりたいところだけど……。でも、本当なのだろうか。

ぷらぷら川辺を歩いても、観光客にはほとんど出会わない。数人の西洋人がいるだけ。ただ、ミャンマー人の観光客は多く、大勢の団体で来て、みんなで船に乗っている。水上寺院は川の上に建てられているので、当然船に乗っていかないといけない。

よーし、私も船に乗るか！

そう思って、向かったときだった。あのバスで一緒だった男の子が、去っていったと思っていたのに、なんと、ずっと遠くのほうから私がちゃんと水上寺院に行けるのか見ていた。目が合うと、相変わらず無表情のまま指をさして、「あっちだよ」と教えてくれる。

気づけば、遠くにいた彼は、いつの間にか一緒に水上寺院へ行く流れになった。そして、裸足にならないといけない寺院で、サンダルを預けるときのチップとか、お供えのお花代とか、彼が出してくれた。

「私が出すよ」と言うと、「NO」と言う。

その、小さな声で抵抗する「NO」には、揺るがない意志がこめられているように感じ、私はそれ以上遠慮することができなくなった。

現地の人と外国人観光客が乗る船は違う。男の子は、外国人観光客用の船に、つまり私と一緒に乗った。彼との会話なんて、ほとんどない。彼は英語がほとんど喋れないのだから。

ただ、そばにいて、ある程度の距離をとりながら一緒にいるだけ。

寺院を見ているときは、私が写真を撮るペースに合わせて遠くから一緒についてきて、彼も同じように携帯で写真を撮っていた。

彼の表情にはわずかに笑顔があって、もしかしたら、彼も初めて水上寺院を訪れて嬉しいのかもしれないと思ったし、外国人を連れてきた誇りや喜びを感じているのかもしれないとも思った。

水上寺院は、相変わらずの金ぴか。ミャンマーにはこのド派手な金ぴか寺院がたくさんある。真っ青な空にはちょっぴりまぶしすぎる。手をおでこにかざして、見上げる。

寺院の中には、当然仏陀がいて、その前で人々がお祈りしている。ピンク色の袈裟を纏う尼さんが2人ぴったりとくっついて横に並び、仏陀を眺めている。

男の子は、私におかまいなく座りこみ、頭を床につけてお祈りを始めた。

ここに来て、人生初の経験をした。

寺院の中は、土足厳禁。実はバスの中からずっとトイレを我慢していた私。寺院の口のトイレにはスリッパとかあるよね〜と思って入ったら、ない。だからといって、綺麗に絨毯が敷かれたトイレであるはずもない。そう、日本の駅の公衆トイレ（汚いバージョン）を想像していただければ近い感じ。

　和式。裸足で入る。便器のまわりはびちゃびちゃ。

「ふふふ。はははは。あっはっはっはっはっは！」

　個室が3個のトイレの真ん中から聞こえる不審な笑い声。きっと、両隣で用を足している人は、驚いただろう。変質者がいると……。

　ああ、笑っている自分が別人のように思える。それに、なぜ、あきらめずに入っていくのか。いえ、尿意というアンコントローラブルな生理現象には、逆らえぬだけ。

　意識を遠くへやってみる。ああ、幾度とやったことのある青空トイレ（岩や木の陰で用を足す）のほうが、はるかに心が落ち着く。

　ジャーッと水を流し、心では涙も流しながら思った。

「仏様、私になぜこのような試練をお与えになるのですか」

　って、単なる生理現象を仏様のせいにするな？

　なんだか新境地の扉を開いてしまった私に、もはや仏陀への祈りはお腹がいっぱい。男の子に、岸を指さして、「私、戻る」と言うと、「Yes」と言って、また外国人観光客用の船に一緒に乗り込んだ。

　岸に着いてメイン通りを歩き出す。足の裏からばい菌が入ってしまったのではと、下を向いて歩く私。旅先では、手ピカジェルという消毒剤を持ち歩くようにはしているけれど、足の裏だし、そんなの無駄だと言わんばかりの状態。

ややや無表情だった彼が、突然、私に向かって「I am happy」と微笑んできた。

その顔を見て……、なんだかとても美しいものを見ているような気持ちになってしまった。そう、トイレの珍プレーなんて、言葉どおり「ふっとんだ」。

ありがとう、私、上を向いて歩くわ！

「ところで、あなたは、ここに住んでいるの？」と聞くと、

「I can not understand」と首をかしげる。

「ハウス！　ハウス！　ユア・ハウス、ヒア？」と地面を指さすと、

「Oh, yes. Bus」と同じように地面を指さす。

この村なのだけど、もうちょっと離れていて、バスに乗らないといけないということだろうか。

やはり、会話は続かない。そもそも、彼も私と何かを話したいとは思っていないようで、訥々と、「ここがマーケット」「これはミャンマーバナナ」とぶつぶつ教えてくれていた。

帰るとき、ヤンゴン行きのバス乗り場まで戻る。もちろんここでもバス乗り場なんてものは存在しない。道路のこの辺、という感じだ。

バスはなかなか来ない。30分くらい経過しただろうか。

すると現地の人が何かを話しかけてきた。

それを聞いた男の子が、「こっちのほうが早いらしい」と移動を促してきて、

「Very small bus」

と、少しすまなそうに顔をしかめて言った。

乗り合いバス乗り場に来た。乗り合いバスは、屋根つきトラックという感じで、満員になったらようやく出発する。

最初に乗り込んでよかった。現地の人がどんどん乗り込み、ぎゅうぎゅうになった。どうやって降りるんだ？　と不安がよぎるが、このときも彼と一緒。彼が人をかきだすようにして外に出るので、私も後に続く。降りてバスを振り返ると、立ち乗車している人がいるほど満員御礼だったようだ。


ようやく普通のローカルバスに乗り換えることができた。これに乗れば、もうヤンゴン市内へ行ける。

バスに乗るとき、男の子に「ありがとう！」とお礼を言おうとすると、首を横に振る。

なぜ、首を横に振る？　と疑問に思い首をかしげると、私と一緒にまたバスへ乗り込み、

ヤンゴンまで送っていくと言う。

「ダメダメ！　私、もうわかるから！　あなたの村はここなのよ？」

と説得したって、わからぬ英語でつべこべ言うなよ、という感じにそそくさとバスに乗ってしまった。

ガタガタと、バスは出発した。

バスの中、私はずっと考えていた。人のために時間を使うなんて、あくせく仕事をしていた頃に私はちゃんとできていただろうか。合理性や利便性ばかり考えて行動してはいなかっただろうか、と。罪悪感にもいささか苛まれて、目の前に現れた聖人の前で、懺悔したい気持ちになった。

バスの中で、地元の大学生と出会った。荷物を重そうにして立っていたら、座っていた男の子2人と女の子が持ってあげると言ってくれた。そして、あなたのガイドをやりたいわ！って女の子が言ってくれたのだけど、チャタウンの男の子がいるのに気づき、

「Ah, you have already the guide!」

と残念そうにバスを降りた。

私もそこで降りる。もうダウンタウンに着いたのだ。

すると、彼も降りる。なんだか彼がどこまで一緒に来てくれるのか気になって聞いた。

「あの、私、スーレー・パヤーに行って宿に戻るの。あなたどうするの??」

たぶん私の困惑した気持ちが表情にも出てしまっていたのだと思う。正直、どこまで一緒に来るつもりなんだ？　まさか、宿まで来る気じゃない？　早く帰ってくれないかしら……。実はお金が欲しいのかな？　なんて、悪魔な気持ちが湧いてきてしまっていた。

すると、彼は「ＯＫ」と言いながら、すっと指さしたのはスーレー・パヤー。来たかった場所。ここに来れば、宿まで帰れる。

私がスーレー・パヤーを確認するのを見て、彼は「Bye」と軽く右手を上げて、なんとなく苦笑いして、去っていった。やがて雑踏のなかへ彼の姿は消えていった。そう、今度こそ本当に去っていった。遠くから私が宿へ戻れるかなんて、見ていてはくれなかった。

急に胸が苦しくなった。

なんで、「ありがとう」って伝えなかったのだろう。彼はこれからまた同じだけの時間とお金をかけて、チャヤタウンに帰るのだろうに。

そしてなにより、おそらくもう二度と彼には出会えないのに。

私は彼の名前も知らないままだった。

ガラスのような美しいものを傷つけてしまったように感じたけど、傷ついたのは自分自身の心だった。

東京ゲストハウスに戻って、誰かに聞いてほしくて、オーナーのおじさんにこの話をした。

「それはいい経験をしたね～。ミャンマーの人は本当に無償で人のために何かをしてあげられる人がいっぱいいるんだよね。優しい。そんな国はミャンマーくらいですよ、アジアでは。皆ミャンマーを誤解しているのが残念だねぇ」

たしかに、その後いくつかのアジアを回ったけれど、やはりミャンマーは特別に人が温かいと感じた。

開国し、これからさまざまなものが変わっていく現実に流されて、今この国にある美しいものが失われてほしくないと思ったけれど、それはアジアの先進国で生まれ育った私のエゴでしかないのだろうかと、ぼんやり考えてしまった。

アジアで出会う旅人と、ミャンマーの話になると、皆が同じことを言う。

「あそこは最後の秘境だ」と。

夜行バス――亡霊とスパイダーの悪夢

チャタウンから戻り、夕食を東京ゲストハウスでいただいてから、夜9時を前に、宿を出た。夜行バスに乗って、マンダレーへ向かう。夜遅かったので、タクシーでバスターミナルまで行き、チケットを見せてバスに乗り込んだ。

夜9時ちょうどに、バスはヤンゴンを発った。長距離バスというと、その質や快適さというのは、国や街によって違ったり、バス会社によって全く違う。ミャンマーの場合もそうで、乗ったバスというのが、今回はなかなかのおんぼろだった。

ガラス窓がカタカタ騒ぎ、振動に耐えられる限界をがんばっているようだし、お尻の座席はやや硬い。ま、仕方ない。こういうときこそ、早く眠るのが楽だ。

私は窓側に座り、通路側には大学生だという女の子が座った。

「あなたも、マンダレーに行くのね？」

「そう。大学の用事があって、ヤンゴンにいたの」

「お家は、ヤンゴンじゃないのね？」

「私は北部出身のカチン族なの。家は北のほうにあります」

日本にいると、出身地こそ聞いたりはするけれど、部族なんてない。その逆、ミャンマーは実に130以上の少数民族から構成されているらしく、その7割がビルマ族。他にも、カヤ族やモン族、シャン族など、民族衣装も違えば、宗教、風習、暮らしも異なるのだそう。

バスは街を離れ、何もない広大な平原を走り始めた。うつらうつら、遠くを眺めながら、思考回路は停止間際で、眠りにつけそうでつけないところを、行ったり来たりしている。車内は消灯しているし、周囲は闇の深さをいっそう増しているように感じるけれど、それは眠りの領域へ入るときの狭間ゆえかもしれない。

隣の女の子は、いつの間にか眠ってしまったみたい。寝息がスースーと聞こえてきて、それが私を逆に目覚めさせる。

だいたい、いつもすぐに眠れるのに、今宵は寝付きが悪いなあと、遠くをぼ――――っと眺めていると、なぜだか鳥肌が立ってきた。

ぞわぞわ。な、何よ！

たしかに夜間は冷え込むけれど、鳥肌が立つほど寒いわけではない。

そのときだ。目の前に現れたのは、異次元の世界の幻だろうか？

相変わらず何もない平原のはるか彼方に浮かぶ、真っ黒な廃墟群。真っ暗闇の中、黒々とした建物がはっきり見えることが、そもそもおかしいのだけど。

いっこうに鳥肌は治まらず、お守り（ガイドブックじゃなくてね！）を握りしめて、日本を発つ前に、前職のときに知り合った奄美大島のユタさん（霊能者）からもらった、塩を取り出して舐め、心の中で叫んだ！

「悪霊退散！！！」

と、あら不思議？　鳥肌は治まり、いつの間にか眠りに落ちていた……。

もしかして、廃墟群は夢を見ていただけ？　さあ、この話、信じるか信じないかは……あなた次第！　って違うか。

「旅先の夜行バスって怖くないの？」

と日本にいる友人に聞かれることもあるけれど、たいていは怖くない。治安的にも、怖いと思ったことは一度もない。もちろん、きちんとしたバス会社を選んだり、あまりに安いバスには乗らないようにするなど気をつけている。

けれども、目に見えない何かに対する恐怖を感じることは、旅の途中でたまにある。なので、塩やお守りは必ず持って旅に出ている。

マンダレーにバスが着いたのは、朝の6時。まだ周囲は真っ暗。どんなところで降ろされたのかも不明。ホテルは決めていないし、さて街の中心へどうやっていこうか考えていると、バスで隣に座っていた女の子が、

「ホテルはどこ？　心配だから、一緒に行く」と言ってくれた。

彼女の申し出はとても嬉しかったけれど、まさかホテルまで送ってもらうなんて、申し訳

ない。ところが、断る私を無視して、彼女はバイクタクシーを2台つかまえた。ガイドブックに載っているホテルをめざし、2人で宿へ向かうこととなった。

バイクタクシーは、暗い早朝の道をぶっ飛ばす！　なにゆえに、そんなにぶっ飛ばすのか。重いバックパックを背負いながら、朝から叫んだ！

「プリ――――ズ、スロ――――――――リィィィィ！！！」

しかし、ドライバーの耳には届かず、なのか、無視。速度は落ちぬまま、あっという間に宿に着いた。

私1人で宿に入り、受付で部屋があるか聞くと、窓のない部屋だけど、1室だけあるというので、泊まることにした。

部屋があると告げると、彼女は自分のことのように安心してくれ、にっこりと笑ってからまたバイクタクシーに乗った。

「さようなら」と言って、彼女の行く場所へと去っていった。

彼女が見えなくなるまで宿の入り口に立っていた。そして、たった1人で旅しているはずなのに、東京にいるときよりも、ずっと孤独を感じていないことに気づいた。優しさに触れたからかもしれないけれど、1人で行けるであろう場所に、誰かが寄り添ってきてくれたことが、とっても嬉しかった。

いつの間にか、人は自分1人でたいていのことができるようになる。それが大人へとなっていくことだと思う。けれど、1人でできることを、誰かが傍で見守ってくれることが、これほどに心満たされるなんて。安心するなんて。

人は1人だ。でも、1人では生きられない。そういうことを、少しずつ実感している。

その日一日、マンダレーをさらっとバイクタクシーで回り、ある程度の観光地を見てしまった。正直、寺院やパヤーを見飽きてしまったので、マンダレーは1日で十分と判断し、翌日にはもうバガンへ行くことにした。バガンこそ、アジア三大遺跡の一つがある。移動はバス。チケットは宿で手配できる。

ちなみにミャンマーを列車で移動するのはやめたほうがいい、と現地の人や東京ゲストハウスのおじさんにも言われた。線路も列車も古く、事故が多いらしい。さらに時間がとてもかかると教えてくれた。

そして、悪霊はふたたび、私に襲いかかってきた。

翌朝――。バガンへ行く日。

あら？　左目が開かない。なんなのよ、この違和感！　もしかして、と思ったらビンゴ。触ってみると、左瞼がパンパンに腫れ上がっている。だいぶ前にも、インドネシアのバリ島を旅したときに同じ経験があったので、また悪霊が来たのね！　と鏡へ恐る恐る確認しに行く。夢であってほしい……なんて願うが叶わず、予想通りのお岩さんヅラした私がいた。

ああ、祟りだ！

私を襲った悪霊は、どうやらスパイダーらしい。眠っている間に、噛まれたのか刺されたのか。時間が経つにつれ、腫れは勢いを増していき、もう完全に「片目の女」になってしまった。

これから、聖なるバガンへ行くというのに、恥ずかしい。旅女の心は虚ろだ。でもしっかりと朝食は食べようと、屋上へあがっていくと、さっそく愛想の悪いスタッフに一瞥される。

しゅん……。

こんなツラして、みんな不気味だと思ってるのね？

視界も狭い。私の周りには、真っ黒なオーラがどーんよりと降りていたと思う。

やがて愛想の悪いスタッフが、朝食を運んでくれながら、こう言った。

「スパイダーだな。噛まれたんだね」

「そう、目が開かない」

「かわいそうに。でも、大丈夫さ」

「大丈夫じゃない」

「それでも、キミは綺麗だから。心配ない」

え!?　今、なんと？　くらくらくら〜。その、愛想のない態度でつぶやく系？中学生とか高校生のときに味わったような甘酸っぱさが、キュンッと胸に広がった！　もう、ミャンマーに嫁ごうか。優しさの海に溺れそう。

私にとって、マンダレーというのはなぜかあまりいいことがなかったのだけど、それなりに素晴らしい寺院や見所があるので、時間があるなら訪れるにはいい街だと思う。

とくに、真っ白なパヤーが１７７４基も林立している幻想的かつミステリアスなサンダ・ムニ・パヤーはなかなか、他では見られない光景で感動したし、郊外にあるアマラプラは、対岸にある小さな島にかかる木造の長い長い橋が、人間界と自然界をつなぐ架け橋のように質素だけれども厳かで、橋の下を行き交う小舟が異次元の乗り物のように魅惑的に見える。

アマラプラの村というのは、また非常に現実離れしたような暮らしぶりで、まさに便利さや近代的なすべてが足らないのに、子供も女性もとても幸福そうに見えた。そしてどこの者かもわからぬ旅女に、村の女性たちは庭先に置かれたバナナを数本くれたり、多くつくり過ぎた食事を少し分け与えてくれたりした。

もう1つ、マンサラール・ヒルという丘に登った。そこは、なんとも形容しがたい寺院が、頂上へ続く参道の途中にいくつもある。あえて言うならば、ヒンドゥー教と仏教とイスラム教の世界を混ぜ合わせ、いいとこ取りをしてしまったかのような、派手な寺院。

寺院の壁には鏡タイルがモザイクのように貼り合わされて、やっぱり派手。まあ、これぞ、ミャンマースタイルなのかしら？　と思わずにはいられない。

そんな場所から、朱色に変わった太陽が、はるか遠くの山あいに落ちていくのが見える。その光景を見ただけでも、たとえ翌日お岩さんになろうが、マンダレーに来てよかったわ！というのが、マンダレーの感想だ。

聖なるバガンへ――同情を買う、片目の女

がたがたと揺れるバスに乗って、バガンのニャンウーに着いたのは午後2時を過ぎていた。ああ、片目だと、やっぱり見えにくい。移動のバスも、何度か食事やトイレ休憩があったけれど、誰とも話す気になれなかった。というか、こんな怖い顔してたら誰も話しかけたくないでしょうよ！　ああ、心が卑屈になる。

ただ1人、フランス語で何かを喋っていたマダムが、私の異様な目を発見すると、どうし

たのかと声をかけてきたので、

「マンダレーの宿で朝起きたらこうなっていた。宿でスパイダーだって言われた」と答えた。スカーフを頭に巻いて、オードリー・ヘップバーンのように可愛くしているマダムが、なぜか私にロックオン。その後も何度か、こうしたらいい、ああしたらいい、と露骨に心配な顔をしてアドバイスをくださる。

メルシー、マダム！　でも、どうぞほっといてください、シルブプレ～。旅人同士、同情なんていけません。というか、片目で他人と会話するって、やっぱり疲れるもの。どうした、大丈夫かと、心配されることが少しくらいならまだしも、ずっと言われると苦痛になる。

これは、母親のせいかもしれない。

母はとにかく小さいときから、私の一挙手一投足に干渉していたし、なにか気になることがあるならば、「のぞみ、こうしたほうがいいわよ」「どうしたの？　なんで？」と言わずにはいられない性格だったから。全身全霊で私を育てようと思ってくれていたのだけど、当時の私は、ほっといてほしくて仕方がなかった。

それでも、異国から母を思うと、父の不在だった10年近く女手一つで育ててくれたことに、感謝の気持ちが湧いてくる。

記憶の中の若くて厳しかった母は、年老いてシワや白髪の増えた、少しだけ背中が丸くなった母へと変化する。心の中で、「ありがとう」とつぶやいた。

バスで一緒だった人たちは、バガンのこぢんまりとしたバスターミナルに着くなり、各々、思い思いの宿へと散っていった。おそらく既に目星をつけていたのだろう。宿を何も考えていなかった私は、1人バスターミナルに残された。

バスターミナルといっても、ただの空き地のような感じで、時刻表や行き先を告げる標識など1つもなく、ベンチなんかもない。空き地には、御者のいない馬車が数台止まっている。

さて、本日の宿はどうしよう。

ガイドブックを見て、位置を確認して、宿の目星をつける。その間に、数人の客引きが私に声をかけてくる。どうやら、御者らしい。

「馬車に乗らないか？　宿まで乗せていく」

ミャンマーでは、ヤンゴンを除いて私が訪れた街では、どこにでも馬車が走っていた。自動車はめっぽう少なく、道を行き交うのは、馬車かバイクか、自転車か、大型トラック（これは、ときにたくさんの人を乗せたり、荷物を運んだりしてる）という具合だ。

とりあえず、荷物が重いので値段交渉をして、宿をあたることにする。最初に行った宿が満室だったら、他にも行ってくれるという。この時期、ミャンマーはハイシーズンで、宿はどこも満室が多いというわけだ。

馬車に乗る。

馬の蹄がパカパカといいだし、車輪がガラガラ回りはじめた。御者が、ちょっとけだるそうだけど、なんだか甘い言葉のように、ときおり馬に向かって話しかけた。その声をちゃんと理解するのか、馬は速度を変えたり、道を左右に曲がったりする。

馬車が舗装されていない道を走ると、車輪に巻き上げられた土や砂は煙のように空中を舞い、太陽の光に反射してきらきらと光る。

5分ちょっとくらいで、エデンモーテルという宿の前に来た。外観は、だいぶ、ましなほう。中に入り、受付にいた青年に、部屋を見せてもらいたいと言うと、屋上のテラスへ連れていかれた。屋上に、シングルルームが4部屋ある。

私が宿を探すときに気にするのは、水回りとベッドが清潔（常識の範囲で）、窓があること（光と風が入る）、虫がいないこと（スパイダーのトラウマ）、それからホテルのスタッフの雰囲気、値段など。そういう意味では、まあ、なかなか悪くない。そもそも、これらすべてがパーフェクトな宿なんて、あったら五つ星だ。ちなみにWi-Fiはない。

部屋のドアを開けると、そのまま屋上のテラスへ出る。そこはみんなが朝食をとるところにもなっていて、いくつかテーブルが無造作に置いてある。

さらに、洗濯物も自由に干せるようになっている。長期旅行だと、洗濯物は毎日する必要があるし、干す場所が外にあるというのは、非常にありがたいものなのだ。

1泊10ドルだけれど、ミャンマーの安宿はだいたいその程度なのではとわかっていたから、ここに泊まることにすると、サンアウというスタッフに言い、外にいる御者にも言って帰ってもらった。

部屋で荷物を下ろし、必要なものを取り出し、さっそく洗濯を始めた。ミャンマーに限らず、東南アジアはどうしてすぐにズボンが汚れてしまうのよ？　勘弁してよ〜とつぶやきながら、ゴシゴシと洗い、思った。これから何回このズボン洗うんだろう、と。

だから、ランドリーサービスというものが東南アジアのどの国にもあったことは、最高にありがたかった。たいてい1キロ1ドルで、宿だったり街で洗濯してもらえるってサービス。初めてお願いしたときは、こんなに汚れが落ちるのか！　と感動してズボンを抱きしめたほど。あ、たまに色落ち、色移りすることもあり。それくらいの覚悟は必要だけども。

とはいえ、その話を出会う旅人にすると、「そんな贅沢な！」と言われるのがオチ。

いいのだ、私は私らしい旅のペースでいくのだから。だって、たまには、がつんと汚れって落としたくなあい？

なんだかんだしていたら、4時くらいになってしまったので、宿周辺の小さな村、ニャンウーを歩いて回ることにした。

有名な寺院やパゴダ（パヤーのことをパゴダともいう）が点在しているのは、オールドバガン地区で、ニャンウーから歩いていくには遠いし、一つひとつを歩いて回るには広すぎる。どのみち自転車か馬車を使うしかなさそうなので、明日、宿に頼んで、1日2000円で馬車を貸し切ることにする。サンライズとサンセットを寺院の上から見たいし、できるだけたくさんの寺院群（ここでは寺院とパゴダの両方をさす）を回りたいから。

外へ出る前に、翌日の馬車の予約をレセプションでしていると、韓国人のカップルがやってきた。そして、私の目をみるなり、男の子のほうが、哀れみの顔をして言うでないの。

「お〜の〜。わーお。どうしましたか？　痛いデスカ？　酷いね。可哀相ね――。おー」

……心優しき青年よ、それ以上は何も言わないでおくれ。

「ああ！　すぐそこに、ファーマシィ（薬局）あります」

なんと、表情がくるくる変わるのだろう。それが面白くて、彼の心配そうな顔や、にこにこしたりする人懐こい顔を見ていたら、心が癒され、明るくなっていく気がした。日本語が少しだけ話せるというのも、ほっとしたのかもしれない。

「ありがとう、そこに行ってみるね」

宿からすぐ近くの薬局へ向かい、目薬を買う。なんだか、怪しいな〜と思うけれど、こういう場合、ローカルに従うのがいいのだろうか。よく、インドでお腹を壊したら、インドの腹痛薬を買え、というように。それは、てきめんに効くからだ。

とりあえず1滴ずつ両目に垂らし、薬局から3分ほどのマーケットへ行ってみる。マーケットといっても、すでに売り買いが終わった後のようで、閑散としていた。ただのだだっ広い空き地で、中に大きな古いトラックが、野菜やら段ボールやらの残骸を載せて止まっている。

中に入り、ミャンマー版の日焼け止めであるタナカを顔に塗った年配の女性たちから、ポストカードを買った。8枚で1ドルだ。日本にいる友人や家族へ、そろそろハガキを出したいと思っていたし、どうせなら皆がミステリアスだという国ミャンマーからがいいと思っていた。

それから、土や砂のぼこぼこした道をあてもなくふらふら歩き回った。小さい村なので、地図がなくても、迷うことはない。観光客には出会わず、地元のロンジーという布を腰に巻いた人たちとすれ違うだけ。半分くらいが裸足で、半分くらいはビーサンのような履物を履いている。

近くのローカルな食堂――プラスチックのテーブルとイスが無造作に置かれているようなところ――で少し早めの夜ご飯を食べることにした。無難にヌードル。味は、ややベトナムのフォーに似ている。ピーナッツやチリソースのようなたれをかけてあるが、辛くはない。

遠くからちらちらと私を気にしていた店員の女の子が、思い立って声をかけてきた。

「どこから来たの?」

「ジャパン」

彼女は「ジャパン!」と繰り返して、それからまた遠くのテーブルの椅子に座り、壁の上に設置されたアナログ式テレビを見入った。彼女の好奇心は、ただ私が何人かということだけで満たされたようだ。

そろそろ日も沈みそうなので、帰ろうとしたところ、

「え、上着がない⁉」

どこに置いてきてしまった⁉　なんたる失態!　って責めたって仕方ないから、探しに戻ろう。お会計をしてから、来た道を警察犬よろしく、くんくん隈なく見ながら戻っていくと……、最初のマーケットまで来てしまった。

どれだけ気づかないのだ、わたし。

マーケットには、ポストカードを売ってくれたおばさんたちがまだいたので、近づいていくと、ピンク色のパーカを持っていてくれた。

「これ、忘れているよ」と渡してくれて、ホッとした。

バガンは朝晩が冷えるので、上着がないと困る。それにしても私は、なんだか旅先でよく物を失くす。充電器とか、歯ブラシとかペンとか。ガイドブックもそうだし、反省してもしきれず、少し悔しくて泣きたくなった。

ちなみに、これまでに一番多い忘れ物が……パンティ。洗濯して干しっぱなしとか、畳んで置きっぱなしとかで宿を出てしまうみたい……。

「あの子はこんなパンティ穿いてたんだ〜」と思われる！　と思うと、もう二度と行けない宿がいくつかある。


すっかり日が沈み、宿の屋上（すなわち、私の部屋がある）へ行くと、

「コンニチハ!!」

と元気な声が薄暗い視界のどこからか、聞こえてきた。あの韓国人カップルが星空を見に来ていたらしい。たしかに、見上げると、無数の星が夜空で光を放っている。

「メディスン（目薬）買えましたか？」

「うん、おかげさまで。ありがとう」

　彼は26歳で、自分のことをフナと呼んでくれと言った。日本語を少し喋るので、いくつかの会話を楽しんだ。よく笑う。彼女は割とおとなしい性格のようだけど、ニコニコして彼の話を聞いている。

　フナは2ヶ月前まで兵役で軍隊にいたという。彼女は彼が帰ってくるのをずっと待っていたらしい。素敵な話に、うっとり。

　明後日、2人はインレー湖へ向かうという。私もバガンの後はインレー湖へ行くと告げると、彼らは「リメンバーイン」という宿を予約したから、ノゾミもそこに泊まりなよ、と彼の眼鏡の奥の瞳が真剣だ。

「あ、うん、わかった……」

「いつ来るの？」

「あ、うーん、今日バガンに着いたばかりだから……12、13、14……15日頃かな。まだ決めてない」

「僕たちは、17日にインレー湖を出てヤンゴンに戻るから、15日にインレー湖に来るんだったら会えるね！　ノゾミが来るかどうか、チェックインリストを毎日見て待ってるよ！」

「あ、うん、OK、OK！」

それから他愛のない話をして、あはははははと笑い、やがて笑い声が夜空に吸い込まれ、消えていくのを感じた。

聖なるバガンで鳥肌――地球と人間の共生

バガン2日目の朝5時。部屋をノックする音がする。そうだ、本日は馬車を貸し切って、オールドバガンを回るのだ。そして、サンライズを見に行く。もう5時か。起きないと。昨夜、スタッフのザーニという少し長髪の愛想のよい男の子に、馬車が来たら起こしてほしいと頼んでおいた。ユニクロのフェザーダウンを着て、顔だけ洗って、スッピンのまま外に出た。ああ、底冷えするほどの寒さ。

馬車が宿の前で待っている。

「ハロー」とだけ言って（相手に聞こえたかは謎）、馬車に乗り込んだ。街灯もないような道、馬車がどこかをめざして走り出した。ガラガラガラガラ……。あたりは一面、静寂に包まれている。

着いたとき、まだ世界は漆黒の闇で、これから朝がやってくるような気配を感じない。

「あそこの寺院の上に登れるから、太陽が昇ったら戻ってきて」

あそこって?

ポンッと渡された懐中電灯で照らしてみる。

えー、あの、ものすご――――く急な階段（手すりなし）の上ってこと? 本気ですか? この懐中電灯を手に持って? あの、ヘルメットについている、両手が自由になるライトが欲しい。と、思ったときは、御者は私が乗っていた場所で横になりはじめた。

おーい。寝ちゃうわけ?

寺院は、必ず裸足になる、というのが身についてきていたので、誰に言われずとも（って誰もいないけど）ビーサンを脱ぐ。冷えきった土の感触が足裏に伝わる。おお、寒い。

右手の親指と人差し指でうまく懐中電灯を持ちながら、急な階段を手をつきながら上る。指が5本あるって素晴らしいことなんだ、なんて思いながら、おー怖い怖いと胸がドキドキしてくる。逆に暗闇でよかったかもしれない。下界が見えたら、怖さは倍増する。

「はぁ、はぁ……」

あたりは静寂を守り続けて、自分自身の息づかいだけが耳に入ってくる。朝からこんなハードな動き、三十路手前にはつらい。

なんとか上に着いた。やっぱり、誰もいない。寒さもあって、しばらく体育座りで身を縮め、太陽を待つ。

太陽のない世界というのは、視界に遠近感があまり持てず、限りなく二次元の世界にいるような気がしてくる。まるで巨大なポストカードの前に体育座りしているかのような錯覚さえする。ここに1人でも観光客が上ってくればそれも違うとわかるのだろうけれど、その後も誰一人来る気配がない。

6時前になると、空の色はやがて濃い紺色に変わり、地平線上にやわらかな黄味がかったオレンジ色の光が現れてきた。これまで手前にしか見えていなかった寺院やパゴダが、空が白むにつれ10、20、30……と無数に点在していることがわかってくる。

真っ暗な世界に色がつき始めていく。

それがまるで生き物のように、刻一刻と色合いを変えていく。はるか遠くの空と大地を白いもやが層になってつないでいる。

遠く地平線へ向かって広がる鬱蒼とした森林の間からも、寺院群のとんがり帽子のような頭がひょこひょこと見え始める。この地球上のどこにでも、寺院があるかのようだ。

空の色の変化に合わせて寺院が姿を現してくる様子は、幻想的であり、マジカルで、ミスティカルな感じがする。それは自然と人間の共生を誓い合う、毎朝の儀式のよう。

寺院と寺院をつなぐ、細くつつましやかな道も、人間がつくったものに、違いない。それは、祈りを捧げる信仰心の証。自然と人間がともに生きている聖地だという実感に、寒さではない、身震いが襲う。

気球が5つ、あがった。あがった、というよりは、気づいたら突然目の前に現れていた気がする。ゆっくりと気球は左から右へと流れていく。

空はゴールドになった。

いっせいに、あらゆる生命が目を覚ましたように感じられた。

太陽が地上へすっかり顔を出したので、下りようとすると、絵描きが上ってきた。絵を売りに来たのだろうけど、こういうときは、たいてい興味のないふりをする。ところが、勝手に見せてくる絵に興味を持ってしまい、一枚一枚ゆっくりと鑑賞してしまった。絵の上に砂を撒いて、何かしらで固定するという砂絵。東南アジアの他の国で私は見たことがなかったので、思わず目が合った1枚を持って帰りたいと言った。

それは、男女の神様の絵だ。

「2人はとても愛し合っているけれど、年に1日だけ離れないといけない。そのたった1日に、2人はお互いのことを700時間も想い合っていた」

という話を絵描きがする。

なるほど、愛というものは、物理的な距離と時間は関係なく存在するべきで、想い合う時間も、愛するという行為なのか。

あ、御者さま、ごめんなさい。

彼が私を待っているということをすっかり忘れていた。下りなければ。

空が明るくなったことで、急な階段にいっそう恐怖を感じたけれど、絵描きが手を引いて、一緒に下りてくれたので、なんとか着地できた。

ガラガラと、車輪が回りはじめる。御者が、

「絵を買ったのか」と聞くので、

「そうよ」と言うと、

「いくらだ？」と聞いてきた。

「安くしてもらった。8万K、高いかな？」

「そうか、それなら高くない」

なんだか、相場というのがいつもわからなくて、ただ、自分の中で納得できる値段だったらいいと思っている。東南アジアだから安すぎて当然はないし、明らかに、外国人価格というのはあるし、あってしかるべきだとも思っている。とはいえ、「高くない」らしいので、ホッとする。

一度宿に戻り、休憩。部屋の前のテラスで、トーストとバター&ジャム、そしてオムレツとバナナ、珈琲の朝食をいただきながら、朝のドラマチックな光景を思い出し、反芻する。余韻に浸る私を起こしたのは、まずい珈琲だった。私は珈琲中毒といえるほど、珈琲がないと生きていけない。なのに、ミャンマーの珈琲はきまってミルクと砂糖がはじめから混ざっているインスタント。味も、悪すぎる。それだけは、ちょっと残念だと言わせてもらおうか、ミャンマー。

ザーニが、きれいに食べ終わった食器を片付けに来てくれる。宿のスタッフともなんだか仲良くなってきた。ザーニをはじめ、みんな本当に優しい。極端にフレンドリーではないけれど、あれこれと気を遣ってくれる。その気遣いたるや、日本人でさえも見習いたくなる。

9時半、ふたたび同じ馬車に乗り、オールドバガンの寺院群を回った。日が昇ると、かなり暑い。いや、ものすごく暑い。

いくつ寺院やパゴダを回っただろうか。そのたびにビーサンを脱ぐのも面倒くさくなり、途中から、馬車を降りるときから裸足になっていた。

寺院の中は、決まって入り口真正面に仏陀がいる。その前で土下座し、頭を地につけ、祈りを捧げる人々がいる。祈りというよりは、何かしらの自問自答を仏陀に聞いてもらってい るかのように、仏陀を見つめたまま動かない人もいる。

正面の仏陀の両脇から回廊になっており、方角が変わるたびに仏陀が鎮座している。たまに、上へ上るための狭い階段がある。中はひんやりとして、ニオイはとくにない。カラッと乾燥しているからだと思う。

寺院の上にふたたび上ると、やっぱり感動する。朝とは違って、真っ青な空のもと、森林はさまざまな緑色をして、しっかりと茂っている。この大地に生きる喜びに溢れている感じがする。

緑の中に存在している無数に散らばる茶色い寺院群は、人工的であるにも拘わらず、どこかしら非現実的な存在のように感じる。つまり、人間ではなくて、神々が、ある日「この場所にサンクチュアリなる世界をつくる！」という意志をもって、無造作にとんがり寺院やパゴダをポンポン置いていったように感じる。

ランチは、チャイニーズにした。ミャンマーは、ミャンマーフードかチャイニーズフードが多い。いまだに、ミャンマー代表選手の、「油カレー！」と叫ぶ勇気がない。結局無難に、野菜たっぷりの炒め物を頼んだら、とても辛い。

午後も同じように寺院群を回る。ティローミィンロー寺院、ダマヤンジー寺院、アーナンダ寺院、シュエサンドー・パヤーやダマヤッズィカ・パヤーなど。どこも似てはいるけれど、一つひとつが美しく、心地よい気持ちに満たされる。

街を歩く人々は、ヤンゴンやマンダレーと同様、腰布のロンジー姿だ。大きな布を下半身に巻き、おへその前あたりで結んでいる。男性のロンジー姿には、なんともうっとり。女性たちは、頭に大荷物を載せて器用に歩いている。やはり、顔にはタナカを塗って。

それにしても、日本人に会わない。

夕方5時すぎ、夕日を見に行く。これが馬車貸し切りツアーの最後のスポットだ。場所は、朝日を見たところと同じ寺院だった。

「はぁ、はぁ……」

相変わらず急な階段は息が切れる。頂上には、朝とは違って数人の観光客がいた。皆が夕陽が沈む瞬間を待っている。当然、朝とは逆方面に夕陽が沈んでいく。

太陽が地平線へ近づくにつれて、世界のあらゆるものは朝同様に色を変えていく。オレンジから濃い朱色に変わり、やがて太陽が沈むと、ピンク色の世界へと変化した。遠くの木々や無数に見えた寺院群はしだいに細やかな色彩を失い、やがてシルエットだけになる。それはそれで、視界に映るとんがり帽子の寺院群は、存在感を放っていたように思う。

空は濃紺になっている。さあ、宿へ戻ろう。

宿に戻ると、レセプション担当のサンアウが屋上で一緒にビールを飲もうというので、彼が来るまで部屋の前のテーブルで日記を書くことにした。

しばらくして彼が来て、一緒にミャンマービールを飲み、ミャンマーベビースターラーメン（スナック）を食べた。ごく他愛もない話をしていたら、韓国人のおじさん2人が上がってきた。

「昨日もここで会いましたね？」と日本語がぺらぺらなおじさんが言う。そうだ、昨夜韓国人カップルのフナたちと話していたときに、このおじさん2人も屋上に来ていた。

「はい。日本語話せるんですか？」

「ちょこっと話せます。日本語の先生です」

その、ちょこっとどころではなく、日本語ぺらぺらの眼鏡のおじさんがマンさん。

「マン様と呼んでください」と言われ、笑ってしまった。

「この方は、美術の先生です」

マン様よりやや年上の白髪まじりのおじさんがパク様。にこっと微笑される。わりとクールなタイプ？

4人でまったりと時間を共有する。サンアウが2人にもビールをすすめるが、外でさんざん飲んだから大丈夫だとパク様が言う。かわりに、リュックからビニール袋を取り出し、その中から不思議な粉を出してコップに入れて、

「ホット・ウォーター、プリーズ！」と、サンアウに言った。

「それは何？」と聞くと、「米」らしい。

私にも、飲め飲めと言ってくるので少しもらうことにした。うん、米だ。米をすりつぶした粉にお湯を入れて、ちょっとしたお粥のよう。社交辞令で「美味しい」と言うと、パク様ったら、

「それ、ぜんぶ飲みなさい！」と、とても嬉しそうな顔をして言う。

旅先で、社交辞令というのは御法度だ。外国人のように、「美味しい、美味しくない、いる、いらない」をはっきり言うことは、無礼ということではない！　え？　もちろん、全部飲んだけれど。やっぱり残すのが悪い気がして……。

サンアウはビール2本で眠ってしまった。

旅人だけのトークになると、これまでどこを旅したとか、これからどこへ行く予定かとかそういう話で盛り上がった。彼らは、バガンにあと2日いて、明後日ヤンゴンへ戻って韓国の釜山へ帰国するそう。すでにインレー湖は行ってきたらしく、いろいろと情報をくれた。

ふと、私が日記を手にしているのを発見すると、マン様が興味をもって見たいと言ってきた。日本語で書かれ、さまざまなチケットなどが貼られているのがすごくいいと言ってくれた。

さらに、暇つぶしに描いた絵もいくつかあって、パク様まで興味を示す。日記がスケッチブックということもあり、美術の先生は、余白に色鉛筆で寺院を描き始めた。実際の色とは違う、ピンクや紫を使って描く寺院がやけに女性的で色っぽく見えた。

「さて、もう寝ましょう。明日の朝食は一緒にしましょう。7時15分にここで」

「OK！　おやすみなさい」

マン様とパク様が下の部屋へと下りていき、サンアウは眠ったまま。

「起きて――!!　起きろ――！！！　起きないわけ――??」

私の声でエンジンがかかったのか、彼のいびきはさらに大きくなった。

仕方なくほうっておくことにした。ごめーん。風邪ひかないでよ～。

聖なるバガンを疾走（1）――あんたらは最低だ！

バガン3日目の朝、7時15分に部屋を出ると、もうパク様マン様がいらっしゃっていた。

すでに仲良くなった宿のスタッフたちと写真を撮りながら、今日はどうするのか聞かれたので、「自転車でオールドバガンを回ってきます」と答えた。

「それじゃ、夜ご飯を一緒に食べましょうか」とマン様が言ってくれるので、快くOKした。

朝食は、オムレツとトーストにバターとジャム。それからバナナと珈琲。

ところで、やはり、朝もまた、2人は「米」粉のお茶を飲んでいた。この飲み物、韓国的レッドブルなのだろうか。元気が出る的な？


宿から1分のところにあるレンタサイクル屋さんで自転車を1日借りることにした。たったの1万K（100円）。

ニャンウーからオールドバガンへの道は2本しかなくて、めずらしく舗装された大通りか、舗装されていない道か。行きは、舗装されていない道を行くことにした。

屋根つきの馬車と違い、じりじりと暑さが襲ってくる。強い日差しで、肌があっという間に痛くなる。

昨日すでに行った寺院やパゴダにもいくつか辿り着いたけれど、この日は寺院に着いてもあえて中に入らず、手前にある土産物屋さんなんかで、地元の人たちと喋ったり、店にいる猫を触ったり、カフェのようなところでコーラを飲みながらのんびりスケッチブックに絵を描いてみたりしては、次の寺院を目指した。

乾季のミャンマーは青空がどこまでも広がり、ところどころ咲いている派手なピンクの花々と、寺院の茶色と木々の緑の自然が調和して、目に映る光景はどこを見ても美しい。


その美しき世界で、突如事件は起きた。

道すがら、地図を見ながら走っていたのだけど、あるところで地図を広げていたら、地元の若者男子が３人で寄ってきて、地図を取り上げ、どこに行きたいかという。親切というよりも、どこか強引で不愉快だった。

どうやら、１人が親分で、もう２人が子分という感じ。こういうちょっと悪そうな奴って、すぐにわかる。危険アンテナがピンッと直感的に作動する。

「このへん行くから。マップ返して」と言うと、

「ああ、ふむふむ」と、場所を教えようとマップとにらめっこ。

私からなかなか離れようとしないので、さっと地図を奪い返して、走って逃げた。

ところが、しばらくすると、後ろからバイクに乗って彼らが追いかけてきた！　そして私の横にぴたりと並走すると、親分が叫ぶのだ。

「ここじゃない！　あっち！　キミの行きたい寺院はあっちだ！　戻れ！」

なんだか面倒くさいのと、その場を去りたかったので、「OK、OK」と言い、Uターンして、言われたほうの道へ向かい、寺院に入った。それがいけなかった。

寺院は1人2人観光客がいる程度。自転車を降りて鍵を取る。

すると、また！　彼らがやってきた。思わず叫ぶ。

「ちょっと！　ついてこないでよ！」

こちらは超真剣、不愉快きわまりないのに、奴らはニヤニヤと笑ってくる。

「もう〜ベイビー（って呼ぶな！）。何を叫んでいるんだい」

と、親分はバイクから降りて、自転車の前に立ちはだかる。子分はバイクにまたがったまま。動悸がしてきた。こんなときに妄想列車は走り出し、数ヶ月前にミャンマーで、バイクタクシーに乗っていて殺された日本人女性が自分に重なる……。

あ〜、旅を始めてまだ3週間でジ・エンドなんて、こんな聖地であっていいわけぇ〜？？？

「こっち来ないでよ！　向こう行け！　シッシッ！」

「チッチッ。キミは何を叫んでいるんだい。おおげさだな〜」

「じゃあ私が行くから、そこどいて！」

「は〜（両手を広げる）。僕らは道を教えに来ただけじゃないか」

いやいや、頼んでない！　無理やり彼を押しのけ鍵を挿入。自転車を動かす。こういうときは、冷静になるべし。

「OK、OK、じゃあさ、ベイビー、1つだけお願いしてもいいかい？」と言って、

「Kiss me～」

「おえ！　どのつらさげて、どの口が言うのよ！　不細工のくせして！」

怒りは頂点に達する。だけど、ここでケンカを買ってはならぬ。

自転車を走らせ、20メートルばかり行ったところで振り返り言ってやった。

「ミャンマー人は優しいと思ったけど、あんたたちは最低ね！」

自転車を全速力で漕ぎながら、ちくしょ～っと足に力が入る。何をされた訳でもないけれど、やっぱり女性1人で旅するとこういうこともあるのだと、洗礼を受けた。

三十路手前、なめられたのが、悔しい！！！

ほぼ立ち漕ぎ状態で暴走していると、すれ違ったミャンマー人が叫んだ。

「ねえ！　キミのタイヤ、後ろパンクしてるよ！」

なんと！

「あそこに自転車屋があるから、直したらどう？」

「だ、だいじょうぶです」

踏んだり蹴ったりとはこのことか。もう、宿に戻ろう。それがいい。

しゅんとして自転車を漕いでいたものの、もう彼らが追いかけてこないとわかると、少し疲れたので自転車を降りて道沿いで休憩することにした。そのとき、目の前を2人の欧米人が自転車で通り過ぎたのだけど、1人が自転車を止め、私に向かって声をかけてきた。

「こんにちは！　日本人ですか？」

2人は、カナダのケベックから来たらしい。ブノワとアントワノ。声をかけてきたブノワは日本語がぺらぺらと話せる。ずっと旅をしながら、どこかの国で仕事を見つけたいと思っているらしい。

2人は幼なじみで、体の大きいアントワノはバカンスで来ているだけだから、数日後にはケベックへ帰るという。彼らと話していたら、少しだけさっきの腹立たしい事件の怒りは収まっていき、安全運転で無事に宿に戻ることができた。

宿でパク様マン様と合流し、宿から少し歩いたところにあるレストランで食事をした。久しぶりに炒め物のエビを食べご機嫌になった。

パク様がいつものリュックからごそごそと何かを取り出した。ドラえもんですか？　出てきたのは、「韓国ふりかけ〜」。

注文したご飯に、堂々とふりかけをかけ、まぶし、私のほうへお皿を押して、

「食べなさい」

は、はい……。

さらに、リュックから、「韓国のり～」も出てきたので感動すると、

「これは全部ノゾミのだ」

カ、カムサハムニダ。

この人たちの、ゴーイング・マイ・ウェイな立ち居振る舞いは、きっとヨーロッパに行っても、日本へ来ても変わらないのだろう。

３人で、「となりのトトロ」や「上を向いて歩こう」を歌いながら帰り（２人が歌えることにビックリ！）、すっかり上機嫌になった。

宿に戻り、屋上へ直行。「米」茶を飲みながら、体を温める。

あ～美味しいじゃなーい。

母国へ無事生還できたような、安堵感に包まれる。

で、今日はどういう日だったか聞かれたので、自転車疾走事件を身振り手振りで大げさに報告すると、

「そうかそうか、それは嫌な目にあったね～。そうだ、明日は馬車を貸し切ったからノゾミも一緒に行かないか。お金はいらないから」と提案してくれる。

ありがたや～ありがたや～。お言葉に思い切り甘えて、そうさせてもらうことにした。

聖なるバガンを疾走（2）——オーマイブッダ!!

バガン4日目の朝。またも7時15分に朝食をみんなで済ませる。それから出発の9時までレセプションでサンアウにインレー湖の宿、「リメンバーイン」に電話してもらい、部屋を押さえてもらう。

そういえば15日にインレー湖へ行くとフナには告げていたけれど、16日着予定になってしまった。彼らは待っていてくれるだろうか。

それからインレー湖行きのバスのチケットを手配し、両替をしたり（日本円はレートが低い。それもヤンゴンよりだいぶ。ちなみにトラベラーズチェックは使えないし、カード決済なんてこの国には存在するのか？　という具合。キャッシュでピン札のドルを持っていないと、あとあと苦労する）、洗濯をして干し、日記を書いていたら、マン様が迎えに来た。

「ノゾコさん、行けますか？」

いつの間にか、こう呼ばれるようになっていた。

おじさん2人と私のワンデイトリップが始まった。

御者は、インドとミャンマーのハーフだという20歳の男の子。目のクリッとした感じは、たしかにミャンマー人っぽくない。笑顔がキュートだ。

彼の横にパク様が座り、後ろにマン様と私が座る。3人とも、ニコンのカメラを首からぶら下げている。なんだか滑稽。案の定、すれ違う欧米人に指をさされて笑われている。

マン様は写真が趣味なようで、パシャパシャとベストショットを狙って写真を撮りまくる。そして、曇りの日は感度はこうしたらいいとか、いい写真は雲が写っていたほうがいいのだとか、いろいろ指南してくれる。

「私、これでも一応、大学時代は写真部だったんですけど、勉強になります〜」

とくに、当時はフィルムの一眼レフだったので、旅先で撮った写真のネガをつくるのに失敗したり、露出がまとはずれだったり、ピンぼけだったり、何度がっかりしたことか。それでも、旅先ではその存在自体が相棒としての役割を担ってくれ、寂しさを埋めたり、感性のアンテナを張り巡らせる手段には、本当によい存在なのだ。

ニューバガンのほうまで行き、それからすでに訪れていた寺院やパゴダにも何度か行き、そのたびにお互いの写真を撮り合った。いい歳なのに（失礼！）、地面に寝転がり、「写真を撮れ！」と言うパク様や、「ノゾコさん、こういうポーズして、目線を外して」と言ってモデルをやらせるマン様、2人の無邪気な写真を撮ろうとする私。

マン様が写真を撮りにいなくなると、パク様は熱い日差しを避けて、小屋のようなところに入って座り、私が持っている日記を奪うと絵を描き始めた。柔らかい色合いとタッチで、白紙のページに、私が描かれていった。そうして、人に絵を描いてもらう幸せを知った。

マン様が戻ってきて、3人は馬車へと戻る。

馬車は、観光客を乗せていると、ある一定のかなりゆっくりとした速度でしか走れない決まりがあるらしい。地元の人を5人も6人も乗せた馬車が何度も追い越していく。それに、クールなパク様が切れた！

「貸せ！」と言って、御者から手綱をひったくると、

「ハイヤ!!」と叫んで馬を走らせた。

いきなり、どっぴゅ――――ん!!　は、はやい――。

ガタンガタン。道が悪いところでは、お尻が浮かんだ！　後ろ向きに座っているマン様と私は手すりにしがみつくのに必死！　すると、御者が叫んだ!!

「オーマイブッダ――！！！」

それには3人とも「へっ？」と耳を疑う沈黙があった。お、おーまいぶっだ？

やはり、仏陀信仰の聖地。オーマイ仏陀とは驚きじゃないか。

一瞬みんな息が止まったけれど、沈黙を破ったのは、またしても、クールなパク様だ。

彼も、叫んだ！

「オーマイブッダ――――！！！」

それからは適当である。

「オーマイミャンマ――――！！！」

「オーマイバガン――――！！！」

我々の馬車は異常な速度で、何度も観光客を乗せた馬車を追い越していく。すれちがう観光客が目が点になるのを目撃する。

笑い、笑い、笑いまくった。

途中、ペットボトルが馬車から転げ落ちたけど、気づいたときは遥か遠くにあった。

なんだか昨日からよく疾走している！


夕日を一緒に見た。シュエサンドー・パヤーの上から。そこは、西洋人の観光客で、人で溢れ返っている。どこから湧いてきたのかと思うほどだ。

すでにたくさんの観光客がベストポジションに陣取って譲らない。パク様とマン様が、「夕日とノゾコさん」のベスト写真を競って撮ってくれる。お2人がもっと若ければ（失礼）、ちょっとした韓流ドラマの世界じゃない？

よくある、三角関係のシチュエーションで、タイトルは、

「ノゾコさんをめぐって」

なーんて。え、もう寺院の上から落ちてしまえ？

ふと、視線を前方の距離の測れぬほど遠い地平線までやる。

その上に浮かぶような黄色い太陽は、昨日と同じように世界のあらゆるものを黄色に包み込む。横にいる知らない国の誰かも、パク様やマン様も、みんなが同じように少しずつ顔を赤く染めていき、とても穏やかな表情に見えた。

やがて太陽は、遠くの山の向こう側へと落ちていった。


宿に戻る前に、夕ご飯を食べる。ケベックのブノワとアントワノたちもそこにいた。ブノワは韓国語もぺらぺらで、マン様パク様と会話をし、明日インレー湖へ向かうと言うので、私もバスのチケットを見せると同じバス。

「明日はよろしくね」と言って、彼は自分たちのテーブルへ戻っていった。

パク様マン様とは最後の夜だ。２人が別れを惜しんで、何度も釜山へ来なさいと言ってくれる。

「行く行く〜！　必ず釜山へ行きます！」

とは言うものの、実際に行けるかというと、事実難しいことはわかっている。それが、旅先での出会いの切ないところだ。

旅をしていると、さまざまな出会いがあるけれど、旅人同士の出会いこそ、旅を彩るのに欠かせない。それぞれが異国の地からさまざまな思いを持って同じ国へと来た。そこで出会い、別れていく。

のちにインレー湖で、再会したフナが、私に言ったのだ。

「ノゾミ。また、会いましょう。すぐに再会できるなんて思わない。再会することが、現実的になかなか難しいこともわかっている。でも、きっと、これから先5年後でも10年後でも、ノゾミが60歳で僕が55歳でも、足腰が悪くなって杖をつきながらでもいい。『あのとき、ミャンマーはどうだったよね』って、このミャンマーの日のことを話しましょう。こういう約束があるだけで、僕は人生に楽しみができたから、幸せだ」

寒い寒いインレー湖の宿で、やっぱりニコニコしながら話す彼を見ていたら、改めて思ったのだ。旅には素敵な出会いがある。

しんと静まり返った夜、部屋でパッキングをしていると、「トントン」とノックをする音がした。

「イエス？　誰？」と言うと、

「ザーニ」と言う。

すこし不安になりながら、扉をちょこっと開けると、彼のはにかんだ笑顔があった。

「どうしたの？」と言うと、

「これ。僕からの贈り物です」と、手に持っていたピンクとクリーム色のボーダーTシャツを寄越した。

「ミャンマーを忘れないでください。また、必ず会いましょう」

一瞬のことで、受け取ったTシャツを私が眺めている間に、

「遅い時間にごめんね。おやすみ」といなくなってしまった。

私は突然の贈り物を手にして、考えた。

彼の言う、「ミャンマーを忘れないで」というメッセージは、「このバガンを忘れないで」だし、「このエデンモーテルを忘れないで」だし、「僕を忘れないで」ということなのだと。

おそらくまだ10代の彼ができた、精一杯の贈り物。きっと、もう二度と会えないのかもしれないという想いを込めて、だと思う。

そう思うと、愛しさと喜びに胸がいっぱいになって、彼の言うとおり、忘れられない思い出となった。私は今でも彼のはにかんだ笑顔を覚えてる。

バガンを発つ朝が来た。5時起きでバスに乗らなければならない。

またしても、マン様が部屋に来て、

「ノゾコさん、大丈夫？」と、最後のパッキングをしている私を見て、不安げに言う。

マン様がいなくなると、今度はパク様が来た。

「これ、持っていきなさい」と、ロッテのチョコパイと可愛い韓国のストラップをくれた。

オーマイフレンズ！

「ありがとう〜」

暗闇のなか、彼らに手を振られながら、「また地球のどこかで！」と約束して、バックパックを背負いバスへと走った。

バスに乗ると、一番前の席にブノワが座っていた。

「おはよう！」と声をかけあう。

そういえば、スパイダーに刺された目の腫れはすっかり引いていた。

後ろのほうの私の座席隣の窓際に、でっぷりとした体のアイルランド人がすでに座っている。彼がどんなにがんばって身を小さくしようとも、私の席にお尻がはみ出てしまう。ほぼ半ケツ状態の私。ああ、気が遠くなる。これから10時間だ。バスはリクライニングなんてなく、足下はひどく狭い。しかも、バスは扉が開けっぱなし。冷気が流れ込む。過酷である。

というか、大変！　私ったら、宿の屋上に、Tシャツとユニクロのブラトップと……やっぱりパンティを干したまま置いてきてしまった！

またしても、やってしまった……。もう行けないじゃないのよ、エデンモーテル！

オーマイブッダ！！！

インレー湖でタイムスリップ——これぞ桃源郷というものか

インレー湖に入るとき、1人5ドルのエントランスフィー（入湖料）なるものを支払わないといけない。バガンから乗ってきたバスを降りてから、同じバスだった人たちと4人でタクシーをシェアして、宿へ向かう、その途中で支払った。

ブノワとアントワノは、インレー湖まではバスで来ず、途中カローという村で降りて、そこからトレッキングをして山を越え、インレー湖観光の拠点となる村ニャウンシュエへ行くと言った。

実際、私もトレッキングをしようかと悩んだのだけど、かなりハードそうだし、山の中で1泊するらしかったので、寒さを想像すると、簡単にあきらめてしまった。彼らとは、私はリメンバーインという宿に行く予定だから、また再会しようと約束をして別れた。

タクシーに、宿の名前を告げると、同乗していた他の３人も宿のあてがないらしく、とりあえずそこへ行ってみるという。

宿は、なんと激混みだった。さすがハイシーズンだ。当然、そもそもの宿数が少ない村だとは思うけれど。

私は、バガンでサンアウが予約の電話をしてくれていたので、名前を告げるとすんなりチェックインできた。他の３人も１部屋をシェアするかたちで泊まることができるようだ。観光地化されていない村なのに、ハイシーズンは観光客のほうが好んでわんさか来るらしいから、宿があっという間に満室になっても仕方がない。

部屋は、がらんと無駄に広く、ベッドと簡易チェアがあるだけ。夜が寒そうな気配がぷんぷんとする。

レセプションで村のマップをもらった。マップというか、手書きでちょろって書いときました程度の情報（一応印字）しかない。宿の場所と、フットボール場と仏陀ミュージアムとTea ShopとＫＫＯというインターネットカフェ（行ったけれど、実際ほとんどつながらない）と、あとは、このへんがワイナリーで、このへんがEi Monastery & Cave、ここから11キロ先がMine Thauk Villageで、36キロ先がタウンジーという村、以上。

それでも、マップがあると心強いものだ。

少し落ち着いてから、先ほどの3人と軽くお茶をして、それから村をサイクリングすると言って、先に出ることにした。

田園に、夕日がとけ込もうとしている。

空に浮かぶ太陽と、田園にゆらゆら浮かぶ太陽は、あたかも2つの世界が同時に並行して存在しているような神秘性と非日常性を生み出し、どちらの太陽が現実なのか、私はどちら側にいるんだか、首をかしげたくなった。

舗装されていない、ぼこぼこの一本道は、どこまでも続いている。

ひたすら自転車を漕ぎ、ふと、街灯というのが当然ないということを心に留める。暗くなったら非常に危険。その前に帰らないと。

と、想うのだけど、一本道の両側に茂る木々のてっぺんは、道の中央でお互いがくっつきトンネルのようになっていて、その中を行き交う馬車やバイクが砂埃を上げ、トンネルの中の空間に砂の粒子が拡散され、視界にはスモークがかかる。その空間は、私をどんどん前へ進ませてしまう。

田園が広がる風景のなかに、小屋のような家があって、その前を裸足の子供が走り回り、田園の中を小舟で移動する大人がいる。彼らはどこまでもゆったりと生きているように感じる。そしてまた、ああ、これがかつて外国人が初めて日本に辿り着いたときに見た光景なのではないかと思うと、いとも簡単に私は泣きそうになる。

おそらく私が出会った初めての桃源郷だと思う。あるいは、桃源郷という言葉と目の前の世界が初めて一致したと言える。

やがて道が微妙に方角を変えた辺りで引き返すことにした。

辺りが暗くなる前に、無事に宿へと戻ることができた。味気ない部屋にいても、目の裏に焼きついた先ほどの光景は、なんともぬくもりに満ちており、心を温かくしてくれる。田園が夕日でキラキラし、世界が黄色いオーラのようなものに包まれているイメージだ。

そんな記憶にひたり、熱いシャワーを浴びて眠ろうと思った。

ところが、こんな激寒いというのに、宿のシャワーがコールドからホットにならない。

「これ浴びたら……死んじゃうわ」

誰もいないが声に出てしまう。かろうじて、洗面台のお湯が熱いので、栓をしてお湯をため、手ですくいながら顔や髪を洗い、タオルで体をふくようにして洗った。

バスルームから部屋に行くと、一瞬にしてツーンとした冷気に襲われる。すかさずフェザーダウンを来て毛布にくるまり、なんとか眠ろうとすると、誰かさんの元気な声を扉越しに聞いた。

「ノゾミ！！！」

はーい。濡れた髪にフェザーダウンという出で立ちで、私は外へ出る。そこにいたのは、予想どおり、ニコニコ顔のフナ。ビールとおつまみを手に持って。彼女は風邪を引き、部屋で先に休んでいると言った。

「一緒にビールを飲みましょう！」

げ、元気だな、と思わず笑みがこぼれてくる。

中庭に出て、テーブルにビールを置き、向かい合う形で椅子に座った。そして、満天の星のもと「乾杯」。

寒い中のビールなんて、絶対に無理！ と思っていたのに、最高じゃないの。

それで、彼は村上春樹の小説が大好きだとか、韓国人女性の整形の話から（10人に1人は整形するらしい）、旅の話まで、1時間くらい話をした。

「さあ、そろそろ寝ようかな」と私が言うと、

「明日ノゾミは、インレー湖のボートツアーだと言ったね？ ということは、朝早いだろうから、会えるのは今が最後になるね」と自分へ言い聞かせるように言うフナ。

「また、必ず会いましょう」

「うん、必ず」

　別れ際、彼は、

「実は、15日にノゾミが来ると思って、2人で何度も、ノゾミがチェックインしたかどうか、レセプションに聞きに行ったんだよ」と照れ笑いをした。そして、

「現実的に、いつ会えるのかなんて、わからないけど……。でも、必ず会う。会いましょう。約束。そう思うと、人生にハッピーなことが1つ増えた」と言う。

　私は、「プロミス」つまり「約束」を誰かと交わしたのは、いつ以来だろうと思いを巡らすが、思い出せない。

　フナは、おつまみの入っていた袋とビールの空缶を私の分と2本持って、部屋へと戻っていった。

　夜空を見上げて、遠いけれど、必ずやってくる未来という時間について考えた。明日、明後日、1週間後、1ヶ月後、1年後、10年後、私は旅をしているのだろうか。どの国を、だれと、どんな目的で――？

　地上から見える星の光は、地球にその光が届くまで、何億年、何兆年とかかるらしい。だから今、私が目にしている星の中には、すでに寿命を終え、この宇宙に存在していない可能性の星もある。

いったいこの星のうちのいくつが、もうこの宇宙に存在していないのだろう。フナと未来の約束の話をしていたのに、空を見上げると、そこには過去の幻がある。だけど、寒さに息を白くしながら、満天の星を眺めている私は、「今を生きている」。

本当にこの世界というのは神秘だ。

インレー湖のボートツアー——失われる前に見ておきたい光景

ミャンマーでは、だいたいが宿ごとにツアーやエクスカーションを実行しており、値段も内容も微妙に異なる。たとえば、私が泊まったリメンバーインでは、インレー湖のボートツアーは、モーターつきの小舟を使った。3〜5人乗りで1艘。のちに聞いた、ブノワとアントワノは、手漕ぎのボートだったらしく、2人で1艘だったという。それはそれは旅情的で、素敵だったらしい。ただちょっと、時間がかかったらしいけれど、この桃源郷において、時間なんてかかればかかるほど、素敵な世界を見せてくれそうじゃないか。

で、私が乗ったボートの、湖周遊ツアーの話。

朝食を終えた後、ロビーに同じボートに同乗する3人が集まった。なんと、1人は日本人男性。まさかなかなか出会えない日本人にこんなところで出会えるのかと驚いた。もう1人は背の高いアメリカ人。私たちとは別にマレーシアから来たという友達同士の女性グループもいて、6人でボート乗り場まで行く。

ボート乗り場は、歩いて15分ほどの川沿いにある。観光地特有のいやらしさが全くなくて、「俺たちの生活の一部を見てきなよ」というような、そんな歓迎をしてくるようで、「そっとしておいてくれよ」というようなそっけなさもある。

ボートには毛布が置いてある。たしかに日中は暑くなるけれど、朝晩はかなり寒い。日が沈んだ後のボートは、きっと寒いのだろうなと思った。

ボートは座る場所が1席ずつ縦に5つ並んでいる、横幅の狭い小さなボートだ。私は真ん中に乗ることとなった。

ボートは川をゆっくりと進む。

しだいに、川べりに建てられた木造高床式の家々がちらほらと見え、そのうち集団になって現れた。家と家を行き来するのは、川にいくつも浮かぶ小さな舟。

昔話にあるような、「おじいさんは山へ柴刈りに、おばあさんは川で洗濯を」の世界で、女性たちは子供と一緒に川で洗濯をしたり、食器のような類のものを一生懸命に洗っている。

急に、上空にカモメが現れたかと思うと、その数は何十羽にもなった。

振り返ると、後ろでボートを操縦するおじさんが、カモメのエサを天空に向かって投げている。私たちにもエサをくれたので、3人で一斉に空へ放つと、カモメは声高く鳴いて、落下していくエサをくちばしで上手にキャッチする。

そうこうしているうちに、ボートは「WELCOME TO INLE LAKE」と書かれた大きな看板がある地点に辿り着き、その先に巨大な湖が広がった。

川から、湖へ。

湖は、太陽の光でキラキラ輝きながら、おだやかさを保っている。

インレー湖名物らしい、小舟の尖端に立ち、片脚で櫂（パドル）を起用に操りながら魚をとるという漁師の姿もあちらこちらに見られる。とっても小さな舟に1人乗りをした漁師たちは、まるで小舟も彼ら自身の体の一部ではないかと思うほど、一体となって、バランスを失うことなく安定している。生まれたときから、服を着たり、お箸を扱ったりするのと同じくらい、ごく自然に身につけたものなのだろう。

やがて、私たちのボートは一面に生い茂る葦の中へと入り込み、ついに行く手をさえぎられ、ストップ。別のグループを乗せた1艘もストップ。

「葦って、あの『人間は考える葦である』の葦？」

と前に座っている日本人男性のタカに聞いてみると、

「そうだよね」と笑った。

「アシ（葦）ってば、私たちのアシ（足）を引っぱりすぎよね？」と思ったけど、さすがに口に出すのはやめた。で、どうするの？

ボートを操縦するおじさんが（やっぱりロンジーを巻いている）、鉈《なた》を持ちだして、葦をばっさばっさ切り始めた。切っては棒でどけて、を繰り返す。

「えー―いいの？　いいの？」

と、最初は自然の営みを私たちのせいで破壊してごめんなさい……なんて思っていたけれど、切れば切るほど増殖してるんじゃないの？　というほど強靭な生命力で、なかなか葦はどいてくれず、しまいには、

「私にも鉈を貸してちょうだい！」

と言いたくなってしまった。人間のエゴってば、恐ろしい。というか、私か。

だいぶ時間が経ち、ようやく小舟は、無理やりつくった葦の隙間を通過することができた。

その後、一度ボートを下りて、陸に上がった。どうやら、マーケットがあるらしい。

というわけで、3人で一緒に言われた方向へ向かうのだけど、なかなかマーケットは現れない。そのうちアメリカ人のジョシュがどこかのお土産物屋さんで物色を始めたので、私と

タカでさらに奥へと歩いていった。

ようやく、マーケットを発見。こんなに人がいたのね、と思うほど活気に満ちて、頭に布を帽子のように巻いた女性たちが、野菜やお茶の葉や香辛料、花、米などの売り買いをしている。売り物も、買った物も、皆が大きなかごに入れている。

ときに、水牛やら馬などもいて、異様なニオイもする。

タカがお茶の葉っぱを物色し始めて、いくらか買っていた。

ちょうどランチタイムだったので、後から追いついたジョシュと3人で、屋台のようなところでスパイシーな野菜の炒め物とライスをシェアしたが、これが、かなり美味しかった。もといたボートに戻ると、別のグループがずいぶんと私たちを待っていたようで、申し訳なかった。

午後、ふたたびボートでインレー湖をめぐる。

基本的には川のような場所をボートで移動して、時々岸辺に下りては、ささやかながら村の暮らしを垣間見ることができた。

川を小さな2人乗りの小舟で器用に移動する女性たち、乾季と雨季で水面の高さが変わるために造られた高床式の家々や水上寺院。川の岸辺には、ときに水牛が洗濯物を干す人間の傍にいて気持ちよさそうに水浴びしていたり、白くふわふわに見えるススキが群生して、これまた気持ちよさそうに風に揺れている。

ふと、ボートを操縦するおじさんに、

「インディンにはいつ行くの？」と聞くと、

「そこには行っている時間はない」という。

「え!?」

実は、インディンという村、インレー湖に行くなら必ず行ったほうがいい、「素晴らしいパゴダ群が見られる場所だ」とバガンで出会った韓国人のマン様とパク様も言っていたし、「ノゾミ、あそこは今行かないとダメだ。これから修復が始まって、今の姿はもう見られなくなってしまう。あの手つかずのままのパゴダの遺跡がいいから」とフナも言っていた場所なのだ。

その話をタカにすると興味を持ち、ジョシュも行きたいと言った。そこで、おじさんと交渉すると、

「わかった。でも他のところは行けない。それでもいいか？」と言うので、その他というのがどこだかわからなかったけれど、

「それでいい」と返事をする。

おそらく、午前中にいくつか訪れた水上に建つ土産物屋にも、もっと連れていきたかった

のではないかと思う。

ここで、もう一組のグループとは別行動をとることとなった。

途中でボートの操縦を青年が代わり、我々は、インディンへと向かった。


およそ30分ほどで、ボートは止まった。

岸辺に遺跡らしき姿はなく、少し陸地の中へ入っていくと、青空を背景に、茶色いパゴダ群が木々の緑と絡み合い、溶け合い、長い歳月をかけて共生を誓ったかのように、美しくまとまっている空間が広がった。

そこだけ、時間が現代へと進むのを忘れてしまったかのような放置感があって、なるほどね、これがフナの言っていた「今行くべきだ」という意味だと思った。

だって、修復がさらに進めば、パゴダと木々の共生は否応なく断ち切られ、その種の美しさは消えてなくなってしまう。

ごろんとほったらかしのままの遺跡の一部も、綺麗に元の場所にはめこまれるし、パゴダの尖端から木が生えていたり、尖端が崩れたままになっている光景も見られなくなる。

しばし、おのおの1人でその空間を楽しんだ。

さらに行くと、素晴らしい光景が待っていた。およそ1000基近いパゴダが林立した場所へと出た。

その間を練り歩くと、修復作業をしている光景にでくわした。たしかに、長い歳月をかけて茶色くなった石は、修復後の新しい石とは色や素材までも異なるように見える。ほとんどすべてのパゴダが立派な尖端を天に突き上げているから、修復はある程度までは進んでいるようだ。

情緒を求めるならば、やはり歳月にまさるものはないと感じる。

ああ、やっぱり今来てよかった！

そういえば、ヤンゴンの東京ゲストハウスで会った女性が言っていた。

「1年前にもミャンマーに来たけれど、たった1年でいろいろなものが新しくなった。これからその変化の勢いはもっと加速して、今のミャンマーは失われる」と。

その言葉を思い出し、「今」を噛み締めながら歩く。

地元の小さな子たちが、丘の上から、今歩いたばかりのパゴダ群が見られるよと案内してくれて、見下ろした景色は言葉が出ないほど。緑豊かな森の中に林立するパゴダ群は、仏への信仰と、仏の領域へ限りなく近づきたいと願った人類の挑戦そのもの。

3人でボートに戻り、帰路につく。

夕日が、世界をおだやかにオレンジに染めていく。インレー湖の水面も、そこに建つ家々も、岸辺を走る少年も、小舟も、カモメの白い羽も、すべてがオレンジ色に染まっていった。小舟の先端に立ち、片脚で魚をとる人の顔は曖昧になり、そのシルエットだけが遠くの光景を隠していった。

ヤンゴンエアウェイズかエアマンダレーか ―― ブノワとアントワノとの賭け

バガンで出会った、カナダのケベック出身のブノワとアントワノなのだけど、2人はカローからニャウンシュエへ無事に着き、私の泊まるリメンバーインまで来てくれたらしい。そのとき私が不在だったため、部屋の扉に張り紙をしてくれていた。

その紙には、

「一緒にワイナリーへ行こう」ということが書かれ、

「夕方にまた迎えに来る」とのことだった。

そんなこんなで、我ら3人は、自転車を漕ぎ、ワイナリーへと向かった。かなりの凸凹道なうえ、アップダウンも激しく、自転車を漕ぐのは大変だけど、2人に遅れをとるまいと、がんばる。

ワイナリーは、Red Mountain Wineryといって、なかなか素敵な名前がついている。

2人は、ケベック、つまりカナダのフランスと言われている地域出身ゆえ、フランス語を話すし、ワインもフランスワイン、カリフォルニアワインなど、とっても好きらしい。

丘一面に広がるぶどう畑は、日中強烈な太陽の光を受け、朝晩の急激な寒さに耐え、なんだか過酷な環境で一生懸命育っているように思えたけれど、実際に試飲する赤と白のワインはミネラルたっぷり、しっかりとした味がした。

とりわけ、アントワノはワインに目がないらしく、もうすぐ帰国だから、ワインを買って帰ると言って、実に丹念にワインリストを眺め、何を持ち帰るか検討していた。

ワインを試飲する丘の上の小屋には、他にアメリカから来た男性もいて、4人で他愛もない話（別にワインの話でもなく）をして、おのおの、試飲グラスをくるくる回しながら、ワインを楽しんだ。

赤ワインの赤と沈みゆく太陽の赤とが似通ってくると、一面のぶどう畑はとても神々しくなった。夕日と赤ワイン。ミャンマーの終盤を迎え入れるには、とっても素敵な時間ではないかと、うっとり。

「この素敵な時間と、素敵な出会いに乾杯！」とアメリカの男性が言う。

「乾杯！」と、4人でグラスを持ち上げる。

それぞれのグラスは、外の世界を婉曲に映し出していた。

「さあ、そろそろ戻らないと、大変だ」としっかり者のブノワが言う。たしかに、太陽の光がなくなると、街灯のない道は非常に危険。

ブノワとアントワノがそれぞれに懐中電灯を持っていたので(私は、宿の部屋に置いてきてしまっていた)、アントワノが先頭に立ち、その後ろに私、その後ろにブノワ、最後にアメリカ人の男性が縦1列になってゆっくりと帰路を進んだ。

ニャウンシュエの見覚えのある道まで来ると、アメリカ人の男性は別の方角へと去り、ブノワとアントワノと私は一緒に夕食をとり、その後、2人は私を宿へ送り届けてくれた。


それから別の日、私が不在の間、またブノワとアントワノが来てくれたらしい。またしても、扉に張り紙があって、その内容は、

「明日、予定どおり、インレー湖からヤンゴンへ戻ることにする。よって、朝9時40分発ヤンゴン行きエアマンダレーのチケットを予約することにした。ノゾミも、もし同じ便を予約するなら、朝一緒にタクシーに乗って空港へ行こう! では、また夜に!」というもの。

夜ご飯の約束はしていたのだけど、それまでにヤンゴンへ戻るチケットを予約したらどうかということだろう。私もそろそろヤンゴンに戻らないといけない。どのみち2日後には、

ヤンゴンを発ち、タイのバンコクへ向かう。

ヤンゴンからバンコク行きのエアチケットを取ろうとエアアジアのチケットを見ていたら、2日後のフライトが安かったので、事前に購入していたのだ。

宿から近くの「エアチケットブッキング」と看板の出ているお店で、翌朝9時40分発ヤンゴン行きのエアマンダレーのチケットをおさえる。ついに、インレー湖を出るのだ。ああ感慨深い。結局4泊目を迎えている。

夕食は、ブノワとアントワノが泊まっている宿まで私が行き、一緒に夕飯を食べた。そのときに、

「チケットおさえたよ」と言うと、

「エアマンダレー⁇」と聞く。

なぜ、疑問形で聞くのよ？　そう、メモに書いたのは、2人なのに？　頷くと、

「僕たち、もうフルで、席がないと言われて、ヤンゴンエアウェイズになったんだよね。でも離陸時間は同じ9時40分」

「謎だね」

「きっと、ノゾミが予約してフルになったな」とアントワノ。

「知ってる？　エアマンダレーは、落ちることで有名なんだ……」と脅かす。

「やめてよ！　本当にミャンマーはあり得るから！」と叫ぶと、

「まあ、でも同じ時間だから、タクシーをシェアして空港へ向かおう！　明日、僕らがタクシーを予約して、ノゾミのホテルに行ってピックアップする。ＯＫ？」とブノワに言われる。


翌朝、いつもの朝食（やっぱり、バナナとトーストとオムレツ）をいただき、7時30分にレセプションで待っていると、少し遅れて彼らは私を迎えに来た。

「ノゾミ！　遅れてごめん！　急ごう！」

ぎりぎりの時間に焦るけれど、空港に着いたら、案の定飛行機はほぼすべて遅れている。私がエアマンダレーで、彼らがヤンゴンエアウェイズ。

「ねえ、どっちのフライトが先にヤンゴンに着くかな」

「どうだろうな。俺たちでしょ。いや、ノゾミのほうが早いかな」

「賭ける？」

「なにを賭けようか」

「じゃあ、私が勝ったら日本で再会、あなたたちが勝ったらケベックで再会」

「トレビアン！」

しばらくして、「ヤンゴンエアウェイズ」のボーディング合図が出た。ブノワとアントワ

ノが立ち上がり、私を見下ろして、

「ケベックで再会！」と言う。

アントワノは相変わらず、

「落ちないことを祈るよ！」といたずらな顔をして言う。

「わからないわよ、空の上で、エアマンダレーがあなたたちを追い越すかもしれない」

2人は、にやりと笑って、

「では、ヤンゴンの空港で」と言って、行ってしまった。

30分後、エアマンダレーのボーディングが始まった。正直、本当に落ちるのではないかと不安になった。空を飛んでいる間、ず――――っと、がたがたと機体が揺れている。こんなに揺れが続きっぱなしの飛行機は、初めて乗ったといえる。

途中で配給されたサンドウィッチは驚くほどまずく、よって心に余裕も得られないままだったけど、無事ヤンゴンへと着陸した。ああ、生還！　着陸と同時に、拍手がわきおこる。拍手したくなるよね、そりゃあ。パチパチパチ！

預けたバックパックが出てくるのを待っていると、「勝手にポーター」が、私のバックパックを先に拾い上げ、私に渡して、お金を請求してくる。もちろん、無視。勝手に人の荷物取り上げないでよね、という具合に露骨に嫌な顔をして奪い返す。

ブノワとアントワノは、先に着いているだろうか。

到着ゲートを出ると、2人の顔がはっきりと見えた。手には日本語で、こう書かれた紙を持っていた。

「Ms.こばやしのぞみ」と！

そのとき私は、賭けに負けてしまったけれど、いつかケベックへ行き、その空港で、今と同じように彼らが迎えに来てくれるのではないかと思い、2人のもとへ走った。

ヤンゴンのお寺へ――ミャンマー人なりすまし作戦

ヤンゴンに再び戻り、私は東京ゲストハウスに泊まると言い、ブノワとアントワノは別の宿に泊まると言った。空港から東京ゲストハウスまで送ってくれた2人は、その外観を見て、絶句。

「ノゾミ……いくらなんでも、こんな汚いビルの中に泊まらなくても……」

とブノワが言うので、

「あら、中はとっても綺麗なんだから。見た目で判断しちゃダメよ」

と優等生的なことを言ってみるけど、私だって、初めて見たときはぞっとした。「なんてこった〜！」って思ったわよ。それでも、一度中の雰囲気を知ってしまうと、我が家に帰ってきたような安堵感と癒しが得られるから、不思議。

東京ゲストハウスのオーナーのおじさんは、およそ10日ぶりとなる私を覚えてくれていて、旅はどうだったかと聞かれたので、どこへ行ってきた、どこが素晴らしかった、こんな出会いがあったなど、止めどなく話をしてしまった。

「ふむふむ、いいときにミャンマーに来たね。たしかに、これからミャンマーはもっと変わっていくだろうなあ」

おじさんは腕を組みながら、宙を見つめて言った。

「僕が10年くらい前に来たときは、もっともっと何もかもが不便で、でももっと人は温かかった。今よりも、だよ？　ただ、僕の場合は外国人だから、ビザを取るのがものすごく大変で、しょっちゅうバンコクへ出ては戻ってきたものだよ。それに、ビザ代というのが、すごく高い。外国人なんて、来るな！　という感じだったんだろうねえ。

それが今後、資本主義社会へとなったとき、どうなるか。外資企業がわんさかとやってきて、競争社会になり、国は豊かになるのだろうか。人は豊かになるのだろうか。

キミは日本にいて、豊かだと思うだろうね。でも、なぜ皆、こういう国に来て、心が満たされて帰るのだろう？」

それから、同じ日にステイしていた日本人女性の旅人（おそらく、私よりも年上かと思う）が言った。

「ミャンマーって、不動産屋さんがないのよ。でもさ、どうやってみんな住む家を決めているのかしら。不思議よね。きっと、どこそこの誰々さんが家がなくて困っているらしいから助けてあげてとか、あそこが空いたから、誰さんと話をして住まわせてもらったらとか、そんな人と人との関係の中で、住まいが決まっていったのかしら。それか、社会主義だから、もっと厳しく平等にルールがあるのかもしれない。

ただ最近、韓国人が不動産屋を始めたらしいの。それによって、もっとシステム化されて、便利になるかも。ただ、お金がある人はいい家に住み、お金のない人はひどく汚い家に住む。人と人の関係は、お金の上に成り立つようになる」

なんだか、なんだか。

とはいえ、異国の者どもがいくら議論したって、これはミャンマー国民が決めていくこと。彼らが望むようになっていく。かつて、日本で明治維新が起きたように、国家というものは、何かを捨てる代わりに、何かを得るという選択をしなくてはならない時期がやってくるのかもしれない。少なからず、海外諸国の影響があるにせよ。

ヤンゴン最後の夜は、ミャンマーで出会った友達と再会することになっていた。友達といっても、はじめヤンゴンに来たときに、チャタウンという小さな郊外の村からヤンゴンへ帰るバスの中で出会った、地元の大学生たちだ。女の子と男の子2人。

まずは、連絡をしなくては。

ミャンマーで、フリーWi-Fiが使えるところなんて、ほとんどない。唯一、東京ゲストハウスから近いところにある、TOKYOドーナッツというカフェだけ、ものすごく回線が遅いけれどWi-Fiが使える。そこに行き、今日の夕方にTOKYOドーナッツで会いましょうとメッセージを送っておいた。

それからブノワとアントワノとも連絡をとりあって、夕方友達と会った後、一緒に最後の夜を飲みに行くことにした。こんなヤンゴンに、パブがあると、ブノワが言う。

PCをたたみ、東京ゲストハウスに置きに戻り、ボージョーアウンサンマーケットへと向かった。民芸雑貨や、家具、ストールやワンピース、ズボンといった衣類、日用雑貨などが売られているところ。

そこで、ミャンマーのアカ族（タイにまたがる部族）が作ったというお札入れを買った。徐々に異国のお札が増えていき、それを整理して仕舞うのによさそうだし、なによりデザインが可愛いのだもの。

夕方になり、TOKYOドーナッツへ行くと、彼らはもう来ていた。私を見るなり、この世で一番会いたい人に会えたような、嬉しそうな顔をしてくれたモモという女の子は、まだ18歳だという。幼なじみという男の子2人は、リオンとヤン。リオンはちょっと悪ぶっているけど、親分肌で、仲間を大切にしそうなタイプ。ヤンは、ほんわか優しそうな青年。

リオンが、マルボロに火をつけて、私に言う。

「ノゾミ、マルボロの意味知ってる？　Marlboro」

「知らないわよ、どういう意味？」と言うと、待ってましたとばかりに、言う。

「Man Always Remember Lady ……」

ほ～、よく考えたものだわ。それとも、なに、これって有名な話？

それから一緒によくわからないレストランでお茶をしてから、モモが、とっても素敵なお寺があるから行こうと誘ってくれた。

4人で歩いて向かう。近くだから、と言われたけれど、かなり歩く。もう、どこを歩いているかわからない。彼らとはぐれたら帰れない。でも大丈夫。モモがしっかり私と手をつないで歩いてくれる。同性の女の子と手をつないで歩くなんて、何年ぶりのことだろう。

そして、ようやく寺院が近づいてきたというところで、3人が何かを話し合ってから、私にリオンのGジャンを着ろと寄越してきた。そして、私のバッグをモモが持つと言った。

「外国人だとばれると、お金かかるの。でも、ミャンマー人はタダだから。ノゾミのミャンマー人なりすまし作戦！」をするらしい。

なるほど。４人で横1列に並び、私とモモは腕を組み、いざ入るときは、「ノゾミ、下向いて！」と言われて下を向き、すんなりと入り口を通過。

その後も、こそこそと、ときに堂々と写真を撮ることに成功した。

ゴールドに輝く寺院。最後の夜にも拝めることができて、ご利益《りやく》あるといいけれど！

それから、ブノワとアントワノと約束しているからと、みんなとお別れをする。

「どうもありがとう。素敵な思い出ができた」

と告げると、モモは言った、泣きながら。

「きっと、あなたは私たちのことを忘れるわ」

まだ18歳だというのに、人と人が出会い、別れていくことの現実がわかっている。「また会おう」がきっと「もう会えない」であろうことも。そして生々しい思い出も、月日とともに膨大な記憶の海に流れていって、いつか沈んで探せなくなることを。

「ねえ、忘れない。きっと忘れない。たとえ会えなくても、これからもあなたたちと私は、同じ地球でつながっている。同じ空の下で生きてる」

突然、ヤンゴンの街中が停電した。

同時に、空には満天に星が輝く。私の手をにぎる彼女の手に、力が入った。
それは「私は、あなたを忘れない」という誓いのような気がした。

第3章　刺激のタイ・ラオス・カンボジア

タイ

チェンマイのサンデーマーケット――物欲解禁！

ミャンマーからタイのバンコクへ飛ぶ便が4時間も遅れたため、バンコクから夜行列車でチェンマイへ行こうと思っていたのが、行けなくなってしまった。

仕方なく、空港近くの、なんだか古い映画に出てきそうなリゾートホテル風の安宿に泊まり、翌朝早い便のチェンマイ行きエアチケットをおさえて、その日は早々に寝ることにした。出ばなをくじかれたけれど、ご機嫌を取り戻せたのは、タイの文明のおかげ。タイってすごいのだ。なんたって、ネットがさくさくつながるのですから！　ミャンマーは隣の国だというのに、この違い！　文明というのはやはり便利であるとつくづく思ってしまい、あれだけミャンマーの開国について勝手に思考をめぐらせたというのに、苦笑してしまう。

朝、宿をチェックアウトしてから空港へ行き、ほぼ時間通り8時55分に離陸。10時すぎにはチェンマイに着いた。

宿は旧市街のメインゲートであるターペー門の近くで、旧市街の中に位置するところを昨夜エアチケットとともに予約していた。空港からはタクシーで120B（バーツ）。1バーツ2・5円（当時）だから、安い。

チェンマイは、ミャンマーから来た私にとって、街並みも人々の身なりもモダンで、はじめはなじむのに戸惑った。

とにかく観光客が多い。欧米人の家族やカップル、友人同士で来ているバックパッカーがわんさかいる。それも皆おしゃれな格好をしていらっしゃる。ミャンマーのように、旅先で出会って自然に「Where are you from?」と声をかけ合うこともない。地元の人にしても、こちらはいささか冷めている。多少微笑みかけたところで、真顔のまま無視されたりする。たしかに、東京にいて、知らない誰かにニコッとされても、「え？　今の、私にしたの？」なんて言って、背後を振り返ってしまうだろう。都会化していくという現実をリアルに体感しているのだ。

でもさ、さみしーじゃないのよ！

門まで歩き、新市街のほうへ出てみる。ターペー門を出たところに、マーケットが開かれていた。テントつきの露店がずらっと並んでいて、にぎやかだ。

どんなものが売られているのかしら？

ミャンマーから来た私は、さして期待もせずにちらちらと店をのぞくと……驚いた。なんたって、センスのある、可愛い小物がいっぱい置いてあるのだから！　しかも、唯一ミャンマーで可愛いと思った、ヤンゴンのマーケットで発見したシャン州の「アカ族」という少数民族のつくる小物をたくさん売っている。

アカ族は、タイ北部の山岳にもいるのだから、売られていてもおかしくはない。でも、タイのほうがやっぱりデザインが可愛いのは気のせい？

ああ、テンションが上がってくる！　可愛いものを見ると、気分って上がる！

ミャンマーで必然的に物欲が消失していた矢先、可愛いものを見たときのリバウンドは、ダイエット以上に反動がくるようだ。もう、体重激増しちゃいそう？　物欲むくむく。落ち着け、落ち着け、時間はある、ゆっくり敵を見定めないと。俄然、今度は戦闘モード！　可愛いもの、素敵なもの、タイにしかないもの……などなど見落とさないように、抜け目なくチェックしたいところだ。

とりあえず、歩きすぎのせいでビーサンがボロボロになっていたので、履きやすそうなサンダルを探すことにした。もちろん、可愛いものがあるはず。

さっそくサンダルを売っているお店を物色し、

「これ」と指さすと、すでに電卓を持ったお店のおばちゃんが、

「400！」と打って値段を見せてくる。

まだ最初のお店、ダメ元だっていい。冷静になって、

「200」と打ち直すと、あら本当？　あっさり、

「OK」と言う。しかも、すぐに破れそうな薄いビニール袋にサンダルを入れながら、「アイム・ハッピー！　ユー・アー・ハッピー！」と言って満面の笑みをくれる。そりゃあハッピーだけど、原価って、どれだけ安いのよ？

1つ買ってしまうと、止まらない。他に、必要なものって何？　って、いちいち全身チェックしちゃったりして？　で、すぐに発見。Gパンよ！

インドネシアの雨合羽着色事件以来、汚れはいっそう激しくなるばかり。正直言うと、洗濯に疲れてしまった。デニムというのは洗いにくいし、乾きにくい。はやく乾きそうな楽ちんパンツがいる。もちろん、サンダルに合いそうなもので。

コーディネイトを考えるという脳内活動は、久しぶりでウキウキする。あれこれと全身鏡に映しながら吟味して、結局ベリーダンスにでも穿けそうな、赤色でエキゾチックな柄の裾がひらひらしているタイプを選んだ。

新しい服を手に入れ、さっそく着替えたい衝動にかられる！

そうだ、早く宿に戻って着替えよう。いや、もうちょっと見て回ろうか。うーん。

ここは、いったん気持ちを落ち着かせて、ランチをとることにした。やはり、タイと言えば、カレーだ。グリーン、レッド、イエロー?

本日はグリーンにしてみる。

ふらっと入り、本場のグリーンカレーを食べた。中には、きのこ類や香辛料がささやかに入っていて、味はココナッツミルクの量が少ないのか、ややさっぱりとしている。もちろん辛いけれど。

正直、日本で食べるのとそう変わらない。日本の食事は、やはり美味しいとしか言いようがないのだろうか。たしかに、すべての本場のものたちを、「どうしたらもっと美味しくなるか」と追求する料理は、日本人が得意とすることだと思う。

それでも本場、現地で食べるのに何が敵わないかというと、やっぱりこの暑い、カラッとした気候のもと、まわりは異国人だらけの中に紛れ込み、タイ語で書かれたメニューとしばしにらめっこするという状況で、ようやく注文したものを食べるときの一口目の達成感と満足感だ。これは、日本の高級レストランで味わえる一口目とは全く違う。

ご飯を終えてから、トゥクトゥクに乗り、明日のチェンラーイ行きのバスチケットを買うため、バスステーションに向かう。バスチケットは、宿で売っている場合もあれば、バスステーションまで行って買わないといけない場合もあるから、臨機応変に動かないと買いそびれることになる。

バスステーションまで、距離感がいまいちつかめないので、トゥクトゥクとの値段交渉が難しい。最初、80B（約200円）と言われるのだけど、たいがい最初に言ってくる値段は高い気がして断る。でも、もう1台に聞くとやはり80Bと言う。

「歩ける距離じゃないぞ。かなり遠いぞ」なんて言うじゃない。

そこで、「わかりました」とならないのが、私。

「でも、見て、この地図だと2キロくらいじゃない？　歩けない？」と言い返すと、ははんって鼻で笑って一蹴された。

「だったら、YOU！　歩いたらいいんじゃな〜い？」って言ってる気がして……こちらもむすっとなってしまう。

そこで、「だったらいいわよ、歩く！」とならないのも、私。

往復で、なんとか130B（約325円）で交渉成立。あー、毎度のこの交渉に疲れる。

交渉のうまい旅人にコツを指南していただきたいと、常々思う。とくに、西洋人の交渉の粘り強さといったらすごすぎる。ぜったいに折れないし、ぜったいに安くするまで交渉を続ける。これは、出会った日本人旅行者は口を揃えて同じ感想を口にする。

トゥクトゥクは、旧市街を離れて、少し郊外へと向かうためか、観光地の雰囲気が少なくなって、地元の人の生活の場のようなローカル感が顔を出す。道はミャンマーのように舗装されていないということはないけれど、バンコクに比べたら明らかに田舎だ。

ガタガタガタガタガタガタ……まだかしら？

ガタガタガタガタガタガタ……ごめん、おじちゃん。たしかに遠かった。こりゃあ、歩くと大変でした。

バスステーションに着き、チケットカウンターに向かうと、西洋人観光客や地元民たちで溢れ返り、私の番になったときは、すでにＶＩＰ席のバスは満席だと言われた。それでも、一等席のバスで十分。１６８Ｂ（約４２０円）だもの。

というか、トゥクトゥクとそんな変わらないということに気づいた。トゥクトゥクって、ぼったくられる外国人にとっては、かなり高い気がする。意外とタクシーに乗ったほうが（ちゃんとメーターを使ってくれれば）安いんじゃないかって思う。

チェンマイからチェンラーイまでのチケットを無事にゲットできたので、ひとまず安心して旧市街へ戻る。

夕方、たまたま日曜日だったので、旧市街のメインストリート周辺はサンデーマーケットでにぎわいを見せ始めている。道の両側は準備中の露店でいっぱいで、とても活気に溢れている。

準備中のメインストリートをずっと歩いてみたけれど、すでに可愛い雑貨や服なんかも広げられはじめ、それを横目で見つつ（物欲むくむくむく）、通りの突き当たりにある寺院へと行ってみた。なんとなく、観光名所のようだ。

で、ふむ、これがタイの寺院ですか。これまたどこかで見たのと似ている。ははーん、ミャンマーのパヤーと一緒では？　色もモチーフも形も狛犬？も似ている！　けれどやっぱりここはタイ、どこかに違いはあるはず……、としばし真剣なまなざしで眺めるけれど、私には難題すぎる。

そもそも、意識はすでにマーケットへすっとんでいて集中できない。やめよう、はっきりと言うけど、寺院に興味がなくなってきた。飽きたともいえる。もう、物欲にまみれた女ですから、俗世へ戻ります。

メインストリートへ戻り、増え始めた露店でいろいろ物色を始める。いったん火がつくと止まらないのは、もう仕方ない。

ガールズ旅行だったら、きっとバックパックの半分は洋服になっていただろうと思う。いや、断固「そうだ」と言える。なんたって、モロッコやチュニジアで、バックパックの半分を絨毯や小物で埋め尽くしてきた前科のある女（の子）だ。

だからその先もわかっている。日本に帰り、洋服を広げて思うのだ。

「これ、どこに着ていけるんだろう？」

「この羊の革のクッション、日本の無臭の部屋では臭いが強すぎる……」

って。よって今回の買い物は、「旅行中に使えるもの」だけにしようと決めた。そして、かっこよくて、身なりの素敵な旅女になる！

さて、可愛いお洋服が入った黒い安っぽいビニール袋をルンルン持って、帰りがてらマッサージ屋さんに入ってみた。外観が綺麗（なほう）だし、空いている。足と肩のコースをミックスしてもらい、250B（約500円）で一時間至福の時を味わった。

そういえばミャンマーのインレー湖でマッサージをしてもらったけれど、店先の看板に書かれた、「タイ式に近いミャンマーのマッサージ」という言葉の「近い」というワードが実に言い得て妙だと思った。そこには、「手抜き」という意味も含まれている。

ガリガリのおばあさんに、うつぶせになった私の背中を踏んでもらったときは、思い切りツボを外されて痛かったけど、なんだかそれを言うのも申し訳ないし、そもそも、おばあさんにマッサージしてもらうってことが、本当に申し訳ない気持ちになった。精神的に癒されるには真逆のマッサージ屋さんだったのだ。

「ああ、気持ちいいですぅ〜」

やはり、タイ式。本場は違う。あ〜極楽、極楽。なんだかタイに来てから極楽なのだけど……、もしかして、仏教国ミャンマーを旅して、もはや私は輪廻から脱して、極楽浄土の世界に誘《いざな》われたのか？　これは、本当に現実？　非現実？

いやいや、物欲解禁の超俗世界に間違いございませぬ。


日が暮れてきたので、一度宿に戻り、さっそく赤い楽ちんパンツに穿き替えて、思った。やっぱり、わたくし、女の子でした。可愛い服を着ると、テンションぐんっと上がります！　穿いていたGパンには、心を込めて手を合わせ、旅の間よくがんばってくれましたと、お別れすることにした……。合掌。

そのとき、久しぶりにスカイプで甥っ子から電話が来た。

正直、子供は苦手。けれど、甥っ子は特別。こちらからすれば唯一といっていい興味のある子供なのに、彼の態度はいつもそっけない。犬より猫が好きな私にとって、そっけなく、時に思い切り甘えて来られることに弱い（え？　同じことを大人の男性にされたら？　きっと、イラッとするだけだわ！）。

スカイプに即応答したら、

「のんちゃん、まだミャンミャーなの？」

と聞いてきた。叔母ちゃんは鼻の下を伸ばしながら、

「ちがうよ〜もうミャンミャーじゃないよ〜」

と答えて、愛しさで胸がいっぱいになってしまう。

あ〜、この子に旅の素晴らしさを伝えたい！　小さい彼がまだなにも理解しなくとも、日本以外にもたくさんの国があることや、日本が夜なのに私がいる国はまだ日が暮れないという不思議と出会わせてあげたい。

ちなみに母は私が旅に出てから、兄に地球儀を買って私がどこにいるか甥っ子に教えてあげてほしいと言ったらしい。

甥っ子は、ひととおり、大好きな電車の話をして、それから最近のとっておきのソングを歌ってくれた。

「(なんとかかんとか)〜キカンチャ〜レイキューチャー♪」

ん？　霊柩車？　一瞬眉間にしわが入ってしまった。

同時に、ゴミ箱の横に置かれたGパンと目が合って、なんだか、

「まだ連れていってくれよ〜」

と、悲しげで、恨めしげな声が聞こえた気がした。

スカイプの電話をつなげたまま、おそるおそる、Gパンをバックパックに戻してみた。も、もうちょっと一緒に旅しようかな……。

なんというか、旅に出る前も、シンクロニシティや虫の知らせ的なシチュエーションには敏感で、性格なのだろうけれど、どうしても軽く流せない。まあ、新しいズボンを買って捨てたという、罪悪感ゆえの妄想なのかも？

ふたたび、夜のサンデーマーケットへ向かった。どれだけマーケットへ吸い込まれていけば気が済むのだ？

むむ、人の数が増えている！　バーゲンセール、敵多し！　の状態だ。人と人がくっついて、前に進まない。商品を見たくても、人がいっぱいでよく見えない。

基本的には、屋台はフレッシュジュースやちょっとしたつまみ、軽食を売っていて、露店では、衣類や小物、インテリアやお香なんかを売っている。一つひとつ見ていたらたぶん朝になる。

ご飯を食べる機会を逸していたので、混み合う屋台でビーフンと魚の燻製の串刺し、シュウマイを食べ歩きしながら、実用的なカーディガンとキャミソールを購入することに成功。2つで130B（約300円）。安すぎる。

ちなみに、その後どちらもいつの間にか小さい穴が開いたけど、かなり重宝した。

前に飛行機で知り合ったタイ人の女の子が、

「タイは可愛い服がいっぱいだけど、質が悪いからすぐにダメになるよ」と言っていた。

「でも、安いから買い直せばいいんだよね」と付け加えていたのにも、激しく同意したい心境ではある。

だいぶん歩き疲れ、帰りにスイカジュースを飲みつつ休憩して、ホテルへ戻る。

翌日は、朝10時半のバスでチェンラーイへ向かうので、早く寝ることにした。物欲を解禁した今、チェンマイにこれ以上いたら破産しそうだもの。なーんて。

チェンラーイでの出会い —— 神様、ありがとう！

朝7時半に起きる。と、顔右側だけ、なぜか湿疹ができている。なんだろう？　かゆい。

きっと、昨日行ったマッサージ屋さんのマットレスではないだろうか。

ダニ？　ナンキン虫？　原因不明なのが怖い。

スパイダーに噛まれたときもそうだけど、お願いだから顔面だけはやめてほしい！

謎の湿疹を気にしながらも、赤い乗り合いタクシーのソンテクに乗り、バスステーションへと着いた。すでに、バスのチケットを持っている人がわんさかと待っている。

10時半、バスはチェンラーイへと向かった。一等席のバスは、やはり十分綺麗。お菓子と水も出る。いいじゃないの、タイのバス！　とはいえ、道は凸凹で、かなり揺れていたと思う。けれど眠っていたのか、気づいたらチェンラーイだった。

着いた頃、隣に座っていたタイの女の子が軽く嘔吐していた。かわいそうに。でも、そんなに揺れていたの？　気づかなかった。

どうやら、チェンマイからチェンラーイまで、山を2つ越えたようなのだ。眠気による鈍感力は相当なもの。私が乗り物酔いするときは、空腹のまま乗ったときだけ。なので、必ず何かを食べて乗車し、その後眠りにつくというのが酔わないコツ。それも、旅先で学んだんだけど。


チェンラーイはずいぶんとこぢんまりしている。

宿はバスステーション近くなので歩き、少々迷いながらも無事に着いた。久しぶりに、特別な想いを持ったGパンを洗濯し、買ったパンツに穿き替える。

少し部屋でゆっくりしてから、ミャンマーで買った土産やもう使わない本や服を日本に送ろうと、郵便局へ向かった。そう、バックパックがいくらか重くなったら、不要なものは送料の安い国で日本の実家へ送ればいい。

その途中、少数民族「アカ族」のハンドメイドグッズ屋さんがあったので、当たり前のように吸い込まれた。この「アカ族」のデザインてば、かなり私の好みで、友人たちへのお土産としてもいくつかポーチを購入し、一緒に日本へ送ることにした。

かなり長い時間をかけて物色。どの色がいいかな、とか、とりあえずラオスやインドもあるから、まずは誰にとかそんなことを考えていたら、あっという間に時間が経ってしまう。

ところで、この店でタイの男の子が何かを物色していた。一度、目が合ったような、そうでもないような距離感で、お互い長い時間店にいたと思う。私は物色するのに気がいって、その子のことなんて気にも留めていなかった。

ちょうど、私も自分のお土産が欲しいけど、どうしようかな〜と思ったときだ。

「ハロー」とその男の子が声をかけてきた。

ふりむくと、彼は刺繍のブレスレット（ミサンガみたい）を差し出して、

「For you」と言い、すぐに店から出ていった。

な、なんと素敵なシンクロニシティ！

もちろん、その後、彼が外で待ち伏せしてたとか、ブレスレットに連絡先が書かれているとか（あったら怖いけど）、そういうことはいっさいなかった。もう二度と会うことはない

見知らぬ旅女に、プレゼントをするなんて、粋なことができる青年が、タイにはいる！

日本男児よ、見習ってくれ！

なんだか素敵なハプニングで、一瞬の出来事に、ついつい神様からのプレゼントですか〜？　神様ありがとう〜！　なんて道を歩きながら思ってしまう。

気づいたらだいぶ信仰深くなっていたりして。って、都合がいいだけか。

さて、ようやく郵便局に到着。

2・5キロと言われた荷物は、箱代も含めて800B。2000円で3〜5日後には日本に着くそう。郵便局のおじさんに、

「おじちゃん、お願いね！　しっかり届けてね！」

と言うと、親指を立てて「OK」と言ってくれる。なんだかこのとき、ようやく物欲が治まったような、すっきりした気がした。

それから地元の人で溢れ返っている市場へ行ってみた。日本と同じような野菜や果物が売られているのに、惣菜などを見ていると、日本料理とはずいぶん違う風になるものだなあと感じる。見るからに辛そうな色をしているし、野菜の揚げ方も炒め方も、なんとなく違うのではと感じる。油の量なのだろうか。

それにしても、ハエがすごい。店の人たちはビニール袋をパタパタさせて、ハエ除けをしているのだけど、なんの効果もなくて、食材に何匹もハエがたかっている。まあ、買うほうもあまり気にしてはいないようだったけど。

夜ご飯はせっかくなのでナイトマーケットの屋台で何か食べることにした。チェンラーイには観光名所が特になさそうで、唯一ナイトマーケットは人が集まってくるような感じらしい。

マーケットは、中央がご飯を食べる広場になっていて、その周りを取り囲むように屋台が並んでいる。日本の鍋のようなタイスキのお店が多くあって、食べたいなーと思うけど、一人鍋は物悲しい。量も多そうだし……、あきらめた。

当たり障りなく、野菜のフライヌードルを食べて、野菜を補充。それでも脂っこいのが難点で、タイにいたら、太りそう。

一人夜ご飯を終え、日中は長距離を移動してきたし、早く休もうかと席を立ち、帰路につく。ところが、少し歩くと、あらあらまーまー、民族衣装を着たおばあさんが露店を出している。民族衣装の可愛いこと！

「写真撮っていいですか？」なんて近づき、目線を店先にちらっと移すと、あらあらもーもー、とても可愛いポシェットがあるじゃありませんか！

物欲が治まった気がする～なんて、どこの誰が思ったって？

タイに来てから「可愛い」という言葉を急に思い出したかのように、何度も言っている。ポシェット250Bだ。これがまた、買えない値段じゃないというのが、憎い。

私は値段交渉が得意でない。ぼったくっているとわかっていても、いきなり半値から交渉し出すのに勇気がいる。といっても、サンダルのようにあっさりうまくいく時もあるけれど、ほとんどうまくいかない。でも20％くらいはまけてもらっているだろうか。

もっと旅慣れた人は、「ガンガン交渉するなんて当たり前だよ！　10倍はふっかけてるから！」って言うけれど。気の弱い私にはストレスがたまる！

露店の前で、さんざん悩んでいると、突然、「日本人ですか？」と声をかけられた。

中野さんという日本人のおじさんと、彼のガイドをやっているというチェンラーイ出身のペーさん。2人は、友達だと言った。

「ペーさんがナイトマーケットであなたを見かけて、日本人がいると言うのですよ。なかなか日本人女性の一人旅なんて出会わないので、つい声をかけてしまいました。せっかくだからお茶でもしませんか」とナンパされちゃった。

タイに来てからずっと日本語で誰かと会話していなかったので、ぜひぜひひとご一緒させてもらうことにした。ちなみに中野さん、おそらく60歳前後の、仕事をリタイアされ、やや旅慣れた雰囲気のする男性。

その前に、さんざん悩んでいたポシェットをぺーさんが値段交渉してくれて、180Bで買うことができた（結局買っている……）。

「ぺーさん、ありがとう！」

「いいえ。そのポシェットは、タイの少数民族リス族のデザインですよ」

「へー！　このファスナーの両端に毛糸のぽんぽんがついているのが可愛い～」

「よかったですね」

と、ぺーさんも歯並びのよすぎる歯を見せて笑ってくれた。

さて、中野さんオススメのロイカフェに入り、1時間ほどおしゃべりが始まった。

中野さんは、チェンマイやチェンラーイに10年ほど通いつめているらしい。明日は彼の日本人のおじさまフレンドがたくさん来るから、チェンマイまで迎えに行くと言っていた。

それってさ……なんだか怪しいツアーじゃないよね？

と、ダークサイドの声が聞こえてくるけれど、ま、悪そうな人では全然ない。ぺーさんは日本語が上手で、字もちょっと書けるらしい。

美味しい珈琲を飲み、至福のときだ。

「ところで、これからどうするの？」と中野さん。

「明日はドイ・メーサロンへ行こうと思っています。最近ヤフーニュースで、タイ北部で桜の花が満開だって知って、見に行こうかと」と私。

「んーでも、それ、バスは大変ですね。ワタシ、明日休みだから、バイクで連れていきますよ」とペーさん。

「それがいいよ、彼は安心できる人だから、あなたがよければ連れていってもらいなさい」と中野さんも言ってくださる。

たしかに自力で行こうとすると、朝8時にチェンラーイからバスに乗り、途中で降りて旧道の山道を乗り合いバスに乗っていかないといけない。チェンラーイへの戻りのバスが何時なのかもよくわかっていない。

「でも、旧道の横道に入ったアカ族のいる村も行ってみたいんです」と言うと、そこも寄ってくれると言う。

個人的に、私を魅了する小物を作るアカ族、できることなら村を訪れ直接彼らに言いたい。「あなたたちがつくるもの、可愛いすぎで困ります！」って。

店を出て、中野さんにこっそりと聞く。

「あの、彼にいくらか払ったほうがいいですか？」

「いやいや、お金はいいですよ。ランチだけ、ごちそうしてあげて」と中野さんもこっそり、答えてくれた。

せっかくの出会いだし、ありがたいことに日本人のおじさんがそう言ってくるなんてチャンスは神様（仏陀様？）がくれたように思えたので、お願いすることにした。

ついでに、顔の湿疹のことを聞くと、帰りに一緒に薬局へ行ってくれて、薬を買った。店を出てから、中野さんが自分のために買った強力な腹痛止めを1つ、私にくれた。

「かなり効くからね。どうしようもなくなったら、これを飲みなさい」

感謝。神様、ありがとう～！

ドイ・メーサロン――さくら～さくら～

昨夜出会ったペーさんと、ドイ・メーサロンへ行く約束の朝。やっぱり朝は冷える。東南アジアは暑いものだと思っていたのに、ミャンマーしかり、タイ北部しかり冷えはつらいものがある。とはいえ日中はかなり暑くなるので、朝晩の我慢のみ。

朝食を食べているときに、ペーさんが迎えに来た。アジアは日本以外、時間にルーズだと思っていたのに、オンタイムでお迎えが来るなんて。朝食が終わるまでちょっと待ってもらい、満腹状態で出発！

バイクは道の整備された公道をひたすら走る。向かい風で、唇は乾くし、肌寒い。ヘルメットもやや大きい。これで1時間以上走るなんて、過酷だ。途中でバイクを止めてもらい、ヘルメットのベルトを限界まできつくしてもらってなんとか楽になった。

さらに唇が乾くというと、ペーさんたら、ポケットからリップクリームを取り出して貸してくれた。私より女子度高い。なんだか尊敬とともに、自分に対しては情けないような気持ちになった。

旅行中、私は女性としての外見的美しさというのも、怠ってはならぬと思っている。アフリカや南米、山奥や辺境の地で、そんなことできない状況ならまだしも、ただでさえ、旅行中は男性ホルモンが活性化するというじゃない。〝美しくいたい〟という女性たる意識を忘れたら、ほら、あっという間に全身の体毛が濃くなりそうで怖いわ！（私だけかしら？）

ペーさんのバイクの後ろで、そんなことを考えていると、バイクはしだいに公道から山道に入っていき、いつしか眼前に美しい田園が広がった。

のどかな光景が目の前に現れると、ペーさんが、

「これ、なんの木か知ってる？」

「これ、なんの花だと思う？」

と走りながら質問してくるけど、答えることができたのは、「とうもろこし」くらい。理

科がまったくできない私に、「これはパイナップルの畑です」「この白い花が咲いているのは桃の木ですね」と説明してくれる。

こういうのは、百聞は一見に如かず。こうやって旅先で学べれば、それでいい。と、思っている間もなく30歳女（子）。

山の高いところまで来ると、一層絶景だった。パッチワークを施したような色違いの畑が作り出す景色は最高に美しかった。

12時前になって、ランチだと連れていってくれたのはドイ・メーサロンの街にあるとても小さいチャイニーズのローカルレストラン「雲南麺餃館」。ミーキョマーナーン（雲南バミー）という麺が有名らしい。ワンタンが入ったさっぱり塩味のラーメン。

塩ラーメン好きの私としては、「替え玉！」って叫びたい心境だったけど、朝9時に朝食を食べたばかり。お腹、空いてるわけないじゃない？

バイク移動中、トイレに行きたくなったら困るので、おとなしく替え玉はやめておいた。

ところでドイ・メーサロンに住んでいるのはほとんど中国系の人たちらしい。第二次世界大戦後、中国の共産党政権から逃れてきた国民党軍が一度ビルマ（ミャンマー）へ行くのだけど、その後ビルマ政府軍からも追われて、ここタイの北部へ逃れてきたという。そしてタイ国籍を取得したそうな。

なので、中国の文化が根付いている街。街に流れる放送は中国語だし、ちょうど旧正月中だったため、新春ということでフェスティバルが催されていた。獅子舞のような着ぐるみを来た人が、何人かの音楽隊を率いながら、一軒一軒回っては音楽をならして歌っていく。

バイクでさらに山を登り、ついに、アカ族の村Akha Samyaek（アーカーサーミェイク）に着いた。実は、ぺーさんもアカ族だという！ それを証明するかのように、村人とアカ語で話している。

バイクを止めた大きな道は整備され、道路にはほうきを作るための葉っぱが干してあったり、カラフルな洗濯物が家の前に干されていたりする。

道沿いにあった幼稚園をのぞいてみた。子供たちが元気いっぱいに遊んでいる。ミャンマーでは、子供たちは割と人懐こかったけど、こちらはあまり関心ないよう。外国人なんかより、自分たちの遊びに忙しいみたい。

道路から村の中に入ると、そこはいかにもTHE VILLAGE!! というようなミャンマーの田舎にも劣らぬ感じで、幅1メートルちょっとしかない道が斜面沿いに段々になってつくられていて、その道と道の斜面に、木の枝や幹でつくった家がいくつか建っている。

旧正月だというので、村の大人たち（男性だけ）は麻雀のようなゲームをして、おばあさんは民族刺繍に精を出し（これだ、これ！　露店で見る小物たち！）、子供たちは一生懸命村の仕事を手伝っていた。

のどか、のどか。

うさぎ追〜いし〜かの山〜♬　と、口笛を吹いちゃう私って、歳いくつ？

いえいえ、故郷愛。つまり、日本人だって、こういう光景の中で暮らしていた時代があったと思うと、感慨深い。

ぷらぷらと歩くと、小さな家の前に、アカ族の衣装が干してあって、おばさんがそれを私に着せてくれた。そして全身、アカ族の衣装を身に纏い、ついに言いたかった言葉が言えた。

「おばちゃん！　これ、キュートキュート。カワイイ！」

異国の言語でも想いは言葉に乗って通じるのか、おばさんはとびきりの笑顔で喜んでくれていたようだけど、ぺーさんが撮ってくれた私の写真を後で見て、驚いた。

巨大な鈴のような飾りがいくつもついた帽子をかぶった私、ロンゲの仏陀みたいで、全然可愛くない！


ようやく桜のビューポイントである、メーサロンリゾートに来た。ここはホテルで、もともと中国国民党軍が軍事訓練のために使用していた場所だそう。こんなところに、タイの桜があるとは。

「さあ、いよいよ桜とご対面ね！」

と、桜の木を見て、オーマイブッダ！　ほぼ散っている。

無情にも、淡いピンク色の花は、青々とした緑色の葉に居場所を奪われそうになっている。

少しばかり花を残した桜の木を眺めながら、日本の花見が終わる頃の感じだなと思った。

ようやく冬の厳しい寒さを抜け、穏やかに暖かくなっていく頃だと、日本へ思いを馳せる。

そういえばミャンマーで出会った韓国のパク様とマン様が、日本の桜を見に４月になったら日本へ行こうかと話していたのを思い出した。

感傷にひたり、思いがけずペーさんに、桜は日本を象徴する花なのだと言って、

「さ〜く〜ら〜さ〜く〜ら〜」

と歌ってあげるけど、途中で歌詞がわからなくなり、適当にごまかしておいた。

タイの桜を観賞する、アカ族の村へ行くという二大目的を果たし、チェンラーイへ戻ることにする。

　帰路、せっかくなので首長族のほか、ヤオ族やラフ族、アカ族が暮らしているという Hilltribe Villagesを訪れようと、ペーさんが寄ってくれた。そこは、村自体が観光地化され

ているのだけど、それぞれの民族が実際に暮らしている。民族によって伝統的な衣装が違い、当然お土産物屋さんに売られている布や小物のデザインも違う。

テレビや雑誌で見たことのある首長族は、女性ばかりいっせいに機織りをしていた。

「首、長いのね〜」

まじまじと見る機会なんて、そうないのだから、こういうときはおばちゃん根性まるだしでちょうどいい（相手はいやだって？）。

首長族が首につける鉄は4、5キロあるそうで、長年つけているとしだいに肩の骨が下がっていき、結果究極のなで肩になる。よって首が長く見えるってわけだ。究極のなで肩こそ、美しい。生まれながらにして怒り肩の私は、この部族にいたら極めて醜いと罵られそう。

ひと昔前の中国の纏足《てんそく》など、民族のしきたり、習慣というのは実に面白いなあと思う。

機織りをしている女の子と目が合った。

彼女は、花のような模様を顔にペインティングしていた。ピンク色で桜の花みたいだ。童顔だけど整った顔立ちの可愛らしい彼女の雰囲気に合っている。

ドイ・メーサロンでは満開の桜は見られなかったけれど、最後にとっておきの桜の花を見た気がした。

夕方、チェンラーイの宿に到着して、ぺーさんとお別れをした。部屋に戻り、気がつくと、知らない間にぺーさんが可愛いアカ族の小物袋を私のバッグに忍ばせておいてくれた。それには平仮名で書かれた手紙がついていた。

「のぞみさんへ

どうもありがとう。たのしかったです。またきてください。あいましょう。

ぺーさんより」

怒濤の勢いで「可愛い」を連呼した数日だけれど、最後に一番可愛いと思えるものを手に入れた。それは、ただの小物袋ではなくて、忘れられない想い出つきのものだからだ。

すっかり満たされて、物欲はしゅるしゅると治まった（本当に）。一張羅を手に入れ、新たな旅のはじまりに胸を躍らせたのだった。

魔の三角地帯？――タイとラオスとミャンマーの狭間で

「タイ北部を旅するんだ」と言うと、なぜだか……、

「気をつけて」

「あのあたりは治安が悪いから」

「人さらいがいる！」

なんて、どうしてそういう話が出てくるのだろう？　と思うようなことを言う人がいる。まあ、おそらくだけど、反政府組織のゲリラ的な動きが過去にあったから？　なんだか不安になって、タイ北部をネットで調べていると、衝撃の事実を目の当たりにした。

――タイ北部、大麻の大量栽培！

というと、密輸？　裏組織？

どうやら、タイとラオスとミャンマーがメコン川をはさんで隣接する山岳地帯があって、「ゴールデントライアングル」と言われているらしい。そこは、かつては世界最大の大麻や覚せい剤の密造地帯であったらしい。

というと、やっぱりおっかないお兄さんたちがいっぱいいるんじゃないのか!?　おお、恐ろしい。魔の三角地帯！

そんな話があったものだから、ペーさんが紹介してくれた知り合いのガイドさんに、格安で、チェンラーイから日帰りで車をチャーターすることにして、この日は、チェンラーイよりもさらに北にある、チェンセーン、ゴールデントライアングル、メーサイ、タチレクと回る。

9時の出発なので、朝食が間に合わず、前に中野さんとペーさんとお茶をしたロイカフェへ行き、マフィンと珈琲を買ってから出発した。ガイドのトレーニングということで、女の子も同乗していた。

チェンラーイから1時間ほど走ったところで、チェンセーンに着いた。市内は赤土の壁の遺跡で囲まれている。とても小さな街みたいだ。

車を降りて、メインストリートの真ん中にあるワット・チェディ・ルアンを見る。12〜14世紀の間に建てられた寺院だというけど、これもミャンマーのバガンでさんざん見た、寺院と同じものに見える。

ガイドの女の子に、

「タイの北部と南部では寺院のスタイルも変わるのかしら？」

と聞くと、そうだと言っていた。やはり北部はミャンマーに近いので、建築様式なんかも似たものが多いのだろうと思う。

車に戻り、あっという間にチェンセーンは去っていく。こういうとき、1人で来ているとゆっくり歩いて回れるのだけど。少々もどかしい気持ちになりつつ、

「いやいや、北部は危ないから！」

と言い聞かせ、車の後部座席から外界をのぞく。

早々に、ゴールデントライアングルに着いた。こういうマル秘めいてるところには、やっぱり早々に辿り着きたくないという思いが、自称ムー民《みん》（オカルト雑誌『ムー』の愛読者を私はそう読んでいる）としてはある。とはいえ、やはり車から外へ出る瞬間は、ちょっとだけ緊張が走る。

さあ、ここが魔の三角地帯、麻薬地帯……、みなが「危険」だと噂するところね！

車から降りる。

同時に、マイケル・ジャクソンの『デンジャラス！』が頭の中で流れ始める。気分的には、あの鎧で武装した仲間たちがうしろにいるイメージ。

なのだけど……、まあ、なんて、のどかなのでしょう？

教えてもらった、ビューポイントなるところは展望台になっていて、自分がいるタイ側から見て、右がラオス、左がミャンマーと国境がメコン川によって区切られているさまが見られる。有料だけど、小舟に乗ってちらっとラオスやミャンマーに行ってみることもできるらしい。パスポートも必要ないとか。

タイ側には、キンキラした金の仏陀がいて、なんとも派手に観光客を迎え入れてくれることか。タイはそういった意味で観光地化されているので、現在は大麻栽培に関しては厳重な取り締まりがあるそう。

よって、ミャンマーのほうへ、そういった組織は逃げるように潜んでいて、未だに大麻の原料となるケシ栽培をしていると、道中ガイドさんが教えてくれた。

それにしても、国境線（川だけど）が引かれているというのは、島国の日本にはないこと。こういうのはなんだか面白い。隣接しているのに、食事も言語も雰囲気も変わるのだから。

しばしゴールデントライアングルののどかな光景を眺めてから、オピウム博物館へ行ってみた。オピウムというのは、アヘンという意味。つまり、大麻の栽培をここ一帯で行っていたときの様子が窺える資料館。

中はそれなりに観光客がいたし、それなりに見応えがあった。リアルな人形が、横になってアヘンを吸っている光景は生々しいものがあったし、吸うときに使われるパイプもさまざまにあって、あまりに芸術的なので感心すらしてしまった。

なにより、大麻の原料となるケシの花畑を描いた絵は、フランスのオルセー美術館に置かれていても「ほーっ」って見入ってしまいそうなできばえ。印象派画家が描いたような仕上がりで悪くない。って、何サマ？　作風よりも、この過去の事実に関心を寄せろって？

博物館を出て、車に戻る。

あら？　気づけば早々にマイコーの「デンジャラス〜！」は鳴り止んでいたし、武装した仲間たちもどこかにいなくなっていた。

ここはかつて麻薬栽培をされていた一帯ではあるし、今もなお、裏組織は粛々とどこかで栽培をしているというのだから、けっして「安全」ではないのだろうけれど、なんとも好奇心のくすぐられる刺激的な場所だったとは思う。

メーサイからミャンマーのタチレクへ ―― 宇宙を語る日本人

ゴールデントライアングルの後は、タイとミャンマーの国境の街まで向かった。国境のタイ側の街がメーサイで、かなりにぎやかなマーケットが大きい道路の両側に広がり、大勢の人、車が国境を行き来している。メーサイ国境は早朝から夕方5時頃まで開いているらしい。

これから国境を越え、ミャンマー側の街タチレクへ行く。

入国する際は、日帰りか、1泊か、2週間かと選べるのだけど、それによって支払う金額というのが変わってくる。私の場合は、日帰りなので500Bを払った。

それからパスポートをミャンマーのイミグレに預け、代わりに写真を撮られ、写真つきの紙をミャンマー滞在中は持ち歩く。出るときに、それと引き換えでパスポートを戻してもらうという流れ。

こういう、パスポートを一時的にでも手放すというのは、やっぱり不安。とはいえ、そうしなければ入国できないのだから、信じるしかないのだけど。

ちなみに、タイのメーサイから陸路でミャンマー側の街であるタチレクに入った場合、国境から5キロまでしか行ってはいけないという入域制限がある。

メーサイからタチレクに入ると、いきなり物売りの嵐。皆偽物だと言われているタバコを日本のスーパーマーケットにあるようなカゴに入れて、カートンごと売ろうとしてくる。そのつど、

「私は吸わないから！」と言って逃げる。たまにしつこくついてこられることもあるけれど、たいていは、

「そうか、吸わないなら仕方ない」

と、おそらくミャンマーの女性もタバコを吸わないからか（街中で吸っているのを見たことはない）、あっさりとあきらめてくれる。ときに、「ミンガラバー（こんにちは）」「チェーズーテンバレー（ありがとう）」とミャンマー語で言うと、嬉しそうにして、いっそうあき

らめよく物売りは去っていく。

タチレク側の国境すぐの階段を下りていくと、所狭しとマーケットが広がる。ほとんどが、偽物のブランドバッグだとか電気製品だとか、靴やサンダル、海賊版のＤＶＤやＣＤといった感じだ。タイ側のメーサイと比べると、明らかに暮らすレベルが低いような気がしてしまう。それは露店一つひとつの店がまえにしても、店の人や何かを買いに来る人々の服装にしても、ときおり鼻につく馬や牛の臭い、言ってしまえばもう空中の臭いからも、タイとは違うのだわかる。

それでも、なぜかホッとする。

ふるさとに戻ったような、そんな気持ちかもしれない。それは、彼らの着用するロンジーという腰布を見た瞬間に抱いた安堵感だった。ずいぶんと、ミャンマーに癒されていたのだ。

とはいえ、ここはヤンゴンでもましてバガンやインレー、マンダレーでもない独特な国境の街。ずいぶんとこぢんまりしているし、マーケットでにぎわう一帯から外れると、とたんに人は少なくなるし、カフェも食堂もなければ、タクシーもバスもなさそうだし、何をしたらいいのかわからなくなる。マーケット以外に観光スポットらしきものが見当たらない。

　それでも、少しマーケットから外れたところを、好奇心にかられて歩いていると、突然、「日本人ですか？」と日本語で声をかけられた。

「はい？」

　振り向くと、みるからに長期旅行者という出で立ちの青年が立っていた。よく言えば旅慣れたふうであり（貫禄もあり）、悪く言えば旅の間中いろいろな社会性を落としていったような雰囲気がする（身なりも、いささか汚い）。

　髪をずいぶん長い間切っていないせいか長く、それから履いているビーサンはかなりの使用感だったから、年季の入った旅人だと思った。

　旅人同士が出会うとき、たいていお互いを探り合うように、こんな質問をしたりする。

「えっと……日本人ですか？」

　まずは母国が同じかを確かめる。そうとなれば、ホッとして、

「じゃあさ、どう？　まずはどこかでお茶でも？」となったりする。

　これって、日本のどこかの街で同じことをしたら、単なるナンパじゃない？　ということも、旅先ではれっきとした出会いなのだ。

　それから、次にするのは、こんな質問。

「どれくらい、旅しているんですか？　どのあたり、旅しているんですか？」

なぜだか、日本では何をしていたとか、この街のどこに行ったかとか、そういうことよりも、旅の日数や訪問した国を知りたがる。これは、日本人の先輩後輩文化ゆえの、旅人レベルを知りたがるようなものではないかと思う。おそらく、長く旅をして、訪問国数が多いほど、旅人レベルは上がるようだ。

私も実際、何度か旅先で日本人の学生旅行者や仕事を休んで旅をしている人に出会ったけれど、無職である私が、

「え、もう旅して1ヶ月？　しかも、これから1年も旅するんですか？　すごいですね！」

なんておだてられることが多い。こんな質問をした何度目かで、ようやく、

「あ、そういえば、お名前教えてください」となるから、やっぱり旅先ってどこか常識から外れる解放感があるような気がして、私は好き。

さて、そんな質問をタチレクで出会った彼として、彼が日本人で、3年間も旅をしていて、直近はネパールのカトマンズに半年もいて、それから名前が「空と呼んでくれ」ということがわかった。

私も一通り説明すると、彼はすぐにこんな話をした。

「そうか、アジアの旅をしているんだね。で、インドにも行くのか。ネパールがいいんだけどなあ。僕は毎日小屋にこもって、半年過ごした。一日中、することなんてなにもない。た

だ、ずっとずっと感じるんだよ。目の前の壮大なヒマラヤ山脈と、その上に広がる空、もっと言えば、宇宙をね！」

つまり、彼はこないだまでネパールのヒマラヤが見える山小屋に半年ほど住み、その間、日中はヒマラヤを、夜は天体に広がる星々と、天の川を眺めては、大いなる宇宙の中にいる自分を感じていたという。

「キミさ、宇宙の話は好き？」

「好きです」

そう、平たく言うと、私は宇宙という存在に興味がある。

宇宙はビッグバンによって始まって、謎の勢いで膨張し、幾度も繰り返される恒星の爆発により宇宙にはさまざまな原子が飛び出した。その星くずによって地球や大地や人間やあらゆる生命ができたなんて、奇跡でしかないし、そこに、ロマンを感じる。

そもそも、宇宙への興味は父がきっかけ。べつに彼は宇宙学者でも理系人間でもなく、真逆の超文系人間なのだけど、ただ、興味の範囲での好奇心レベルは高く、全く関心を示さない兄に代わって、宇宙に関心のある私には、なにかにつけ大量の書籍やらテレビでやるそういった番組を録画したＤＶＤを渡してきた（今もだけど）。

そんな影響をおおいに受け、だから、惑星だとか、銀河だとか、はたまたなぜ宇宙が誕生した、なんて話は大好きだ。

「じゃあさ、わかる？　俺たちが見ている銀河って、宇宙のほんのわずかでさ、たまらないんだよ。毎日星を眺めていると、宇宙を感じるようになってやばい感覚がしてくるんだ」

「それはすごそうですね」

「天体を『見上げる』という感覚じゃないんだ。天体というか、宇宙の一部になってしまった感覚だよね」

もはや父さえも知らない次元の宇宙論となると、なかなかついていけず、お手上げ。ただし、私も宇宙という存在には、ただならぬ尊敬と、計り知れない魅力は感じているから、同じようにネパールの山小屋に籠ったら、彼の言いたい感覚を少しでも理解できるのだろうかと思い、少しうらやましく思った。

「やばいな、この話止まらなくなってきた。でも時間がないんだよ」

時間がないなりの30分、「日本人ですか？」という質問から、壮大な宇宙の話までを喋り終え、

「あ、俺、バスの時間だから帰るね」

と言い、2時半に出るというバスを求めて流れ星のように去っていった。

それから私もマーケットのほうへ戻り、人のごった返す中をゆっくり進み、ミャンマーを出るため国境に着いた。無事にパスポートを返してもらい、タイへ再入国する。ガイドさんともまた合流し、宿へと向かった。

宿に戻ったのは夕方6時前くらい。

しばらく部屋でゆっくり過ごす。7時には、ペーさんが来る。夜ご飯を一緒に食べようと言われていたのだ。疲れたので、少し遅く来てほしいなと思うけれど、彼はまたも約束の7時きっかりに迎えに来てくれた。

例のバイクに乗って、近くのレストランへ向かう。さきほどまでいた国境の街とは打って変わり、電飾がキラキラしているモダンなレストランで、ビーフンとシュリンプの炒め物が鍋に入っているのと、野菜炒めを食べた。

ペーさんは、ガイドの仕事が終わったばかりで、少しご飯を食べてきたそうだけど、私に合わせてご飯を食べようとしてくれる。

突然ペーさんに、

「明日の朝チェンラーイを出ますね？　また来てね。待ってるから。私はノゾミさんが好きだから」と言われた。だから、

「ありがとう。私たちは友達だね」と答える。

「好きだから」というストレートな言葉が頭の中で3回ほどエコーがかかったけれど、そこは軽く流すことにした。

そして、明日は朝5時半に宿を出ると言うと、その時間に迎えに来て、バス停までまたバイクで送ってくれると言う。断ることもできたけれど、彼の好意をありがたく受け取ることにした。これが、人生で彼と会う最後になるかもしれないという気持ちで、だったらこの一瞬をありがたく受け入れておこうと思った。

そういう行為が相手をときに傷つけてしまうことがあるかもしれないけれど、旅人にとっては、刹那的でせつない出会いといかに向き合い、楽しむか、大切にするかというのが、大事な気もするから。

ペーさんが宿まで送ってくれて、部屋に戻った。

部屋の窓を開けて、夜空を見上げると、ふとタチレクで出会った空さんを思い出した。彼は毎日こうして夜空を眺めていたのだ。

彼は、この距離感を失うほどの広大な宇宙に生きる、小さくも貴い人間の営みをどう思ったのだろうと。人が宇宙に誕生したことが奇跡ならば、こうした人と人の出会いは、奇跡以外になんと言えばいいのだろうかと考えた。

ラオス

タイからラオスへ国境越え――宇宙の采配は、いかに

私が持ち歩いている目覚まし時計は無印良品で買ってきたトラベル用のもので、なんだかやけに優しい音がする。「ピピピピピ」ではなくて、「ぴぴぴぴぴ」という鳥のさえずりのような感じ。だからといって、これは言い訳ではないけれど、たまに鳴っているのに気づかなかったりもする。移動が早朝の場合、小心者の私はドキドキで眠りにつく。

緊張の朝5時、優しく鳥がさえずり始める。ああ、無事に起きられた！　とホッと息をもらしてから、バックパックに荷物をつめこみ、部屋を出た。約束どおり、早朝5時半ぴったりにペーさんが迎えに来てくれた。

結局、チェンラーイに3日滞在した。これからバスでチェンコーンに向かい、そこから船でメコン川を渡り、ラオスへ入るのだ。陸路による国境越えである。

外は空気がひんやりとして肌寒い。フェザーダウンを着込んでも、少し寒いくらいだ。

バックパックを背負ってバイクに乗るのも慣れてきた。暗闇の中、遠くにあるバス停だけ

が煌々と光っている。その光る場所へとバイクは進む。寒さが少しずつ和らいでいく錯覚を覚える。光のある世界とは、人に体温まで与えてくれるのかもしれない。いや、そういう心理効果をもたらすような気がした。

こぢんまりとしたバス停には、3台ほどのバスが止まっていて、けれど周りにはほとんど人はいなかった。寒さのせいか、乗客は外ではなくて、中に入ってバスが出発するのを待っているようだった。

ぺーさんと、あまり長く別れを惜しみたくなかったので、

「また会おうね」

と握手して、私も早々とバスに乗り込んだ。早朝とは思えぬ暗い世界で、最後に見たぺーさんの真っ黒な瞳は、わずかに湿っているように見えた。

彼は私がバスに乗り込むと、すぐにバイクにまたがり、私が見ているかも確かめないまま、ただ片手を上げて、また暗闇の中へ消えていった。

彼は、自分の世界へと、戻っていく。

窓越しに彼が見えなくなると、とたんに少し寂しげな風が私の心に舞い込んできた。

寂しさと孤独が私を包み込もうとする。

けれど、こう思ったのだ。

素敵な出会いと素敵な別れは、幸福なことなのだ。

真っ黒に塗られたキャンバスの上に、私は今希望を持って、光を描いている。

だから、１人でいることを、怖がることはないのだ。


バスが出発する前にチケット代を払い、６時すぎ、ようやくバスは出発した。眠気と寒気が戦いつづける。眠い、寒い、寒い、眠い……寒い!!

閉め切っているはずの窓から風が吹き込んでくる。

夢の中にいるのに、五感がはっきりとしているときのような、現実とも非現実ともつかない空間の中にいる気がしてくる。

少しずつ空が白むにつれて、外の景色も、街からやがて広大な草原へと移り変わった。気温のせいか、地面から数メートル上には白い霧の層ができ、絨毯のように草原を覆っている。

その雲のような絨毯から、何本もの木々や村がひょっこりと顔を出し、はるか遠くに山が聳えている。

やがてこの幻想的な姿を見せる世界は、マジックのように突然消えて、活気ある日常を送る人間のための舞台となる。

チェンコーンまではおよそ2時間。

思えば、東京にいたときの2時間の移動は、とても長いと感じた。けれど、旅先での2時間はあっという間に感じる。刺激的な外的要因に好奇心が震え出し、静かに自己と対話する時間が生まれ、誰かと話す余裕があって、空をぼうっと見続けることに幸せを感じるようになった。

それこそ、宇宙に興味のある父が、

「人によって時間の長さの感覚が違う。これがアインシュタインの相対性理論なんだよ」

と教えてくれたけれど、体感して理解した気がした。

時間は平等に与えられているにも拘わらず、そうやって人によって時間の流れるスピードが違うのだとしたら、私はゆったりと、自分らしいペースで生きていきたいと願った。


それから、バスの中に乗り合わせた10人ほどを見て思った。

乗客全員、どうやら地元の人のようだけど、旅人ではないこの人たちは、こんなに朝早く何をしに行くのだろうと。どんな生活をして、どんな家族がいて、どんな生まれだったのか、そして彼らにはどんな未来が待っているのだろうかと。

バスという小さな箱の中で、多生の縁があって同乗する人たちが、それぞれのそれぞれにしかない人生を歩んでいることを不思議に感じた。

人生を小説に置き換えれば、自分が主人公の小説の中に、お互いが一瞬の登場人物になっているなんて、想像するだけでも奇跡的で、ロマンチックだと思う。

おそらく、今後の私自身の小説の中にも、たくさんの登場人物が現れてくるに違いない。いったいどんな登場人物なのだろう？　そう思うと、未来は面白く、楽しく、刺激的だし、過去を振り返っても、すべての出会った人は意味のある大切な登場人物だったのだと愛しく思える。私の両親や兄や友達、過去の恋人たちすべて。

酸いも甘いも辛いも楽しいも、面白い小説には必要なこと。

人生はその小説を楽しむしかない。


ぼんやりと景色を眺めながら、そんなことばかりが頭の中をぐるぐるとめぐる。

ふと、外の景色を撮りたくなったけど、やめた。シャッター音が静まり返った空間で響くことを知っている。みんな寝ているので、起こしたくなかった。

とはいえ、私の席の窓だけがびゅんびゅんと風が入ってくるようなので、1つ後ろの席に移動してみる。けど、あまり変わらない気がした。

8時すぎにバスはチェンコーンに着いた。降りるとすぐ、イミグレのあるボート乗り場へ向かうためのトゥクトゥクが待っている。30Bで、それはめずらしく固定の運賃らしい。

田舎町にある少しやる気を失った駅舎のような雰囲気のイミグレに着くと、それまで観光客なんてまったく見なかったのに、そこには西洋人がいっぱいで列をなしていた。どこかから湧いて出てきたような人の数に驚いた。タイ北部の観光地チェンマイを出たら、それ以外の町ではあまり観光客がいなかったから。

国境の雰囲気は、いたってのどか。国境というと、緊張感が漂うのかと思っていた分、拍子抜けしてしまった。列に並び、ようやくイミグレを通過した。

メコン川の岸辺から小さなボートに乗って、対岸のラオスの街ファイサーイに着いた。まずは入国のため、岸辺からすぐのところにあるイミグレへと並ぶ。ここにも観光客がたくさんいる。東南アジア系もいるが、たいていが中国人で、韓国人もちょっといるという感じ。それでも耳をそばだてると、聞こえてくるのはフランス語。それもおじいさんやおばあさんまで元気に話をしている。

ラオス入国を果たし、さっそくルアンパバーン行きのボートに乗ろうとチケットを買いに行く。チケット売り場は、イミグレを出てすぐ坂を上った左手にある。

ボートはスピードボートとスローボートの2種類あって、スピードボートは、9時半発で夕方にはルアンパバーンに着くという。速い分、ジェットスキーのように波の衝撃がバンバンとくるらしい。それを6時間。ライフジャケットとヘルメットを着用するんだとか。それでも、何度も陸に立ち寄って休憩するという。

一方、スローボートだとゆったりとメコン川を下る分、旅情を重んじるにはいいのかもしれないけど、とにかく時間がかかる。しかも途中パークベンという村に1泊せねばならず、今日中にルアンパバーンには着けない。

時間も限られているので、ちょっと怖じ気づきながらも、スピードボートで行くことにした。

チケット売り場のお姉さんからスピードボートの券を買い、ひとまずホッとして、出発時間まで待つ。ところが、だ。

「おねーさん（私のこと）、スピードボートね、人がいっぱいなのよ。あなたはバスかスローボートにしてちょうだい」と、チケット売り場のお姉さんが言ってきた。

「いっぱい？　だったら何でチケット売ったのよ！」としごく正論を述べてみるが、

「ごめんなさい。フルなの、フル！」って、理由も説明もハナからするつもりもない答えが返ってくる。おそらく、私の前にも後にもチケットを買った人たちがペアで、偶数席かつ少人数乗りボートゆえ1人ぼっちの私は外されてしまったのだと思う。

仕方なく、スローボートかバスかで迷うことにした。

ここで、結局あきらめてあげる私って日本人！　くーう！　しかし、決められない！　スローボートは時間がかかり過ぎるし、バスはつまらない。メコン川の国ラオスを感じるのに、なぜ悪路の多い道を走るバスに乗らなきゃいけないのよ！

「も――どっちにするの？」とお姉さん。

「じゃあ、スローボート！」と言って、チケットをもらうけれど、

「やっぱりバス！」と言って変更してもらう。

それでもまだ悩んでいると、いい加減あきれられるが、おかまいなしよ。だって、私は悪くないもの！

と、ここで、1人のアジア人男児がやってきた。なんと、日本人ではないの。中国人の女の子と一緒にいる。彼らはチェンコーンで同じ宿だったらしい。

捨てる神あれば拾う神ありってやつ？　あたかもこれまでの知人のように、スピードボート悲劇物語を聞かせ、同情を求めると、2人ともハナからスローボートだという。

「え、そうなの？」

「はい。でもまぁ、ゆっくりメコン川を下ってみるのもいいじゃないですか」という男児の言葉に、私の迷いはふっきれた。

「バスにする！」と言ってしまった直後だけど、

「やっぱりスローボート！」と言って、チケットを買い直した。

お姉さんは、はいはい、とあきれるのを通り越して、本気で安堵した様子でチケットを換えてくれた。

何度も変更された手元のチケットだけど、最終的ににぎりしめたのは、スローボートのチケット。限られた時間の中での旅だけれど、そうだ、ゆったりとした時間を生きたいと願ったじゃないか。きっとこれが宇宙の采配。流れのままよ。

メコン川のスローボートで――自衛隊くんとの出会い

午前11時にボート乗り場へ行き、席に着いた。

さー出発だ。スローボートよ、ゆっくりとメコン川を楽しませておくれ！

ところが、西洋人がなかなか座らない。はやく座ってほしいと思うのに、席が足りないとかそういう感じで騒いでいる。スローボート、適当な人数でつめこんだら沈んでしまわないのかと不安になるじゃないか。ざっと50人は乗っていると思う。

1時間遅れ、ようやく船が出た。ゆっくりと動き出す。単調なエンジン音が鳴り続ける。

メコン川は、チベットの高峰に源流がある。そこから全長4020キロメートル、実に7ヶ国にもまたがり、海へと注ぐ。その中でも、やはり「メコン川の国」といわれ、景観が美しいというのがラオスだ。

日本男児と私は隣同士で座り、中国人の女の子は通路をはさんで隣に座った。私と彼は話を始める。これまでまったく接点がなかった者同士がそれぞれの人生という名の小説に登場する瞬間はくすぐったい。

彼は関西出身の23歳。英語が話せるのは、前にフィリピン留学をしたことがあるからだという。そしてこの4月から自衛隊に入隊するので、それまでの3ヶ月をアジア放浪しているらしい。背は低いほうだけど、ガタイはよく、黒髪の短髪で精悍な顔をしている。自己をしっかり持った硬派な人柄という印象。

話すと、見た目の印象よりはずっと人懐こく、とても気さくに話をしてくれる。

「ねーさん（って呼ぶな！）、ロシアや中国から1日に何回くらい日本の領域に偵察機が来てると思いますか？」

「知らない」

「毎日来てんねん」

「えええ、毎日!?」

「自衛隊はな、毎日それを迎撃しててんねん！」

「ひえ——。自衛隊様ありがとう」

「でも僕は最終的に東京の消防庁に入りたいんですよ」

「なんで？」

「3・11の震災で、石原さんが消防隊に『日本を守ってくれてありがとうございました』って泣いて言っていたの、知ってます？」

「それはニュースで見た」

「あれ見て、決めてん」

きらきらした目をして言う彼を見て、あのとき石原知事が「日本も捨てたもんじゃない」と言っていたけれど、日本男児よ、キミも頼もしいじゃないか！


「ところで、ミャンマーのタチレクで空さんに会いました？」と聞かれる。

え、え、なぜ彼を知っている？　空さんは、ありったけの宇宙観を言い聞かせてくれた、印象深い人、忘れるわけがない。自衛隊くん（と、呼ぶことにする）が話を続ける。

「実は僕、空さんとバスで会って、一緒にタチレクに行ったんですけど、ねーさんを発見して、空さんが『彼女はぜったい日本人だと思うから声かけてくる』って、いきなり後をつけていったんですよ。僕、置いてけぼりですわ」

　なんと。偶然を装って、実は尾行されていたと知った。しかも、その空さんを尾行していたという自衛隊くん。

「ほら」と言って、私と空さんが話している写真を見せてきた。そこには、年季の入った旅人と、チュニジアで買った布を頭に巻いた、赤いひらひらのパンツ姿の私が写っていた。

「……空さんも変わってるけど、キミも尾行だなんて、ギャグみたいなことするのね」

「でもぼく……帰りのバスに乗れなかったんですわ」

「ええ⁉　空さんは、さんざん宇宙について語って、流れ星のように去っていったわよ。バスの時間だからって」

「さすがですね」

「あ、ねえ、気づいてた？」

「もちろん。ほっときましょう」

　そう、いつの間にか、中国人の女の子、席を一つ後ろにずれており、イケメンなスイス人（らしい）の旅人の肩にもたれかかって、ラブラブな感じでトーク中。ま、旅先だしね、ご自由に、楽しんで！　エンジョイ！　と言いながら、チラ見はさせてね？

　それにしても、スローボートというだけあって、船はゆったりと流れるメコン川の流れに呼吸を合わせて、ゆっくりと下っていく。

メコン川の両岸には、山々が延々と連なっている。岸辺のほうは、なぜか白い砂浜とごつごつした岩で形成されている。鳥や牛、名前のわからない動物も水を求めて川の近くにいる。ところどころ、砂浜から少し勾配のきつそうな上り坂があり、その坂を上りきった辺りに小さいながら村がある。

岸辺には小さなボートがいくつかつながれている。おそらく、山道を行き来するような道路はできておらず、ボートが地元民の交通手段なのだろうと思う。

村の気配が消えると、あとは鬱蒼とした緑深い森が丘を覆っている。

太陽が西へ深く傾いていくと、茶色いような緑色のメコン川は太陽の光を帯のように映して、とても美しくなった。それは水上に美しい金色の布が敷かれたように見え、ゆらゆら揺れるその金色の布はたおやかで、とても柔らかそうだった。

やがて太陽が山の向こう側へと落ちていくと、世界は2色になった。

空と川は黄色とオレンジ色を掛け合わせたような色になって、山々や木々、川に映し出されるそれらの影は黒に近い色になった。

川の上を子供と父親を乗せた小舟が岸辺へ、す――っと音もなくくっつく。

その姿もシルエットだけが目に映り、美しい影絵のようだった。

やがて東側には月がうっすらと顔を出す。

旅に出てからというもの、よく太陽を見て、そして月の影を感じる。日本にいるとき、天体の流れを感じるということがあまりなかった気がする。気づいたら、太陽は沈み、月が空に浮かんでいた。三日月は、いつのまにか満月になっていた。太陽が空の色を刻一刻と変えていくことさえ忘れていたし、月の光があんなにも暗闇を照らすものだと知らなかった。

旅というのは、新しい発見よりも、改めて気づくことが多いのかもしれない。

夕方5時半頃、船はパークベンという村に着いた。ここで1泊する。

船を下りると、少し足がふらついた。海のように波のない川とはいえ、水上を8時間ほどただ座りっぱなしでいるというのは、わずかでも三半規管がやられるようだ。

岸辺から丘の上に上がらないといけない。

実際の勾配は、船から想像していたよりもきつく、ふらふらとする足では、けっこうつらい。それでも、岸辺から見る、日没後のメコン川はとても雰囲気がある。

少し上がったところで、ホテルのスタッフの女の子たちが客引きをしに集まっていた。1人の女の子が、メコン川を眺められるなかなか素敵なコテージ風の宿を、写真つきのパンフレットを見せて紹介してくれたので、値段を聞き、自衛隊くんとともに、そこに泊まることにした。

「えー、僕、女子の客引きなんて初めて見ましたよ！」

と歩きながら自衛隊くんは言った。

たしかにそうかもしれない。まあ、これもよく耳にする噂だけれど、いまだラオスではドラッグ売買と売春が多く、旅人にそれらをすすめてくることが絶えないらしい。といってもこの女の子は、そうじゃないと思うけど。

ところで、例の中国人女子は、例のスイス人男性とさらに仲良くなったようで、今夜は一緒に泊まるらしい。

「あらー。そういうことってあるのねー」

「そりゃ、特にアジアの女性って狙われるって言いますやん」

「まーねー。でも彼女も彼のこと気に入っていたみたいだから、お互い合意？」

「まーそやねー。どこに泊まるんやろう」

「まーまー。それはそっとしておきましょうよ」

まるで本屋で週刊誌を立ち読みしているおじさんとおばさんみたいな会話。ところが、気づいたら彼らは我々と同じ宿で、しかも私の部屋の真上。耳がダンボになっちゃう？　お静かにね〜。なーんて。

自衛隊くんとは、明日朝一緒に船へ向かおうと約束して、それぞれの部屋に入った。

コテージ風の宿は2階建てになっており、上は、中国人とスイス人が泊まっている。1階とはいえ、すでに丘の上に建てられた宿なので、窓を開けると悠々と流れるメコン川を見下ろせる。すでに空は真っ暗なので、翌朝の窓からの眺めを楽しみにしつつ、虫が入ってきそうだったので早々に窓を閉めた。


朝、目覚めとともに窓を全開にして、早朝の清涼とした空気を部屋に迎え入れ、それからメコン川を眺める。昨夜とちっとも変わらず、悠々と堂々と流れている。

やがて向かいの部屋に泊まっていた自衛隊くんが、わざわざ起きているか確認しに来てくれた。そして、8時半に出航と聞いていたけれど、どうやら9時半に変更されたらしいと教えてくれたので、では、と、ちょっとゆっくりして9時15分くらいに船に乗ることにした。

9時すぎ、宿でつくってくれたサンドウィッチをもらって、客引きの女の子とお別れをする。別れ際、目のくりくりした、18歳だという彼女に、

「お姉さん、何歳?」と、年齢を聞かれ、

「29だよ」と言うと、おおげさに驚いてくれて、

「嘘よ、もっと若いはずよ！　信じられない！」と言ってくれる。だから、彼女のほっぺに愛情たっぷりこめたキスをして、名残惜しくお別れをした。

来たときと違って、岸辺に向かうのは下り坂なので楽。それにしても、あまり乗船客が道に見当たらない……と思い船に着くと、お、お、遅かった〜！　満席で、席がない！

昨日、西洋人がさんざん席に座らず騒いでいたのはこういうことだったのだ。というか、やはり定員超オーバー。これって、沈まないよね？　と、再び不安がよぎる。

自衛隊くんと船の甲板で体育座りをする。

船の後ろのエンジンがある辺りも座れそうだったけれど、エンジン音があまりにもうるさいので、日焼けしてしまうが、甲板を選んだ。

地元の人たちと一緒。ここに7、8時間だ。つらい。持っていたバスタオルやらフェザーダウンをお尻の下に敷き、居心地がいい状態をつくりあげる。

2日目となるとメコン川の眺めを写真におさめる者も減り、気づけば寝ている乗客が多かった。とくにすることもないので、宿でつくってもらったサンドウィッチを食べたり、自衛隊くんととめどなく、さまざまな話をして過ごした。

23歳にして、好奇心旺盛な彼は、経済や政治、いろいろなことに精通していて、聞いていてとても面白かった。しかし、

「ねーさん。さっき若いって言われてましたやん？」

「そうだよ～（素直に照れる）」

「たしかに、ねーさん。若いですよ、顔は」

「そうかしらん（素直に嬉しい）」

「ねーさん。でもね、足と手の甲は年齢隠せないって、よく言いますやん？」

「え？」

「まずいわ、これ（と私の足の甲を指し）、30代もいいとこちゃいます？」

「……（絶句）」

言葉がなかなか出てこないというのはこういう状況か。

顔は毎日鏡で見るので気をつけていたけれど、足下というのはすっかりだった。考えてみれば、東南アジアに来てから裸足でよく歩くし、そうでなければビーサンを履き、日焼けはするわ爪にごみは入るわ踵はひびわれて流血するわ……ひどすぎる。あげく、洋服から露出している部分の肌は蚊にも刺されてしまってるし……汚すぎる。汚い足って、どうよ？

するると、頭の中に天使と悪魔が現れた。

「いやいや、仕方ないさ～、旅なんだからさ～！　ワイルドでいいじゃん！」（悪魔の声）

「ダメよ！　女を捨ててはダメよ！　ボディクリーム！」（天使の声）

うぐぐ……旅なんだけど……お、お、女は捨てません！　ボディクリームよ！　今夜からボディクリームを塗りたくるわ！　悪魔よ、立ち去ってくれ。

私の頭の中を透かし見るように、メコン川の上空にいる太陽は船が進もうがずっと同じ位置に止まっている気がする。

向かいにいた地元民が完全に寝転び始めたので、ふてくされて、私も寝ることにした。快適とはいえず、やや苦痛な体勢だ。

「も〜ダメ、全然眠れない」と文句を言うと、

「え？　ねーさん、しっかり……（と言って腕時計を見て）1時間寝てたけど？」

「え？　そんなに経ったの？」

やっぱりどこでも眠れるというのは特技にしたほうがいいかもしれない。ごまかすように、

「これ、食べて」と隠し持っていたクッキーをあげると、別にいらんけど、という感じで、

「どーも」と受け取った。

自衛隊くん、なかなか面白い男児じゃない。嫌いじゃないわ。

それにしても、メコン川、悠々と流れている。

ルアンパバーンのプリンセス――わたしは贅沢ホテルへ行くわ！

「着いた――――――――！！！！！　陸地万歳！」

夕方5時半頃に、船はルアンパバーンに着いた。実に8時間船上で体育座り（寝転がっていたけど）。まるで何かの訓練のように、終わったあとの解放感と安堵感は半端じゃない。

陸に上がり、体を伸ばす。細胞が一気に動き出し、体中の滞った血液を、一気にあちらこちらに送り込むような感覚がする。

この日は、あらかじめネットで目星をつけていたちょっと高級なホテルに泊まる。2日におよぶ長距離移動の疲れを、贅沢ホテルで癒しまくりたい。ホテルを決めておらず、これから安宿を探すという自衛隊くんに、

「わたくし、贅沢なホテルへ向かいます。ごめんあそばせ～」と言って、1人トゥクトゥクに乗り込んだ。

「ぐふふ。さようなら～」と手を振り去っていく私を、自衛隊くんの近くにいた西洋人が不思議そうに眺めていたけれど。

ホテルは街の中心から少し離れていたけれど、とても静かで、建物も美しかった。部屋も広々として、ゆっくりと休めそうだ。

お腹が空き、ホテルのレストランへ行くと、結婚式らしきイベント真っ最中のような感じだった。そういえば、私も旅に出てちょうど1ヶ月目だと気づき、そのわきで、ラオスステーキとラオスビールで乾杯することにした。

初のラオスビーフは、とってても硬い。嚙み切れない。でも久しぶりに重みのあるものをしっかり食べ、お腹いっぱいになると、幸福感に満たされた。それから、普段はあまり飲まないビールを一気に飲み干すと、急に疲れが襲ってきた。

船では悠々と過ごしているようだったけど、体には十分こたえたのだ。

部屋に戻り、パソコンで翌日のホテルを予約したり、洗濯をしたりしていたら、いつの間にかうたた寝をしてしまった。パッと目が覚めると、朝6時だった。

空が少し白み始めたので、シャワーを浴び、そのまま起きようかと思ったのだけど、ふたたび寝てしまった。

海外のホテルはチェックアウトがたいてい昼の12時（たまに11時のところもある）が多い。午前中はぎりぎりまでゆっくりして、ルアンパバーンの街歩きは午後から始めることにした。

ホテルの敷地内にある、メコン川沿いのレストランで朝食ビュッフェをとり、つかの間の贅沢な時間を楽しむ。美味しいパンと種類豊富なフルーツが置いてあって嬉しい。果物は、スイカ、メロン、パパイヤ、パイナップル、オレンジというイツメン（いつものメンバーの略）。だいたいどこへ行っても置いてある。

お皿にたっぷり「イツメン」を載せ、それから珈琲をウェイターに頼み、メールをチェックすると、自衛隊くんから連絡が来ていた。

――ねーさん今どこ？　どこかで待ち合わせしませんか？

――私、ホテルを移動するので、2時にどこどこのホテル前で会おう
熱い珈琲を飲みながら、返信完了。

「なんだかんだ言って、私に会いたいのね～」

とさらに送ろうとしたけれど、軽く無視されそうだったのでやめておいた。


2時になって、私がその日泊まるホテルの前で落ち合うと、

「え、ねーさん。このホテルも十分綺麗じゃないですか！　昨日どんだけ高級だったんですか？」

「昨日は高級。今日は中級。そして明日は安宿の予定よ」と応える。

「ふーん。なんか面白いですね。まあ、どちらにしてもうらやましいですよ。で、ルアンパバーンってすごく小さな街で、もう午前中にひととおり回っちゃったんですけど」と彼は続けた。

「えー、それなら、まずは何か飲もうよ」と私。

「じゃあフルーツシェイクがええんちゃいます？」と彼。

「悪いけど、朝、さんざん果物食べてきたのよね～」とは、言わなかった。むしろ、

「飲みたい！　美味しそう！」と叫ぶ。

旅先のビタミンは、常に補充しておくべきなのだ。

で、ルアンパバーンはシェイク屋合戦なのか、やたらとシェイク屋台が多い。どこも美味しそうにフルーツ（やっぱり「イツメン」が揃っている）が盛りつけてある。

何にしようか迷っていると、自衛隊くんが先に頼み、作ってもらっているのを見て言った。

「私、やめた」

「え？　なんでやねん」

ごめ～ん。シロップの中に何匹かハエ（ハチ？）が浮いているのを、見てしまったのだ。

自衛隊くんがフルーツミックスシェイクを飲み、私はペットボトルの水を飲みながら、メインストリートをぷらぷら歩く。可愛いお店やマッサージ屋さんなんかもあるし、いくつかツアー会社なんかもある。そういえば、バスや飛行機のチケットを買いたいと、「エアチケット」と看板が出ているエージェンシーに入った。

ラオス北部のルアンパバーンの後、私はラオスを南へと縦断するつもりだ。そこで、私が必要なチケットは、３つ。

まず、ルアンパバーンの次に向かう街、バンビエン行きのバスチケットだ。バンビエンは、ルアンパバーンと首都ビエンチャンとのちょうど真ん中ほどに位置する小さな街だ。

それから、バンビエンから首都ビエンチャンへはバスで移動する予定なのだけど、その後南ラオスのパクセまでは飛行機で行こうと、エアチケットも手配したい。ちなみに、バンビエンからビエンチャン行きのバスチケットは、バンビエンで購入するつもりだ。

最後に、パクセからカンボジアのシェムリアップへ飛ぶエアチケットも欲しい。

その3つのチケットをすべて購入した。これで、ある程度旅程が決まってしまったので、これから先は、それぞれのチケットを無駄にしないようにうまく動かないといけない。

自衛隊くんは、私とは逆に、ルアンパバーンからは北上して、中国へ入るそうだ。そして、チベットへ行くという。彼は翌日にルアンパバーンを出るバスチケットを買っていた。


エージェンシーを出て、ナムカーン川のほうへ行ってみる。

そこには、竹を編んでできた幅1メートルくらいの橋がある。歩くと揺れる。上下にだ。

橋を渡って下りると、川で子供たちや西洋人が泳いでいて、気持ちよさそう。私もちょっとだけ川に入ってみることにした。もっと若ければ、何も考えず、全身ずぶぬれになって泳いだだろうけど、水着じゃないしとか、洗濯がめんどくさいしとか、眺めているだけで満足してくる。

「大人の階段上ってるんだわ……」と、つぶやくと、自衛隊くんが理由を聞くので、思ったことを伝えると、

「ふーん。俺は泳ぎたいねんけど」とバシャバシャと泳ぐ人たちをうらやましそうに眺めた。

ふと、彼がこんな暑い日に、長袖長ズボン、スニーカーの出で立ちだと気づき、暑くないのかと聞くと、

「昔な、フィリピン留学していたときに、蚊に刺されて、デング熱になって死にかけてん。しかもな、デング熱って2回かかったら死ぬって医者に言われたから、蚊に刺されるのが怖い」

「それでも旅をしているなんて！　私だったら、もう二度と蚊がいる国には行けない」

私もさんざん蚊に刺されたけど大丈夫かしら、と不安になってしまった。不安を克服して、それでも蚊大国に来ているなんて、無鉄砲だけど、頼もしい。私には、そんな勇気があるだろうか。改めて、健康で、体になんの不安も不自由もなく旅ができている現実を、何かに、おそらく自然や宇宙に、感謝したくなった。

橋を渡って戻り、夕日が沈むのを聖なるプーシーの丘に登って見ることにした。ここからはルアンパバーンの街全体が見下ろせる。

330段ほどの階段を上ると、すでに観光客が大勢いる。フランス、アメリカ、スペイン、ドイツ、中国、韓国、マレーシアなどなど、実にたくさんの国の人が、朱色の太陽が遠くの山あいに沈むのを待っている。同時に、街そのものも、太陽が沈みゆくのを、静かに待っているような静けさがあった。

緑深い木々と山々の間に、ひっそりと暮らす人間の気配が溶け込んで、この街には無駄なものがいっさいないような、透き通ったやさしい息づかいが聞こえてくるようだった。

頂上には、タート・チョムシーという金色の仏塔が建ってる。けっして豪華できらびやかな、たとえばミャンマーやタイにあったピカピカと輝くゴールドの寺院のようではなく、むしろ地味で慎ましやかに輝く金色で、それはこのルアンパバーンの街にとても似合っていると感じた。

やがて空一面に浮かぶ柔らかそうな雲は朱色のような金色のような色になり、はるか遠くに連なる山々は淡い光に包まれていって、もやもやと姿を曖昧にし、手前の緑したたっていた山は明るい茶色の姿となった。

メコン川は地上で起こる刻一刻の変化を水面に映し出していた。

地上からは、どことなく、夕餉の支度が終わり家族が家路につくような幸福が伝わってきた。緑色をした優しい佇まいの街は、燃ゆるような情熱と、生命のパワーを表明するかのような夕陽によって、いっそう幽玄な姿へと変化していきながら、夜へとなった。

丘を下りると、すでにナイトマーケットが通り一帯を占領している。ご飯を食べにレストランへ入り、オープンテラスに座った。

ラオスのご飯は餅米で美味しい。竹で編んだティップ・カオと呼ばれるカゴに入って、熱々で出てくる。インドネシア、ミャンマー、タイと続けてパサパサしたお米だったから、粘りのある質感のお米が嬉しかったのもある。それから辛いパパイヤサラダと、メコン川でとれた美味しい魚と、シーウッド（頼んでびっくり、ラオス版の韓国のりだった）、イエローカレーをそれぞれご飯と一緒に食べた。あとビアラオ。2人で13万K（1500円）くらいしたけれど、大満足。

ビールをぐびっと飲んだ後、

「明日クアンシーの滝に行きましょうよ」と自衛隊くんが誘ってくれた。

淡い水色をした美しい色の滝壺で、彼は泳ぎたいのだそう。私は、泳がずとも、その光景を眺めたい。だから、その誘いに乗ってみることにした。

「僕のバスは夕方ルアンパバーンを出るので、それまでに行きましょう」

「わかった。で、泳ぐのが好きなのね？」

「いや、おれ、金槌やねん」

「なんでやねん」

そんな話をしていると、とある西洋人が通りすがりに自衛隊くんに声をかけてきた。

「おお、キミはプリンセスを発見したんだね！」

どういうことか聞くと、

「今の人、ねーさんが初日、贅沢ホテルへ行くときにトゥクトゥクのところにいた人。なんでキミも一緒に行かなかったのかと聞かれたから、『彼女はプリンセスだから、僕は彼女と同じホテルには行けないんです』って言うたんよ」と答える。

それには笑ってしまった。相変わらず面白いことを言う。

水色のクアンシーの滝 ―― 下着族とターザン

クアンシーの滝へ行く日の朝。5時半に起きて、急いで外に出る。まさかこんな時間から滝に行くわけではなく、ルアンパバーン名物の托鉢を見るため。

フェザーダウンを着てからホテルを出た。朝は寒い。

托鉢とは、修行僧が托鉢を持って街を練り歩き、信者に餅米やバナナなど食料を乞い、鉢に入れる。そうすることで、信者に徳を積ませるという、これも修行の一環なのだそう。

逆に、貧しい人には、集まった鉢の中の食料を分け与えたりしている。

街灯のない真っ暗な道を、なんとなく教えてもらった方向へ歩いていった。はじめは人がおらず、やや不安になるけれど、メインストリートがちょうど終わりそうな場所に来ると、人がぞろぞろと集まっていた。

その場所でぼうっと立っていると、「おはよ!」と声をかけられた。

自衛隊くんだった。彼もまた托鉢を見に来たのだ。すでに、彼の宿近くの寺からは僧侶が歩き始めていたという。

待っている場所で、地元の人と同様に、観光客もお供え物を買うことができる。そのための餅米や果物を売っている人たちがたくさんいる。

私も鉢の中に何かを入れてみたかったので、餅米を買った。托鉢僧が目の前に来たら、餅米を手づかみして、何度かに分けて鉢の中へ入れる。

「よしよし、徳を積むのだ」

俄然気合いが入る。って、そこがすでに煩悩にまみれている証拠！　自衛隊くんはというと、バナナを1本だけ持っていた。

「あら、煩悩にまみれていないとでも？」

側道に、道なりにゴザが敷かれ、信者が座る座布団が一定間隔で置かれている。そこに地元の人が主に座り、ところどころ観光客も座って、私も座り、お供え物を入れるため僧侶たちが来るのを待つ。ゴザが足りない、あるいは元より敷かれていない場所でも、信者は側道にひざまずき、僧侶を静かに待っている。この托鉢は、毎日行われる。

待つこと30分くらいで、オレンジ色の袈裟をまとった僧侶の列が来た。すっかり空は朝日が昇る前の白い空へと変わっていたけれど、その出現はまるでオレンジ色の朝日そのもののようにも見えた。

目の前を裸足で通過していく僧侶の一団に、わずかながら鳥肌が立った。

延々と長い列が続く。

先頭から年配の偉い人のようで、後方になると見習い僧となって、最後尾は子供の僧侶が歩いている。誰もが無表情であるが、そこから穏やかさが窺える。

一人ひとり鉢を持っているので、餅米を少しずつつかんで入れていく。私の横にいた地元の男の子は、何も入っていないカゴを置いて、手を合わせている。この子は、僧侶から逆にお米やバナナなどを入れてもらっていた。

一度部屋に戻り、昼前の11時半になってクアンシーの滝へ向けて出発した。ルアンパバーンから南へ29キロ離れた滝へは、行き帰りとも10人乗りのバスにジョインして行くことにした。この手配をしてくれたのも、自衛隊くん。メインストリートにあるツアー会社で手配したそうだ。

ミニバスは、そのツアー会社の前から出発した。街を出ると、あっという間に緑濃い木々の茂る山の中へと、ずんずん入っていく。もう、どこにいるのだかわからない、山深いところのようで、たまに道が二手に分かれたりするけれど、標識はごくたまに、申し訳程度にしかない。

40分ほどかかり、着いたところで、入山料なのか、お金を払った。

パーキングで降ろされて、各自午後3時まで自由だ。パーキングから清涼とした森林の中へ、なだらかな小径をゆっくりと歩く。晴朗な日で気持ちがいい。木々の間からは、太陽の光が線を描いて地面へと落ちている。

少し歩くと、そこには淡いパステルカラーの水色の美しい滝壺が広がっていた。パレットの上につけた白い絵の具に一滴だけ青色を垂らして混ぜたような色をしていた。あるいは、一滴だけ緑色を垂らして混ぜたような色にも見える。おそらく光の加減で、淡い水色にも淡い緑色にも見えるのだ。

滝壺は、山の斜面に従って、段々畑のような棚田式造形となっており、上から下へ水が流れていく。

この造形は、典型的な石灰華、つまりトラバーチンという石灰質でできた段丘地形によるもので、水が白く濁っているのは、その石灰質が溶解したためだという。ちなみに、トルコのヒエラポリス・パムッカレにある石灰棚も同じようにつくられているそうだ。

とにかく立体感のある、非常に美しい世界。

滝壺で人が泳いだりすると、その辺りは白い泡ができて、水面の色はグラデーションをつくる。

大きな滝壺の上から、西洋人たちは、長い木の枝をつかんで勢いよく滝壺へどぶん！

「ターザンがいっぱいいる！」と言うと、自衛隊くんは、

「俺もやりたい！」と言って洋服を脱ぎ始めた。

そして、下着のパンツ1枚になると、「ほな！」と言って、ターザンスポットまで駆け足で行ってしまった。

彼が滝壺に飛び込むのを見て、私も泳ぎたくなった。だから思い切って、上下黒の下着

（スポーツタイプ）だったから、この際恥ずかしいもなにもないわ！　と、洋服を脱ぎすて、滝壺に足を踏み入れてみた。

その様子を見て、ターザンから戻ってきた自衛隊くんが、

「だれが、大人の階段上ってるって？」と言ったような気がしたけれど……。

ところが、ものの、5秒でギブアップ！　つ、つめたすぎる。何を思って、修行しなきゃいけないの？　という心境。

一瞬でも浸かったという事実を得て、もう十分好奇心は満たされた。ささ、陸に上がろう。ところが、同じ下着族となったパンツ1枚の自衛隊くん、一心不乱に泳ぎまくっている。金槌だというわりに、何度もターザンをして遊んでいる！　た、楽しそう！　野生児という表現がぴったり合う。

なんだか弟とか子供を見守る気持ちになってくる。頼むから、溺れないでよ……と思いながら。

泳ぎ疲れた自衛隊くんと、どうやら上のほうに、まだまだ滝があるということで、行ってみることにした。実際クアンシーの滝というのは3層になっているらしく、それこそ、滝の一番上まで行ってみようと、えんやこらと登ることにした。

周辺は自然公園のため、遊歩道が設置されているので、道に迷うことはない。ただ、登る

のがきつい……というだけ。それでも落差50メートルという大きな滝を間近で見たいという思いで、登りきった。

　滝のしぶきを浴びながら、勇ましい轟音を聞いて、山の頂上からどうしてこんなに水が発生するのかと、不思議でならなかった。

　遊歩道はそこで終わっていたけれど、さらに続く細い小径を登ると、滝の上まで行けるという。

「どうします？」

「そうね、行ってみましょう！」

　冒険心が湧いてきたし、時間もまだあるので行ってみることにした。

　道は舗装されておらず、木々の根っこがところどころ地面から隆起しているし、大きな岩や石ころも無秩序に転がっているから、気をつけなければならない。

　ときおり、土は水気を帯びて、サンダルが土にもっていかれそうになる。タイのチェンマイで買ったサンダルでは、いささか足をとられるし、泥まみれになっていく。自衛隊くんはビーサンが壊れて、しまいには裸足で歩いていた。

　頂上に到着して、真っ先に滝の源流らしきところから見下ろしてみる。が、残念ながら生い茂る木々に遮られて、下がよく見えなかった。

それよりも、その周辺一帯が茶色い泥沼のようになっているから、下手したら体が泥沼に沈んでいくのでは！　と妄想して怖くなり、さらにヒルが出そうな気がしてならなかった。いや、おそらく大量にいるのだろうと思う。

怖い、それなのに、ワクワクする。

頭の中に、幼少時代に読んだ『トム・ソーヤーの冒険』で、主人公トムや親友のハック、女友達ベッキーがともに洞窟を探検するシーンが蘇ってきたし、口では、『スタンド・バイ・ミー』のメロディを口ずさんでしまっていた。

泥沼に落ちないようバランスをとりながら、木々の根っこの上を歩く。

「いや〜ん、なんだか楽しいわ！」

旅そのものは冒険だけれど、冒険らしき冒険をしていることに、抑えきれない高揚感が込み上げてきた。

恐れと危険に立ち向かう勇気があれば、人は冒険を楽しむことができる。その勇気は、私は、ちょっとだけの勇気だっていいのではないかと思う。そうすると、大自然は、私たちに奇跡的な絶景や神秘的な景色を用意して待っていてくれるような気がするのだ。

いつしか大人になり、子供のときのような、『トム・ソーヤーの冒険』を読んでワクワクした純粋な探求心と冒険心は失われていき、冒険の先に何もなかったらとか、冒険して危ない目にあったらとかいう、まだ起こり得ない未来について想像して萎縮するようになった。あるいはそこで、冒険そのものをやめた。

大人は、あまりにも恐れや悲しみを抱いて生きている。

20歳の頃、大人になることを拒否したかった気持ちをまた思い出した。ずっと子供のように無垢で純粋でいることは、愚かなのだろうか。生きづらいのだろうか。

今あらたに、私はその疑問を持って旅している。

下に戻ったときは、ちょうど集合時間の3時で、皆素晴らしく時間厳守していたので、遅れることなく街へ戻ることができた。自衛隊くんてば、車の中でずっと寝ている。遊び疲れだろうか。まったく。思わず笑みがこぼれる。

町に着き、お腹が空いたので、一緒にメコン川沿いのカフェでご飯を食べることにした。

そう、あと1時間ほどで、彼はもっと北の街へ行く。

スローボートのチケット売り場で出会ってから、4日間をともにした。一緒に旅をしたというよりは、旅先が同じだったのだ。

別れ際というのは、やはり寂しい。出会って、別れていく。旅先で繰り返すこの瞬間は、毎回胸がきゅんとなる。だけど笑って送り出す。出会いを喜び、尊いものにしていくためには、やっぱり、別れを惜しんでも悲しまないこと。

　別れのとき、トゥクトゥクに乗った彼と「またね」と言って握手をした。

「ねーさん、今度握手するときは、手がかさかさじゃないことを願ってます！」

「あっはっはっは！」

　最後まで面白いことを言ってくれるじゃない？

「見てなさいよ！　再会のときは、つるつるスベスベよ〜」

「じゃあ、またどこかで」

「うん、地球のどこかで」

　彼は、お互いの姿が見えなくなるまでずっと敬礼のポーズをしていた。私も敬礼で応えながら、初めて会ったスローボートの中で彼が私に言った言葉を思い出した。

「ぼく、昔から『もやしっ子』って言われていたんですよ。ガリガリに痩せて、弱そうで。それを克服したくて、運動もしたり、旅もしてるんです」

と、ムキムキとした胸を張って、そう言っていた。

　少なからず、ものおじせず、堂々とした態度で旅をして、冷静にものごとを考えて楽しんでいる彼を、今「もやしっ子」だなんて言う人はいないと思う。もうすぐ自衛隊に入り、きっと大変な思いもするだろうけど、たくましく、大きな心と世界に向けた大きな視野を持った男性になっていくのだろうなあと思った。

私の人生という小説の数ページに、自衛隊くんという登場人物が現れてくれたことを、とても嬉しく思った。


私がルアンパバーンから南へ下ったバンビエンに着いた頃、彼のことを懐かしく思っているときにメールが来た。

——旅に彩りをありがとう。

そうして添付されていた写真は、私がスローボートで、半眼の白目になって口をぱかーっと開けてうたた寝していた写真だった。私はふたたび、絶句させられる。

あ、あいつ！　でもね、やっぱり、嫌いじゃないわ！

バンビエンの鍾乳洞でアドベンチャー――滝汗びっしょり、無事生還！

バンビエンで、生きるか死ぬかのアドベンチャーをした。

その日は午後になって、バンビエンの街をぷらぷらと歩いた。照りつける太陽の下、ひっそりとした佇まいのわりに、西洋人やアジア人のバックパッカーたちがわいわいとにぎやかに観光しているせいか、どこか華やかな雰囲気もする。

女の子たちはビキニ姿でメインストリートを歩いているし、男の子も水着1枚とサングラス、キャップだけをつけるという出で立ちで、日中からビールを飲んだり、チュービング（トラックのタイヤにまたがって川下りするアクティビティ）をしようと列に並んだりしている。太陽の下で、人間はとても解放的になれる気がする。

メインストリートを通ってから、いくつか小さな小径をふらふらと入って、それからミャンマーとタイで書きためたポストカードを郵便局で出し終わったところで、ホテルのスタッフの19歳だと言っていた男の子と偶然出会った。

「これからどこ行くの？」と聞くので、

「橋を渡って、川の向こうのほうを適当にぷらぷら歩く」と言って別れた。

ナムソン川にかかる橋の手前まで来ると、フランス人のおじさんおばさんたちが、団体でそれぞれ好きな場所に散らばって、絵を描いている。この目の前の景色のどこを切り取って、絵を描くのだろう。

川には梯子のような木造の橋がかかり、川岸では水牛が水を飲み、数羽の鳥が羽ばたいたり川を滑るように移動したりして、その傍らで子供たちが声高らかに笑いながら水遊びをしている。

はるか遠方には盤石に構える山が聳え、天空は真っ白い雲が太陽をときおり遮るのだけど、ふりそそぐ光の恵みは、それでも地上いっぱいに広がっている。

白いスケッチブックや、キャンバスに描かれる世界というのは、まさに人それぞれの感性だ。写真も同じだし、それは旅そのものの記憶でも同じことかもしれない。切り取られた世界と切り取られなかった世界が徐々につくりあげられていくという意味で。

その場を立ち去り、小さな橋を渡ろうとしたそのとき、先ほど郵便局の前で会った、ホテルスタッフの19歳がやってきた。

「ヘイ！　後ろに乗って！　〇〇〇まで行こう！」

彼は、原チャの後ろを指して、私に乗れと言う。どこまで行こうと言ってくれているのか、正直聞き取れなかったけれど、おそらく橋の向こう岸まで連れていってくれるのだろう。ありがたく、乗ることにする。

彼は、たびたび私が交ぜてもらっているホテルのスタッフのまかないご飯（1人のせいか、滞在中何度も誘ってもらう）でも顔を合わせていたので、面と向かって話したことはなかったけれど、親近感を持っていた。

橋を渡り終わったのだけど、原チャは止まらず、対岸の世界の山へと向かって走っていく。絵を描いている人の誰かが、そのキャンバスに２人乗りの赤い原チャをつけたして描いてくれないかしら、と想像したら、なんだかとっても幸せな気持ちになった。

それにしても、どこまで行くのよ?

ぐんぐん走り、ときに水たまりをよけ、ときに凸凹な土に当たってお尻がバウンドしたりしたけど、光景はいよいよ風光明媚なものへと変わってきた。

ラオスで見る山々というのは、断崖絶壁に近い垂直に切り立っていて、ロッククライミングができそうな岩山という感じ。間近で見るほど、迫力もあるし、絵で描くならば、水墨画にしたほうが似合うような気がする。まさに仙人がいそうな、そんな山だ。

空を遮るものは何一つなくて、太陽が雲の上から光の線を山々に向けている。その間接的な光は、地上をグリーンと淡い光の黄色い世界にする。美しくほがらかだ。

やがて原チャは止まり、ある売店のような家でエントランス代を支払う。ということは、観光地らしい。ガイドブックもマップもない今、いったい自分がどこにいるのかわからない。彼についていくしかない。

19歳の若者は、

「カモン！」と言って、ジャングルのような木々の間を入っていく。

自分の背丈よりもずっと高く、青々とした葉っぱをたくさんつけているバナナの木や、名前のよくわからない雑草が生い茂る中、それをよけ、彼の背中を追いかける。ようやく、まさに岩山の真下に来た。それはそれは、私の体よりも大きな岩がごろんごろん。

私が何かを喋ろうとすると、彼に「しーーっ!!」と言われた。

なんで？

首をかしげると同時に、彼が指さしたのは、ハチの大きな巣。ハ、ハチが……岩のくぼみに巣をつくり、群がっている。

刺されたら死んでしまう種類のハチに見えるのだけど？

彼は果敢にも、息を止めて、抜き足差し足で、その岩の前を通過していく。その一連の所作を眺めながら、ぽわ〜んと妄想がふくらんだ。

治安が悪いところで、危ない目に遭わないように、なんて親や友人たちに言われてきたけど、誘拐でも殺人でも交通事故でもなくて、「ハチの大群に刺されて邦人女性死亡」となったら、きっと、誰も泣かないだろうと。

妄想は、軽い現実逃避でもあった。彼に、手招きされて、現実へと戻ってきた。先ほどまで原チャで駆け抜けた美しい風景が、すでに恋しい。

ここは、つばを飲み込み、人生で一番の忍び足をして歩く。

なんとか、生還！　気づけば大量の汗が背中と脇に溢れ出る。

それからも、大きな岩を登り下りして、進む。いよいよ、彼が「ここだ」と言う。彼が私を連れてきたかった場所は、なんともスリリングな感じのする鍾乳洞だった。

バンビエンの岩山というのは石灰岩でできており、長年の雨などによって浸蝕されて、現在のような地形になっている。カルスト地形といえば、日本の山口県にある秋吉台もそうで、鍾乳洞も行ったことがあるけれど、そこは自然が作り出したとは思えない神秘的な光景だった。自然というのは、彫刻家をもってしても、太刀打ちできない造形美を生み出すのだと感心したのだ。

さて、同じくカルスト地形ゆえにできた、バンビエンの鍾乳洞というか、洞窟。実は昨日、ホテルのオーナーのトンに連れていってもらい、Chang Caveという別の洞窟へ行ったのだけど、そこはどちらかというともっと観光地化されており、ゆえに中はライトアップされていたし、足下もきちんと道がつくられた、安全な場所だった。

そんな感じをこのときも想像して入ったのだけど、ここは、まさにアドベンチャーだったのだ。

懐中電灯を手にして、彼は中へと入っていった。

はじめはまだ安穏とした状態だった。中はひんやりとしている。少し奥へと進んでからだ。もう後ろを振り返っても引き返せないくらいの頃から、状況はおかしくなった。観光という感じではない。アスレチックに来たという感じがしっくりくる。気づくと、体を使った全身運動になっている。

まず、洞窟の道は幅50センチほどになり、体を横にして、壁をはうように、狭い岩と岩の隙間を進む。それから高さ50センチくらいの穴をしゃがんでくぐり、急斜面をすべり降りる。

「大丈夫か？」と何度か19歳に聞かれ、

「お、お、OK！」と言うのが精一杯。

しまいには、匍匐《ほふく》前進の格好で前に進んでいる。なんだか映画『インディ・ジョーンズ』のシーンにあった、大きな岩が上からゴロゴロ転がってきそうな雰囲気だってしてくる。

ひんやりした洞窟なのに、寒さがどこかに吹っ飛んでしまった。とにかく彼に置いてかれまいと必死。これ、何かの訓練ですか？　と疑問が浮かぶうちはまだよかった。ついに、思考停止寸前になってしまった。

目の前は絶壁になっていて、そこには真下に向かって梯子がかかっている。それだって、頑丈なものなのかわからない。彼が先に下りていく。続いて、私も、一段一段下りていく。

このとき、吹き出す汗の瞬間量は人生マックスだったと思う。

真っ暗で、懐中電灯を落としたら終わりだ。ハチの巣の前を抜き足差し足通過するのなんて、レベル1だった。今は、ゲームでいうところの、ラスボスを倒しに行くシーンさながら。

梯子を何段か下りたとき、

「ダメだ！　下は水たまりだ、戻れ！」と19歳が叫ぶ。

真っ暗で見えないが、死に物狂いで、写真を撮ってみた。ＩＳＯを調整する余裕なんてなく、シャッタースピードはかなり遅く、ぶれぶれの写真だったけれど、プレビューを見て、びっくり。真下はとっても綺麗なブルーの水たまりだった。いや……水たまり？　池ではなかろうか。これは、落ちたら死んでいたに違いない。

筋肉と恐怖でぷるぷると震える腕で、必死に梯子を上りながら、今日、何度「死ぬ」と思っただろうかと考えながら、「まあ、人ってなかなか死なないわよね」と自答するのだから、たくましさのレベルが一つ上がったかもしれない。

「OK, let's go back!」

梯子を上りきって、来た道を戻る。また彼に先に行ってもらい、後を追う。道といえるような道なんてない。普段使う機会のない筋肉を駆使して出口をめざす。

ついに外の光が見えたときは、救われた想いがした。

19歳がふたたびハチの巣の前を抜き足差し足通過する。それに遅れまいと、私も息を殺しながら無事通過。生還の喜びが湧き上がってきたところ、彼が耳を疑うようなことを言った。

「今度は山の左側の鍾乳洞に行く。ついてきて！」

「もうご勘弁願いたい！」

必死で哀願しようとする前に、彼はお構いなしに新たな鍾乳洞へと大きな岩をいくつか乗り越えるように行ってしまった。

もう、行くしかないのね？　私は汗でびしょびしょのTシャツを触ってから、意を決して彼の後についていく。

辿り着いた鍾乳洞は、またしてもアドベンチャーを予感させる。

「行こう！」と言われて、中に入るが、案の定さきほどよりも全体的に空間が狭い。まさに進むときなんて、基本がしゃがむか、匍匐前進スタイルだったりする。

こちらは10分ほどで、外に出てこられた。自然が生んだアスレチック的な観光スポットなのだろう。でも体の大きい西洋人なんかは行き止まりを余儀なくされるのではと思うけれど。私でさえ、ぎりぎりの隙間をくぐったりしたのだから。

帰り、ふたたび赤い原チャに乗って、街へ戻る。

「嗚呼、生きてるって素晴らしい〜！」

その途中、清々しい風を受けながら、きっとこの瞬間をずっと忘れないだろうなと思った。それは洞窟での必死な体験の記憶ではなくて、無事に生還し、ふたたび美しい風景の中を原チャで走っているときに感じた、湿ったTシャツがすこしひんやりしていた、ということを。

南ラオスのシーパンドン——河イルカとおじいさん

バンビエンに3泊した後、ホテルのオーナー、トンに手配してもらったバスで首都ビエンチャンへ向かった。そこで2泊して、それからルアンパバーンで手配していたフライトチケットで、南ラオスのパクセまで飛行機で移動した。

目的はパクセではなくて、そこからさらに南へ下ったところにあるシーパンドンだ。4000の島という意味の名がついているところ。名前のとおり、その場所は数えきれないほどのたくさんの島々がメコン川に点在する。

そもそも、シーパンドンまで行こうとは思っていなかったのだけど、旅先で出会うラオスを訪れた旅人からは、

「ラオスはシーパンドンがとっても良かった！」

と聞くものだから、行ってみたくなったのだ。

パクセのシーパンドン行きのバスが出ているところでバスを待ったのだけど、結局バスではなくて、ソンテクという乗り合いトラックみたいな乗り物に乗った。ソンテクは、トラックの荷台の場所が席になって、いちおう屋根はついているものの、ほぼ外にいるような状態だから、走ると風も砂も吹いてくる。慣れれば楽しいけれど、長距離だとつらい。

人がたくさん乗っているので詰めてもらい、端に座る。いざ出発。

道はがたがたとしている。ラオスで舗装された道というのは、首都ビエンチャン以外ではほぼ見たことがない。ソンテクは揺れ、道路の砂が舞うため、常に砂と風を浴びた状態が続く。速度も三輪タクシーのトゥクトゥクと変わらぬほどで、それでも2時間半くらいで着くだろうと思っていた。

ところが、ソンテクは乗り合いタクシーゆえ、人を乗せたり降ろしたりするし、途中で地元民がランチを売りに来たりしては止まるため、結局4時間弱かかって到着した。

あまりの砂まみれな状態に、同乗していたNYの旅人夫婦も、

「これはまいった!」と言いながら、洋服、髪、顔についた埃を払っていた。

さて、着いたところはナーカサンという名がついている。そこからボートに乗り、島へ行く。

シーパンドンの島々で、メジャーなところは、デット島かコーン島で、デット島のフェアデア地区がバックパッカーには人気らしいけれど、西洋人のバックパッカーが日中からアルコールを飲んでうるさいと、ネットで誰かがブログに書いていた。

私は静かな場所を求め、NY夫婦と一緒にコーン島に行くことにした。ナーカサンから約20分で、ボートはコーン島に着く。

ボートから見るメコン川の眺めは美しかった。川なのに対岸が見えず、さらに大小の島々が点在しているので、海のような気がしてしまう。色も、メコン川特有の茶緑色というよりは、緑に近い。木々が水面に映っているところはいっそう緑があざやかだった。

すでに3時。かなりお腹が空いていた。それに、休憩したい。早朝から、飛行機、ソンテク、ボートと移動続きだ。宿探しよりも、ランチ！

ボート乗り場に近いメコン川沿いのレストランに吸い込まれるまま、ココナッツミルクスープとご飯を頼んだ。ココナッツ味が好きな私にとって、それはたまらなく美味しい味。ラオスの餅米とココナッツの組み合わせが、意外なほど食欲をそそった。

ご飯を食べ終わり、通りを歩き、出くわした宿から順番に見て行くことにした。綺麗そうなホテルのレセプションで、50ドルと言われたのでいったん後にする。

少し歩くと、客引きがあったので部屋を見せてもらうけど、まあまあ。とりあえず、ナンキン虫がいなけりゃあ、もういいかなと思いながら、値段を聞くと300円だ。安すぎる。だったら、もうちょっとだけ他も見ようと、その後またすぐ客引きがあった部屋をのぞくと、さっきより綺麗で部屋も明るくていい。しかも、さきほどソンテクで一緒だったNY夫婦が隣の部屋！

「やあ！　キミもここに泊まるのかい？」

「え、あ、は、はい！」

これも縁だし、500円だと言うし、ここに2泊することにした。

まずは、シャワーを浴びる。なんせ、4時間相当揺られ続けたソンテクで髪も肌も洋服も砂まみれ。すべてを一緒に洗う。が、コールドシャワー。ごぶさた。でもまあ、暑い場所なので、日が沈む前にシャワーを浴びれば気持ちいいくらい。あの、極寒のミャンマーでコールドシャワーだったことを思えば、なんてこともない。嬉しくはないけれど。

シーパンドンは非常にのんびりとした時間が流れ、特にすることもないので、日中はゆったりと本を読んだり、日記を書いたり、たまに自転車を借りてサイクリングしたりした。

一度、河イルカが見られる場所があるというので、サイクリングがてら行ってみた。

日中は灼熱の太陽が照りつける。日差しを遮るものがまったくない細い一本道をひたすら走る。一本道は遠い先まで続き、進んでも進んでもその先に何があるかわからない。

両側には広大な畑があって、牛やバッファローがのそのそと草を食べ、ところどころヤシの木々が畑の適当なところにポンポン置かれたように無秩序に生えている。

島の中へ行くほどに家はなくなり、道は当然悪くなる。自転車で走っていてもバンバンはずむので、お尻がとっても痛くなるけれど、地図を見ながら、ひたすら走る。

1時間ばかり漕いだ後、宿があるのとは反対側の岸に着いた。

その場所で、河イルカが見られるらしい。そこからボートに乗って、カンボジアの領海へ入るのだ。

適当に降りて、自転車を押しながら、そこにいる地元の人に聞いてみると、午後2時になったらボートを出せると言う。値段は、600円だそう。さっそくお願いすることにした。

出発まで1時間あるので、ランチをとる。

久しぶりにヌードルが食べたくて、ビーフンのような油っこい麺を食べたら、とたんにお腹が痛くなった。こ、これからボートだってのに！　船上で用なんて足せないから、なんとか処理していきたいところ！

幸いなことに、近くにトイレがあるので走り込む。ドアの前には牛がむしゃむしゃ草を食べていて、私が近づくと頭突きしてくるが、こちらは必死。かまってる暇はない。逆に、私が牛に突進する勢いで、牛をのけつつ中に入って、驚いた。

竹を編んでできたようなハウス的なトイレ（1人用）は、想像より臭くなくて（ほぼにおわない）、白いモダンな和式だったから。超田舎の小屋的なトイレは、だいたい穴の掘られたところに木の板が2枚置かれて、そこに足を右左それぞれ置いて、板の間で用を足すのが毎回だったのに。

すっかり腹痛は治まって、2時になってボート乗り場へ行く。ボートは女性が運転してくれるらしい。よかった！　やはり乗り物に2人で乗るときは、男性よりは女性のほうが断然安心する。

まずはカンボジアの領海に入るということで、ボートに乗ってカンボジア側の岸に行き、入国料2ドルを支払う。それからボートに戻り、少し行ったところで、河イルカを発見。まあ、簡単に見つかるので驚いた。それも、想像では、前に日本の奄美諸島・加計呂麻《かけろま》島《じま》で見たカツオのような魚に近い形のイルカかと思っていたのに、遠くで水上にぴゅこぴゅこ顔を見せているのは、水族館のお土産で売っているような丸い頭をしたグレーのイルカちゃんだった。ぬいぐるみにありそうな愛くるしい姿をしていた。

しばらく見学する。ブシューブシューと水を吐き出す音がしたかと思うと、しばらく沈黙してから、ひょっこり水上に顔を出して、またもぐっていく。同じ場所を何頭かで一緒に泳いでいるみたいだ。

数メートル近くまで来てくれたときには、興奮して立ってしまいそうになって、ボートが揺れてしまった。イルカは海にだけいるものだと思っていた浅はかな知識は綺麗に更新された。

「イルカは川にもいる」と。

おばさんが、

「もう戻ってもいいか」と言うので、手でOKサインをつくってみせる。

3時前に岸に戻り、自転車にまたがり、宿のある対岸へ戻る。来た道はかなりのサバイバルコースだったので、帰りはわりと整備された綺麗な道を行く。島は2本の道が真ん中に通っていて、綺麗なほうは、そのまま橋へつながっていき、デット島へ入れる。

デット島も道はがたがたで、自転車だと四六時中お尻がバウンドしている感じ。フェアデアというデット島一番のにぎやかなバックパッカーが集まる場所は、なるほどなるほど、イケメンとギャルの西洋人たちが昼間からアルコール三昧という噂話、本当だった。

自転車に乗っていると、

「ハロー！　カモーン！　一緒に飲もうぜ〜」

とハイテンションでお誘いを受けるが、スルーッと通過。

その横、メコン川では泳いでいる人がいっぱい。うーん、気持ちよさそう。そういえば、メコン川で一度くらい泳いでもよかったな。次回ラオスの目的は海水浴ならぬ川水浴をしてみよう。

宿には夕日が沈む前に戻り、コールドシャワーで火照った体をさっそく冷やし、それからご飯を食べに行く。シーパンドンでは、メコン川の魚をよく食べた。川魚は寄生虫がいる場合があるらしいけど（ガイドブックなんかにも書いてある）、でも食べてしまうと美味しくて、何度か食べたくなってしまったし、餅米とも合う。

夕食の後は、Wi-Fiが使えるカフェまで行って、珈琲を飲みながらパソコンを触ってから宿に戻る。


シーパンドン2泊目の夜、もう1泊しようかと思ったけれど、やはり南ラオスにある世界遺産ワット・プーを見に行こうと、シーパンドンを出ることに決め、ワット・プーへ行くバスチケットを買いに、とあるレストランに入っていった。

そこは、ある宿のレストランで、バスのチケットを申し込むことができるエージェントにもなっている。チケットがあるか聞くと、ラオス人の青年が、

「ありますよ」と笑顔をくれて、

「あちらに、日本人がいますよ」と、食事中のおじいさま、おばさま、おじさまの家族を紹介してくれた。

皆さんは、レストランのテーブルで、ちょうど食事を終えた後のようだった。

おじさんが、

「よかったら座ってください」とおっしゃるので同席させてもらう。

このご家族、とても旅慣れていて、話は延々と旅トークで尽きない。

私の左側にいるおじいさまは、なんと91歳で、現役の旅人！　今回も、3週間かけて旅をしているそうな。素敵で、憧れる。

彼は、ずっと前にラオスに来たときにパンという青年と出会った。パンは、自分で宿をつくるのが夢なんだとおじいさんに語り、おじいさんは彼のために宿を建ててあげたいと思ったのだそう。おじいさんは、建築関係の人間でもないのだけど、ゼロから建てたんだと言って、宿があるほうを指さした。パンは、家族を私に紹介してくれた青年だった。

「皆さんは、私の家族です」

と言って、パンは壁にかかったおじいさんの写真を見せてくれた。パンの両親もよく、額縁に入ったおじいさんの写真に手を合わせにここに来るらしい。ここでは、彼は神的な存在。

おじいさんと青年パンとの出会いによってつくられた宿に、今はたくさんの観光客が泊まっている。名前は「Pan's Guest House」。

人生って、出会いに尽きるものだと、目の当たりにした出来事。

おじいさんの宿に泊まりたかったな〜。

その夜、なぜだか私の部屋、外は静まり返っているのに、ガタガタと地震のような揺れが何度もあって目がさめた。ポルターガイスト⁉ おじいさんの部屋に泊まりたかったなんて言ったから、この部屋の神様が怒ってるのか⁉ ぶるぶるぶる……。

大混雑のワット・プー遺跡 —— 尼さんのミサンガで願いは叶う

ラオスの世界遺産といえば、ルアンパバーンとワット・プー。観光地として有名なルアンパバーンや首都のビエンチャンがある北部に比べ、南部の見所といえば、シーパンドンかワット・プーくらいなもの。

とはいえ、シーパンドンは行くのにも交通の便が悪いので、ワット・プーだけのために南ラオスを旅する機会は、なかなか持てなそう。というわけで、せっかく近くまで来たし、行ってみることにした。

コーン島を出る朝、宿でパッキングをしていると、昨夜パン青年の宿を建てたおじいさんが来た。

「こばやしさ〜ん」と、続いて、お母さん、お父さんまで来てくれて、部屋を見て、「ここはいいね〜」と言ってくれる。

「いえいえ、昨日ポルターガイストがありましてー」なんて言わず、

「いえ、でも、おじちゃんがつくった宿に泊まりたかったですよー」と言いながら、あの揺れはなんだったのかと考える。万物に神様っているのかも？

午前11時。ボートに乗ると、3人が見送りに顔を出してくれて、おじいさんは手をずっと振ってくれていた。こうやって、誰かが送り出してくれる旅立ちも嬉しいもの。おじいさん、いつかまた会える日を願って。

ボートはナーカサンに着き、ワット・プーのあるチャムパーサック行きの予約したバスを待つがなかなか来ない。ワット・プーは夕方4時半に閉まる。今日中に行けるのか、不安になる。

やっとバスが来たと思ったら、満席なのに乗れと言う。一緒にいたドイツ人の女性が怒り、なんでチケットがあるのに席がないのか！　と苦情を言う。あーあ。怒る気にもならない。

やがて「こっちだ」と言われて乗ったバスもいっぱいで、でも補助席があるらしく、そこ

に座らされていざ出発。

私は前列の補助席で、助手席に積まれたバックパックやらの荷物の山が崩れてこないか恐怖ではあったけど……もはや、どうでもよかった。

たまに地元の人が乗ってきて、さらに満員になってバスは進む。どれだけ、人と荷物を詰め込んでいくのだ。いちおう、あるはずだけれど、定員というのが！

2時前にバスは到着し、そこから対岸までボートに乗って、ようやくチャムパーサックに着いた。そのボートで、香さんという日本人女性と出会った。

彼女は、ボートで私の前に座っていたのだけど、ズボンが破れてパンツが丸見えだったので、布を貸してあげたら、「日本人だったんですね！」と言われたのだ。

ちなみに、日本人に見えないって？　肌が焼けたから？

少し話をすると、彼女とは同じ超満員のバスに乗ってきており、これからワット・プーへ行くようなので、袖すり合うも多生の縁ということで一緒に行くことにした。

チャムパーサックでまずは宿を探し、その後、2人で乗り合いバスに乗ってワット・プーへ向かった。

インドネシアのボロブドゥールやミャンマーのバガンのような感動はあるのだろうか。

ワクワクしてきたところで到着。

が、そこは世界遺産らしからぬお祭り騒ぎをしている。たくさんのテントが張られ、屋台やらお祭りグッズやら売っている。人もわんさかといるのだ。唖然。

どうやら1月2月は、ワット・プー祭りをやっているらしい。それも、夜中までやっているそうだ。まあ、遅く来たからありがたいけれど、いささかにぎやかすぎる。

「世界遺産で祭りをしていいのか!?」

と私が叫ぶと、香さんは聖なる池パライを指さした。

おそらく平生は静寂な池のはずだが、祭り現在、謎の競泳が行われているし、それを僧侶たちまでやいやいと、観戦している。池の逆側ではサッカーのミニゲームが始まっている。そこでも、オレンジ色の袈裟を着た僧侶が何人も観戦している。えっと……これも、修行？

参道から道なりに歩くと、リンガが立ち並んでいる。リンガとは、男性器のことで、子孫繁栄を意味しているらしい。男性器リンガが両側に規則正しく林立する参道を神聖なる気持ちで歩く。といってもここもすごい人！

この遺跡、実はかの有名なカンボジアのアンコール・ワットよりも古く、聖なる山リンガパルバータの麓に建立されたヒンドゥー教寺院なのだ。しかしラオスでヒンドゥーというのもなんだか不思議な感じがするが、仏教はそもそもヒンドゥー教の国インドのブッダガヤで生まれたのだから、元来敵対し合うというよりは、寄り添って育まれた宗教なのかもしれない。

たしか、仏教を開いた仏陀というのは、多神教であるヒンドゥーの神様の一つとして認識をしている場合もあるようだ。

奥へ奥へと歩いていくと、だんだんと南宮殿、北宮殿が見えてきた。

宮殿といっても、厳かな長方形の平屋のような建物で、長い歳月を経た石の質感は、もはや頑丈な様子を見せず、もろくはかなげに見える。北宮殿は男の宮殿と呼ばれ、南宮殿は女の宮殿と呼ばれるらしい。

リンガの参道を通ってきた後の、男女なる宮殿は、あまりに直接的な繁栄を表してはいまいかと、ドキドキしてしまった。

なのだけど、なかなか神聖な空気を感じることが難しい。

だって、なんちゃってプーさんとかミッキーとかハローキティちゃんとかのキャラクターがわんさか風船になって浮かんでいるのだから。それを子供たちが「買って買って〜」と親におねだりしていて、泣きわめいている。

そして……、世界遺産となんの関係もないけれど、その頃から、私のお腹が痛くなってきた。これは走らなければならないのか？　トイレの位置だけ知っておこう。なぜなら、腹痛というのは波がある。はじめはゆっくり、しだいに小さい波になって、最後にトイレへ猛ダッシュ！

ああ、旅先の腹痛というのは、こうやって突然やってくる。だから移動するときや長時間トイレに行けない状況のときは、常に緊張してしまう。そんなときこそ、逆にお腹が動き出してしまうこともしばしば。

ここはご迷惑をおかけしてはならぬので、香さんに、こう告げた。

「私、お腹が痛くなってまいりました。もし、トイレに行く時間がなかったら、横の茂みに走っていきますので、10メートル離れたところで、見張ってください。あ、あとカメラだけ持っていてください！」

旅は道連れというが、こんなことお願いされたらたまったもんじゃない。でも、笑って、「いいよー」って言ってくれる彼女は幸福と慈愛の女神ラクシュミーのよう。

それから急な階段の手前では、大勢の信者がものすごい勢いで、我先にと線香を供えて神様へお祈りしている。線香の細い煙は、万人の祈りとなると、元気玉のように巨大な煙へと化し、大空へ昇華していく。

それをずっと見ていると、目が痛くなってきた。

山の上へと階段を上っていく途中、振り返る景色はずいぶん遠くまで見渡せるようになった。

階段の横に、尼さんがいた。合掌してお賽銭を渡すと、代わりにミサンガをもらえるみたい。階段を上りきると、聖なる煙に燻されたおかげか、お腹の波が治まった。ご利益あり？本殿は、苔むして、ずいぶん小さい。屋根も壊れていて、トタンで修復している状態だった。中は、人がいっぱいで、それこそ入るのに精一杯。あまりゆっくり見られるという感じではなかったけれど、中に安置された神像はとっても穏やかな、少し可愛らしい感じだった。

それよりも目をひいたのは、本殿の入り口や内部の石に刻まれたヒンドゥーの神々のレリーフ。たとえば、毒蛇カーリアを退治するクリシュナ神だったり、炎のように黄金に輝く聖鳥ガルーダに乗ったヴィシュヌ神だったり、殺戮を好む女神カーリーに乗ったシヴァ神だったり。

それらのレリーフは、粘土でつくったのではないかと思うほど、造形はしなやかに美しくて、立体的。ヒンドゥーの神々の表情もいい。

本殿の北側へ進んでいくと、石に刻まれたゾウ、ヘビ、ワニの彫刻があった。ワニは、昔、人身御供の儀式に使われたらしい。ワニの彫刻のくぼみに、生け贄を収めたとか。鶏やヤギでもなくて、人間を生け贄に神へ捧げていた……。

ぞっとした折、またお腹が痛くなってきた。いよいよ走らなきゃ？

帰り道、お腹に手を当てながら、わずかに腹痛の波が治まった瞬間に、尼さんにお賽銭をいくらか渡し、お守りをもらうことにした。旅の無事を願って、ミサンガを足につける。

すると!? びっくり。

小刻みに震え出した腹痛の波は、嘘のように消え去ってしまったのでした。って、本当だった。

でも……、これで願いごとが叶ったということになってしまったのだろうか。となると、ずいぶんと小さなことに願いごとを使ってしまった気分。せっかくならビッグなお願いにしたかったのだけど。嗚呼、煩悩万歳！


夜、暗い道を乗り合いバスに乗って宿へ向かった。香さんは翌日早朝に町を出るというから、今がお別れのとき。旅って一期一会。私の腹痛劇をおおらかに見守ってくれた人。素敵な出会いにも感謝だ。

握手してお別れを惜しんだときに、驚いた。私たち、同じ時計をしていた。ぐ、偶然か……、これまた腕時計の神様が引き合わせてくれたのだろうか。

こんな不思議な引き合わせや小さな奇跡も、ささやかな祈りも、たいそうな祈りも、偶然のようなシンクロニシティも、やはり必然性をもって人生に起こり得るし、叶っていくものだと思わずにはいられない。だからこの旅路も、これからがいっそう楽しみで仕方がない！

ところで……、握手したときに目の当たりにしたのだけど、日本人って、肌が白い。時計は同じなのに、つけている肌の色がまるで違う。

「日本人ですか？」と言われた意味も納得であります。そろそろ、美白するか。

カンボジア

シェムリアップ――アンコール遺跡

ラオスのワット・プーからパクセに戻り、そこから、ルアンパバーンで買っておいたフライトチケットでカンボジアのシェムリアップに入った。ついに、待ちに待った東南アジア三大遺跡の最後、アンコール遺跡へ行くのだ！

宿まで空港からモーターバイクで定額制で2ドル。2ドルと安いのは、その後さらに追加でお金を払って観光名所を回らないかという誘いがあるから。でも、それはお断りした。

早朝の便だったので、ホテルには早く着き、観光は朝の10時半くらいから開始。シェムリアップのアンコール遺跡は広いので、バイクかトゥクトゥクをチャーターしたほうがいいけれど、いろいろなドライバーがいるから変な人をつかまえないように、とカンボジアに詳しい友人が言っていた。

どうしようかな、と思っていたら、宿のスタッフがバイクのドライバー兼ガイドだし、トゥクトゥクの手配もできるというし、いろいろ相談して、値段も相場のようなのでお願いすることにした。

とりあえず、初日はアンコール・ワットを含むアンコール遺跡を見ることにして、1日12ドルでトゥクトゥクをチャーターしてもらった。シェムリアップの街中から6キロほど北に遺跡は点在しているため、徒歩で行くのは無理。バイクかトゥクトゥク、レンタサイクルで回るしかない。

出発する前に、最近マイブームのランドリーサービスをお願いする。だいたい1000円程度の宿だと、ランドリーサービスがあって、1キロ1ドルという安さ。翌日の朝には綺麗に洗濯されて戻ってくる。

シェムリアップの街並みは、南ラオスの田舎にいたせいか、観光地化され、道もカフェもレストランもお土産物屋さんもモダンな感じがする。

綺麗に整備された道路を15分ほど走り、チケット売り場でアンコール遺跡共通のパスチケットを買う。写真まで撮られ、しっかり「マイ・チケット」が渡される。誰かに譲渡したりできない。でも、高い。1日券が20ドル。2日券はその倍、3日券はもはや論外。わたくしは、1日券で十分だと判断しました。その代わり、見たいところだけ、絞っていこう。

まずは、アンコール・ワット。カンボジアの国旗に描かれているほど、国を代表する遺跡！　12世紀アンコール王朝の時代に建てられたヒンドゥー寺院だから、どことなくラオスのワット・プーにも似ている……。正直、ワット・プー遺跡を後にした今、遺跡満腹中枢が限界を超えていた。

初め、インドネシアのプランバナン遺跡やボロブドゥール遺跡を見たときはかなり感動し、バガンの寺院遺跡群でテンションはマックスを迎えてはち切れてしまった。

あとは、遺跡や寺院を見るたびに、しゅるしゅるしゅるしゅるしゅる――パチン（消えた）。

「遺跡飽きたー」ってなってしまった。

とは言ったものの、そのテンションをぐんっと引き上げてくれるほど、アンコール・ワットは見るほどに圧倒された。

30年以上かけてつくられた寺院は、13世紀には仏教寺院となって、現代の美しく壮麗な出で立ちと、人をどこか諫めてくれそうな威光を放っている。内部のクメール建築といわれる構造も、美しいレリーフや彫刻も、全体の重厚な趣も、自然に畏怖の念を抱かせるものだと感じる。神と人がつながる聖域だというのが納得できる。

反面、40年ほど前の内戦で、プノンペンを追いやられたポル・ポト政権の残党によって城郭として使われていたというのは、どこか行き場のない悲しみも覚えた。たしかに、しっかりと周囲を囲む壁は立派に城壁として利用できそうだし、寺院中央に聳え立つ祠堂は敵を監視するのに最適だったように思われる。

カンボジアといって思い描くイメージは、緑の森にたたずむ濃いグレイをしたアンコール・ワットと、赤色の党旗を持つカンボジア共産党クメール・ルージュ。クメール・ルージュは、反政府派であり、ポル・ポト派、ポル・ポト政権ともいわれ、その時代、何百万人というカンボジア人を強制収容し、虐殺した。残虐なポル・ポトという支配者は、敵対する国の民でもなく、大量の自国民を殺した。知識人を非常に恐れ、たいていの大人や僧侶までを殺し、仏教遺跡も数多く破壊した。アンコール・ワットも大打撃を受け、仏像の首ははねられ、頭部は破壊され続けた。

１９７９年、ベトナム政府によってプノンペンが陥落し、ポル・ポト政権が追われて民が解放されたときは、国民の85％が14歳以下であったという。

混乱の時代、ポル・ポトによって大量に埋設された地雷は、現在も「立ち入り禁止区域」というサインをあちらこちらに残している。負の遺産を背負わされるのは、現在もまだ若い人たちなのだ。

そんな思いをめぐらしながら、暗黒の時代を耐え抜いた寺院の中を歩いていると、回廊で、現地の人たちが集まって何かしていた。

近づいてみると、どうやら現地版おみくじのよう。

幾重にも重なった札を持って、おじいさんが若い女性に、

「ふむ、2012年は健康に注意しなさい。恋愛はまずまず。欲望をコントロールしなさい。旅をするのが吉」とか言っているような（それって私のこと?)。

20人くらい大人と子供が集まって盛り上がり、平和な時代になったねえと、異邦人は身勝手に感慨深くなってしまう。

さて、中央本殿に、寺院で最も背の高い祠堂があって、観光客が並んで上っている。そういえば、きっと、ここだ。

「アンコール・ワットに立派な祠堂があって、今はまだ上れるけれど、そのうち上れなくなる」と友人が言っていたのは。となれば、絶対上りたい。

すぐに列に並んだのだけど、いよいよ上れるというところで、こんな露出した格好の人は

入場禁止という看板があって、そこにはキャミソールや短パンの絵が描いてある。

私、まさに、キャミソール着ております。

トゥクトゥクに上着を置いてきてしまった。あーあ、なんてこと！

係員にもNGだと言われたので、外から眺めて堪能しようと、あきらめて列を外れる。すると、どこからか警備の人がこそっとやってきて、

「あそこにいるおばちゃんがTシャツ貸してくれるよ」と言うから行ってみた。

その女性は本殿のはじっこのほうに座り、大きな白いずだ袋を持っていた。

「おばちゃん、Tシャツ借りたい」と言うと、ビニール袋からさっと紫色のTシャツを取り出して渡してくれた。

たぶん、勝手にこういうことをしているのだと思う。心付けを渡したら、手を合わせて感謝された。いえいえ、こちらこそ助かりました。オークン～（ありがとう）！

無事、急な階段を上ることに成功。それはそれは、大変急な勾配で、上っているときは気づかなかったけれど、下りるときはほぼ垂直に感じられた。それでも人がつぎつぎに上るので、とくに怖くはなかった。

上った祠堂の中には回廊があったり、やっぱり仏陀の彫刻があったり、基本的に本殿以外の場所と構造や印象は変化ないけれど、参道や西大門と空に浮かぶ気球と遠くに生える木々

が見渡せた。

参道は、たくさんの観光客で溢れ返っている。遠方はジャングルのように森が続いている。実際、この寺院群はジャングルの中から発見され、フランスが中心となって発掘や調査、修復がされた。一度内乱でまた荒廃してしまうけれど、カンボジア独立後にまたこのように修復がなされていき、観光客向けにオープンしたのが近年。寺院の歴史たるや波瀾万丈だ。

それから、誰かに私の写真を撮ってもらうけど、紫のTシャツは存在感ばっちり！　遺跡には、これから紫を着ていこう！　おばちゃん、グッドセンス〜。

急な階段を下りて、おばちゃんにTシャツを返して、それから気づけば2時間以上いたので、敷地内にあるローカルフードを食べてから出ることにした。

初のカンボジアンフードは、チキン料理。よくわからないけど、ややオイリーでスパイシー。ちなみにその後私がはまったのは、アモックという魚のスープが出汁になっているカレー風味のご飯。たまらなく、美味しい。

カンボジアの観光地には、はっきりとした外国人価格というのが用意されている。メニュー表がそもそも別になっている。だから、意外とものすごく安いとは感じない。地元価格とはだいぶ差があるようだ。

暑くて、よろよろ。よろよろ。

果糖摂取過多につき、我慢しようと思ったスイカジュースも頼んでしまった。

その後訪れたアンコール寺院群で、アンコール・ワットのほか、私のお気に入りとなったのは、アンコール・トムとベンメリア。順番をつけるならば、ベンメリア、アンコール・ワット、アンコール・トムだろうか。

「トム」はカンボジア語で大きいという意味らしい。それくらい広い寺院なのだ。私は、それを知るまで、「ＴＯＭ」って名前の神様でもいるのかと思っていた。

アンコール・トムの中心に位置するバイヨン寺院。これが、面白い。顔面ばかりが彫られた寺院なのだ。つまり、トミーの顔だらけ。本当に、笑顔なトミーの顔が、パズルのように正方形の石でつくられている。

顔面顔面と言ってしまっているけど、トミーではなくて、れっきとした仏様のお顔。カンボジアの２００リエル札にだって描かれている。

かなり大きい顔だけど、優しい表情だからなんだかホッとする。本当に口角がしっかり上がって、笑っている。見ているこちらも、口角が上がってしまうのだ。

警備の人が、

「ここに座って写真撮ったら、トミーとキスできるよ」と言うので挑戦。

後方に横顔のトミーがいて、私は手前にいるのだけど、トミーの顔と向き合うように座る。そしたら、韓国人の観光客たちにもパシャパシャ写真を撮られてしまった。

写真を見ると、穏やかな表情をしたトミーとキッスできている！　警備員がしてやったりの得意気な顔をするのを見て、笑ってしまった。

なんだか気持ちがいい寺院で、座り込み、ぼうっとしていると、ふうっと眠ってしまいたい衝動にかられた。もちろん、眠ったりはしなかったけど。とっても心の落ち着く寺院。

それから、別の日、アンコール・ワットから東へ50キロほどの場所にある寺院、ベンメリアへ行った。ホテルで手配してもらったトゥクトゥクで向かう。

アンコール・ワットやアンコール・トムへ向かう舗装された道とは違い、少し郊外のせいか、ずいぶんと田舎道を通った。のどかな田園や森の中を通過して、1時間半ほどして、到着。入場に5ドル払う。

さて、ベンメリアは、ガイドブックやネット、旅人からも、

「あそこは『天空の城ラピュタ』のモデルになったのではと言われている」

と聞く場所で、実際どんなところかとワクワクして向かうと、早々にそれも納得できた。

一瞬にして、冒険心と探検心がうずいちゃう、鳥肌ものの寺院だった。いや、ガジュマル

による侵蝕がすごく、大部分が崩壊しているから、もう「寺院だ」というような痕跡はあまり窺えない。どちらかというと、鬱蒼と茂る密林の中に、長い歳月ほっとかれた古代遺跡のような佇まいだった。

寺院は、ガジュマルによる侵蝕に抗うことなく時間を許し、もはや遺跡から木が生えているし、遺跡に木が載っかってもいる。

そのせいで石を積んで建造された寺院は、石と石の間に侵蝕する木々の根っこにより、バラバラと崩れ落ち、地面に落下し、乱雑にたまった石からは、またあらたな木が根を張って、濃緑の苔が寺院全体を覆っている。

苔は日の当たるところは色味を黄緑のように変化させ、日の当たらないところは、よりいっそう緑が濃く、黒々と見えさえするから、なんとも美しい緑の空間ができあがっている。

現在も修復はされずのままで、人工物と自然が織りなす光景は、長い歳月を経て、もはやお互いが支え合って成り立っているようにも思える。木の根は壁を侵蝕しているようで、実は壁をしっかり支えているように見えるから。

しかし、実際問題、これから木々がますます生長すれば、石がもっと崩れていくことは目に見えている。行く末は、寺院の崩壊なのだろうか。だとしたら、ベンメリアは今、刻一刻と寿命が尽きようとしている。

今、自然と寺院が溶け合って、朽ちていく美しさを堪能できるベンメリアに来られてよかった。それはまるで、人が老いていくことの美しさを思わせるようで、私は喜びすら感じることができたから。

ちなみに、ベンメリアの中は勝手に見学ができるのだけど、やたらめったら歩くと危険らしい。ここもポル・ポト政権の被害にあって、埋設された地雷も撤去しきれてはいないのだ。ガイドさんに道を聞くか、他の観光客がいる辺りをうまく行くべし。それから、行くとき、私はタイで買ったサンダルだったけれど、スニーカーのほうが歩きやすい、ということも付け加えておく。

トンレサップ湖水上生活――圧巻の暮らしぶり

シェムリアップ最後の日。

あっという間に東南アジアの旅が終わろうとしている。

私が初めて東南アジアを訪れたのはフィリピン。中学1年生のときだった。その頃から、私の東南アジアに対する印象は変わらないまま、発展途上国の貧しい暮らしぶりはまだ世界を知らぬピュアな私のハートに、強烈なパンチをくらわせた。

文化や風習、風土や言語など、世界はどことなくつながっている。といっても、国境というボーダーで区切られた大地は、人類によって富と貧を生み出し、争いと平和を繰り返し、今もなおその延長線上にいる。

旅人というのは、「どこにも属さない」、ただ「見る者」「通過する者」であり、誰からも迫害を受けないと約束された放浪者のようだと思う。

自分の足で歩き、我が心と、飄々と吹く風に任せるまま、行く先を決める。そんな非日常の感覚は、やがて日常と逆転し、いったい自分がどこにいるのかわからなくさえなってくる。それでも、日々研ぎすまされていく感性と五感によって、世界における自分の存在がいっそう確かなものへとなっていくように思う。


旅女の私が、東南アジアの旅最後に訪れたのは、東南アジア最大の湖、トンレサップ湖。ここには、世界最大規模の水上生活を送る村、フローティングヴィレッジがあるという。

朝、ホテルのスタッフに頼んで、トゥクトゥクで行ってもらうことにした。スタッフの話だと、トンレサップ湖に、フローティングヴィレッジはいくつかあるらしく、一番おすすめなのがコンポン・プルックという村らしい。

気をつけたいのが、やみくもにただ「トンレサップ湖へ行きたい」と言うと、観光地化の進むチョン・クニアという村をすすめられることがあるらしい。

そこはボート代も他の村より高いし、お土産物屋さんに寄らされたり、ぼったくられたり、小学校に立ち寄って子供たちにノートやお金をあげてくれと要求されたり、子供にもお金を要求されたり、なかなか不快な思いをすることがあるとか。

なにより、

「そこは、ベトナム人ばっかりで、カンボジアではないしね〜」と言っていた。

たぶん、スタッフがそこを好きじゃないだけで、実際行けばそれはそれで素晴らしいのだろうなとは思うけれど。

続けて、

「とくにトゥクトゥクドライバーがすすめてくる場合は、客を連れていくと、彼らにマージンが入る仕組みになっているから、気をつけろ」とこっそりと教えてくれた。

後々ネットなんかで見たら、チョン・クニアのほうは、シェムリアップ川が湖に流れ出るところに人々が暮らしている村で、家自体が船になっている。もとい、船の上に家があるらしい。湖にぽんぽんと、家ごと移動しながら暮らしているんだとか。

一方、コンポン・プルックのほうは、超高床式の家が湖の底（陸側のほう）にしっかり建てられていて、乾季のときは水上から高床式の柱が見え、雨季になると、水上に浮かぶように見えるという。

スタッフの手配してくれたトゥクトゥクは、スタッフのおすすめどおり、コンポン・プルックへ向かった。

シェムリアップの町を出ると、一気に田舎になって、田園の緑が広がり、水牛が草を食べ、アヒルが庭に放たれ、人々が高床式の家の床下にハンモックをぶら下げてくつろいでいるのが見える。のどかだ。

やがてトゥクトゥクは湖に到着。地元の人に促され、ボートに乗る。ボート乗り場では、番号札がついたボートがたくさん停まっていたけど、観光客の数に対して多すぎる印象を受けた。

トンレサップ湖の水は茶色く、水中は全く見えない。メコン川のような茶緑色ではなくて、本当に茶色をしている。こんな水上に村があり、暮らす人々がいるなんて信じがたい。

ボートは7、8人乗りで地元の人も乗って出発。自分の家に帰るのだろうか。

ボートからは、さっそく超高床式の家々がぽつぽつ見えてきた。細長い材木を何本も使って組み立てた高床式の家が、でででで――んと連なって立ち並んでいる光景は、圧巻！　乾季のせいか、床下の柱がずいぶんと水中から飛び出していて、ボートから眺めると、巨大な木造ロボットのようにも見えた。

水上には学校もあるし、お店もあるし、寺院もあるようだった。交通手段は、当然自前のボートという感じで、家の下にくくりつけられている。

驚いたことに、パドルを持ってボートを漕いでいる人たちの中に、まだ小学生くらいの子供もいる。たしかに、彼らの学校だって水上にあるのだから、自転車を漕げるようになるのと同じように、この村では早々に子供もボートを漕げるようになるのかもしれない。

雨季になったら、この長い足を持った床下は水面下に沈む。それはまた見応えがありそうだけど、個人的には、この長ーい木造ロボットの足が水上に現れて、摩訶不思議な様子で楽しませてくれる乾季のほうが面白いと思った。

いずれにしても、東南アジアの旅で、人々の暮らしぶりの中では、最も圧巻だった光景といえる。

宿に着いてから、シェムリアップのナイトマーケットへ行って、いよいよ麦わら帽子を買って（日焼けに気をつけようと意識してみる）、それからパブストリートでご飯を食べることにした。

パブストリートは、西洋人とアジア人でいっぱいだ。電飾でにぎわうレストランがまぶしくて、どこかで見たことのある街……ああ、ギロッポン！（六本木）と、似ていると気づいた。

どこに行こうかぷらぷら歩いていると、あるレストランで、日本人の男性に声をかけられ、みんなでご飯を食べてるのでジョインしないかと誘ってくれた。

「日本人ですか？」と言われて（わかってくれて）嬉しくて、同席させてもらうと、イケメン美容師さんたちの社員旅行だという。

まあ、久しぶりにイケメン集団と接して胸がときめく。皆、私より若い。あ、唯一私より歳上らしいボスだという人が、私に声をかけてきた。

「ずっと1人で旅をしているの？」

「そうですー」

「すごいなあ。危ない目に遭わないの？」

「とくに」

「すごいなあ。なんかあまり長旅バックパッカーには見えないね」

「それなら嬉しいです」

「これからどこ行くの？」

「インドです」

「まじで⁉　怖くないの？」

「まったく。ワクワクしてる」

　やっぱり、危ないとか、怖いとか、女性一人旅だと思うものなのだろうか。皆さん、何を思ったのか、

「明日帰国するから、もう使わないドル札とかリエル札使って」と言って、テーブルの上にはいくらかお金がバラまかれ、

「のぞみちゃん、旅がんばって！　僕たちからチップ！　義援金！　お守り！」という。

　なんというか、東南アジア最後のときに、まさか母国日本のイケメンたちから義援金をもらうとは。祖国万歳⁉

第4章　愛しのインド

インド

デリーのホテル――お久しぶり、インド人

来た！　ついに、デリーにやってきた！　学生のとき以来2度目のインド。大嫌いなデリーの街にふたたび到着。そう、インドは好きだけど、デリーは今のところ世界で3本の指に入る嫌いな都市。人が悪いというのが最大の理由。騙そうとする者に騙され、ぼったくられる旅人（とくに日本人）が後を絶たない。

デリーは空港からが戦い。

空港はニューデリーのほうで、少しは治安はましだというけれど、それでもぼったくり、ずっとついてくる人、目つきの怖いタチの悪そうな人たちがたむろしているのだから。タクシーの客引きと交渉するくらいなら、もう定額制で乗っていってしまうことにした。

そのタクシーってのがオンボロもいいとこだけど、いやあ、クラクションのうるさいこと！　そんなにブーブー鳴らしたって、進まないものは進まないし、だいたい、ごっちゃごちゃに車が並んでいたら前に進みにくいでしょうが。

と、インドについて早速愚痴をこぼしたくなるけれど、同時に心の中がワクワクとしてくるから不思議。

宿はHotel Today International。ニューデリーステーション近くの中級ホテル。だいたい移動の初日は、宿を事前に決めたり、なるべく安宿は避けるようにしている。というか、そういうようにしようと決めた。そうでもしないと、疲れの蓄積度合いがはんぱない。

一緒にタクシーに乗った周くんは、少し離れたパハールガンジー地区、いわゆる安宿街のほうへとバックパックを背負って歩いていった。

「じゃあ、ノゾミさん、また後で！」

彼は、タイからデリーへ向かう飛行機の中で、

「あの、日本人ですよね？　僕、インド初めてで、着いたら一緒に街まで行ってもいいですか？」と声をかけてきた青年だ。沖縄出身の学生だという。若者相手に、

「もちろんですよ〜」って嬉しい気持ちになるのって、もう、おばさん？　あ、いけない、年をとったってこと？

そう、東南アジアでも何度か年下の男の子に会ったのだけど、そりゃあ、可愛いのだ（女子も可愛いです）。

彼らも、「ねえさん！」なんて感じで慕ってくれるものだから、ルンルンしてしまう。で

も、だからといって、世話を焼いてあげられるような器の大きい女ではない。私の向かうホテルまではタクシーに便乗してもらって結構だけど、あとは放置。

自分でがんばって宿を見つけてくれ！　青年よ、強くたくましくなってくれ！　インドにもまれて泣かされて、たんと嫌いになって、またインドに戻ってきちゃう根性を見せておくれ！（って、私は一体どこの誰？）

ホテルに着いて、チェックインをする。オーナーは、まんまるの目、まんまるの濃ゆ〜い顔をした、ザ・インド人という顔だった。

「ナマステ〜。パスポートぷり〜ず」

「あ、はい、どうぞ」と、パスポートを渡すと、オーナーは、大きな目玉をぐりっと見開いて、言った。

「ワオ〜。ユー・ルック・ヤング！」

「ありがとう〜」

「ジャパニーズ……びゅ〜〜〜てぃふぉー！」

それから彼は私のパスポートをまじまじと見て、眉間にしわを寄せた。

「むむ！　これ、キミかい？」と、パスポートの写真を指さす。

「イエス。me!」

「ふ〜む（眉間のしわは一層深くなる）。こっちのほうが（写真を指さして）、MOREびゅ――――てぃふぉーだな」

なんですって!?　思わずパスポートをぐいっと引き寄せて見る。むむ。ただの5年前の写真、何か違うとでも？

ははーん。写真は、前髪がないワンレンヘアーのときで、今は前髪をぱつーんと揃えたこけしヘア。インド人の女性は前髪をつくらない。それが美しいという感性みたい。

ちっちっちっちっ！　理由を明らかにしようと、

「ビコ――――ズ、フロントヘア！」と言ったけど、首をかしげられる。

後で気づいたけど、インド人の首をかしげる仕草は「イエス」という意味。だからやっぱり、モアびゅ〜てぃふぉーの原因は前髪ってこと、だよね？

チェックインをした後、レセプションからわずか3メートル反対側にあるツアーデスクに、「ここで休憩しなさい」と座らせてくれる。

いやあ……普通にその気持ちよさそうなソファーに座りたいなあと思いながらツアーデスクに座ると、いきなり電話が鳴った。電話も、いわゆるダイヤル式の昭和な時代のやつ。

ジリリリリリリリリリリ！

え？　え？　と思っていると、

「ＹＯＵ！　電話出て！」って、オーナーがレセプションから合図をする。なんのこっちゃ？　と思いながら受話器を取り、耳に当てる。一体どこの誰がかけてきたのだろう。

「ハロー、ノーゾーミィ！」

「ヘッ!?　誰？」

「今からここでディナーを食べるけど、キミも一緒に食べるかい？」

……。お茶目にも、ほどがある。電話の主は、オーナーだった。ツアーデスクからレセプションまでわずか3メートル程度。直接話そうよ？

「えっと、お腹空いてないので、大丈夫です。Thank you very much!　ガチャン」

受話器を置く。ふたたび、速攻で電話が鳴る。

ジリリリリリリリリリ！

本気ですか？　こうなったら、でるよ、でるでる！

「ハロー！　今度は何よ!?」

「ノゾミィ～何か困ったことはないかい？」

「……ナッシング！　センキュー！　ガチャン」

席を立とう。

部屋に行こうとしてレセプションを振り返ると、オーナーがとびきりの可愛い（おじさんだけど）まんまる笑顔を見せてくれて、手を振ってくれた。そしてすれ違った若いスタッフが、お盆にビリヤニというチャーハンを載せてレセプションに運んでいく。

もし、「一緒にディナーします」と言っていたら、今夜はビリヤニだったわけ？

うおーーーい。インドーー！　初日から楽しませてくれて、ありがとう！

マトゥラー ―― 映画のセットのような？

朝7時の列車でアグラへ行く。デリーに続き、アグラも前回行ったことがあるし、観光地ゆえの治安の悪さ、インド人のたちの悪さを思うと、もう二度と行くものか！　という街。なのだけど、今回どうしても、アグラから近いファティープル・シクリというムガル帝国の皇帝アクバルが建設した都市遺跡を見たかった。寺院や遺跡に飽きてはいるけれど、これだけは絶対に見たいと思える、変わった建築をしている。

本当は、デリーに着いてからすぐにアグラに行き、1泊しかしないつもりだったのだけど、列車の席が満席続き。結局アグラに3泊もしなければならない日程となった。しかもニューデリー駅発のチケットは取れず、少し離れた駅からアグラへ向かう。

まだ真っ暗な道を周くんと一緒にオートリキシャに乗って駅に向かった。

彼はデリーからアグラ、そこから東のバラナシへと移動していく予定だそうで、アグラまでのチケットは同じ時間だったので、一緒に向かうことにした。

駅に着き、サンドウィッチを買い、チャイを買って列車に乗り込んだ。

列車から見える空がしだいに明るくなり、アグラには午前10時すぎに着いた。

駅に着くなり、チケットカウンターへ行き、アグラから少しデリーに戻る方角にあるマトゥラーへのチケットを買った。アグラでなにも3日間過ごすことはないだろうと、旅人の間で評判のよいマトゥラーへ行ってみることにした。

マトゥラー行きはアグラ駅午前11時半発なので、それまでに一度宿へ荷物を置きに行くことにした。

宿は、目星をつけていたマヤホテル。ガイドブックに載っていた部屋の写真がやけに可愛いかったし、Wi-Fiが使えるそうなのでなにかと便利だと思った。

周くんも、同じ宿のもう少し安い部屋に泊まると言って、チェックインをした。

荷物を置き、11時、ふたたび駅へ向かった。それにしても寒い。インドとはいえ、3月は初春。朝晩は相当冷え込むし、日中も肌寒い日が多い。

無事に電車に乗り、昼の12時半くらいにマトゥラーに着いた。先に帰りのチケットを買っておく。夕方6時20分発アグラ行き。私たちが行きたかったのは、マトゥラー駅からさらに15キロほど離れた、クリシュナという女神ばかりを祀っているブリンダーバンというところで、オートリキシャに乗って向かうことにした。

道すがら、牛が道のど真ん中をのっそのっそと歩いているのを見て、ようやくインドへ来た気がした。デリーでは牛が郊外へ追いやられてしまったようで、ほとんど牛がいなかったのだ。牛がいないインドなんて、インドではない。

20分ほどでブリンダーバンに着いた。

この街は、ずいぶんレトロな感じがする。映画のセットのように、時代を感じさせるものをあえて人工的につくったかのようで、秩序があり美しい。淡いピンクやブルー、グリーンやパープルの色合いの家々もそこにいる人々の生活も、道を我がもの顔で行きかう野良牛も、サドゥ（苦行者）も、それぞれがそれぞれの役割を演じているかのように、ぴったりとまとまりを持って存在している。

ふと見上げると、サリーを着た女性が家の屋上から手を振ってきた。

人懐こい笑顔は、いつだってこちらを笑顔にしてくれる。彼女は、洗濯物を干していたところ。街の色よりはもっと原色に近い赤、黄、ピンク、緑、青といったさまざまな色の布が

1列に空にたなびいていた。

マップもないので適当に歩き、やがて大寺院に着いた。たくさんの巡礼者がつぎつぎとオートリキシャから降りては、寺院を訪れている。

さまざまに明るい色のサリーをまとった女性たちは、存在として美しい。まるで絵画を見たときの印象で、人物や象徴されているものよりも、色の構成がパッと目に飛び込んでくるような感じの光景。

寺院は、よく見るとクリシュナの彫刻や絵ばかりでできている。寺院の壁は淡いブルーで、でもところどころ塗りかけの状態で作業が止まっている。なんだかその、不完全であることの美しさというものがこの街にはあるのだという気がした。

寺院に牛がいる。本当に、特に意味をなさないエキストラのようだ。

ふたたび街歩きを開始する。

周くんと、「いい所に来たね～」と会話しながら写真を撮る。子供たちも人懐こくて、ただ単純に道を教えてくれたりとやたらに親切。

インドでは親切な人のなかには後々お金を要求する人も多く、注意が必要なのだけど、この街のインド人は、適度な距離をとってくれる。パーソナルスペースを簡単に侵されることもなく、居心地がいい。

チャイ屋さんがあって、「2つ」お願いする。映画の小道具のような鍋で茶葉とミルクを匠の技でささっと淹《い》れてくれる。甘くて、美味しい。

夕方4時半くらいになって、マトゥラーへ戻るため、オートリキシャに乗り込んだ。帰りの電車は、指定席なのになぜかいっぱい。3人掛けの席に4人（マックス時、5人）で座り、ぎゅうぎゅうに乗って帰る。約1時間の我慢と忍耐。修行だ、修行！

アグラに着き、夜ご飯を宿のレストランで周くんと食べることにした。タリーを頼み、それを待っている間にふと沖縄の話になった。

彼は沖縄出身の23歳。4月から東京で先生になるために必要な科目を受けに上京するらしい。沖縄を愛しているという彼は、沖縄について熱く語り始めた。

普天間基地にしても、太平洋戦争にしても、いつも捨て石とされるのは沖縄なのだと。自分の祖母の友人が、祖母の目の前で亡くなったとか、友人の家族が日本兵に命令されて全員自決したとか、そういう話を直接聞かされて育っているので、内地の人たちが同じ日本で起こった史実にも拘わらず無関心なのは、とても悲しいと言っていた。

「沖縄に生まれた以上、僕にはやらないといけないことがある」と言う。

私は彼の真剣な話に耳を傾けながら、相変わらず「生まれ」とは一体何だろうかと考えた。

初めてインドを訪れた8年ほど前も、同じことを思った。

「生まれとは、生きる意味とは何だろうか？」

牛に生まれてもよかった、ヤギに生まれてもよかった、サドゥとして生まれてもよかった、不可触民ハリジャンの子供に生まれてもよかった、あるいは、世界一お金持ちの人に生まれてもよかったのだ。

生まれというのは、一体、何による計らいなのだろうか。その自問は、インドにいるとつねに私の心の中に湧き起こる。

飛行機の中で、私に「一緒に街まで行ってもいいか」と言った臆病そうな彼とは違う、1人の志高い青年の顔つきを見て、ラオスのルアンパバーンで出会った自衛隊くんを思った。バタフライエフェクトのように、青年たちのささやかで強固な意志は、やがて世界へなにかしらのエネルギーを及ぼしていくのかもしれないなと思った。

彼は目の前のスパイシーなタリーを口にして、

「僕、辛いものを食べると寒気がするんです」とあどけない顔をしかめた。

「えー、それってインド旅するの大変」と思わず笑ってしまった。

部屋に戻って、シャワーを浴びるが、ホットにならず寒い！　寒い！　インドでは「ホットシャワーアベーラブル」といって「冷たくない程度の水」しか出てこないことはよくある。

部屋を見渡すとヒーターがあることがわかり、すがる思いでつけようとするけど、ヒーターのプラグがコンセントの型と合わない。

「ねえ、どういうこと？　合わない型のヒーターを、なぜ部屋に置くのよ??」

と、喜びは悲しみへ、嬉しさは怒りへと変わる。さっそくレセプションに言いに行くと、スタッフがすぐに道具を持ってやってきてくれたのだけど、うまくいかない。その道具というのが、ペンチだったりドライバーだったりする。

「むむ、おかしいぞ、何でだ？」という表情で考えているけれど、プラグとコンセントの型が違うのだから、入るわけがないのだ。

「いらぬ道具を持ってくるよりも、とっとと変換プラグ持ってきてよ！　ってのが、なぜわからない？」と言ってやりたくなったところで、ようやく、

「わかった、変換プラグを持ってくる！」と言うので、

「そーだそーだ、初めから変換プラグを持ってくればいいのよ！」と思って腕組みをして待っていると、それさえも合わないものを持ってきた。型は近づいたけど、サイズが大きい！　もう！　ずっこけそうになりながら、

「だ〜か〜ら——、なぜそれを持ってくる？」と聞くと、彼らはふたたび、

「何でだ、何でだ」といって必死に数本のケーブルをいじくりだし、しまいに、

「ボン！！！！」という音が部屋に響いた。

ば、ば、爆発ですか？　イ、インドってすごい……（呆然）。

ところが皆、何事もなかったかのように、

「OK, OK. No problem. Don't worry! Tomorrow」と首を左右にカタカタ揺らしながら、笑顔を見せる。

首をかしげるのと同様に、「もののけ姫」のこだまのように、首を左右に揺らすのは、インド人にとって物事を肯定するときのジェスチャー。

いやいや、問題ないとか心配するなとかいうのはこちらの台詞だし、寒いからヒーター使いたいってのに！

ああ、インドってすごい。ああ、本当に、ついにインドに来たのだ。という実感が牛を見たとき以上に湧いてきて、怒りは笑いに変わってしまった。

爆発を起こしたヒーターが物悲しく部屋の隅っこに置かれているのを一瞥してから、仕方なしに、寒い中、毛布をかぶって寝ることにした。

デリーでの再会、アグラの夜――インドにて、時間旅行

デリーに着いた翌日、私は10年ぶりとなる旧友オータさんとの再会を約束していた。旧友といっても、彼は、私が高校生のときに付き合っていた彼氏と同じラグビー部のメンバーで、背が高く、とても落ち着いた雰囲気なので、高校生のときからずっと「さん」付けで呼ばれている。

当時の彼と同じ大学へ進学したオータさんとは、結局私と彼氏が別れるまでは何度か会う機会があったけれど、別れてしまってからは会うことはなくなってしまった。

今回、彼が連絡をくれたのは、まさにタイからインドへ向かう数日前。インターネットのフェイスブックを通してメッセージがあった。

「たまたま、のんちゃんのブログを発見したんだ。今、旅に出てるんだね。僕は現在デリーに駐在中だから、もし来ることがあれば連絡して」

なんとも奇跡的なタイミングによって（フェイスブックってすごーい！）今回会うことができた。

夕方6時、泊まっていたHotel Today Internationalのロビーに来てくれた。長身の彼は相

変わらず長身で（って当たり前だけれど）、すぐに彼だとわかった。そこから彼の車（ドライバーつき！）で、デリーでもオシャレなレストランの集まるカーンマーケットまで移動して、イタリアンレストランへ入った。

久しぶりだというのに、ごくごく他愛ないことばかりが口からこぼれる。

「こんなレストラン、インドじゃないみたい。あ、ねえ、デリーって牛が少なくなった？」

「そうそう、郊外へ追いやられてしまったんだよね」

「やっぱり！　まあ、牛がいると道も混むしねえ。でもさあ、牛がいないなんて、驚いたわよ。本当にまだインドに来た気がしてこないわ」

初めてインドへ来た8年前、デリーのあらゆる道は、牛どころか、ヤギや犬、猫なんかもたくさんうろうろしていた。牛の傍らに座り込む物乞いの人、ロバと同じように荷車をひいていく痩せこけた人を見て、皆、ただの同じ「動物」というくくりでしか見えない世界があるのだと感じたのを覚えている。

美味しそうなピザが運ばれてきてから、彼が遠距離結婚をしていて、また奥さんも海外赴任中なのだということ、今はインド国内に鉄道を増やす計画に携わっていること、首都のデリーでさえ、いまだに停電が多く、水質も悪く、生活には苦労していることなどを聞いた。

そしてふと、

「明日からどこへ行くの？」と聞かれ、

「アグラよ。ファティープル・シクリっていう世界遺産になっている都市遺跡を見に行こうと思うの。1泊でよかったんだけど、列車のチケットがいっぱいで、結局3泊しないといけないの」と応えてから、

「ねえ、明後日アグラに来たらどう？ 週末じゃない。デリーから3時間くらいだし。ファティープル・シクリ、一緒に行かない？」と、彼を誘った。

「それもいいね。週末、とくに予定もないしね」とオータさんは私の誘いに乗ってくれ、明後日、アグラでふたたび再会する約束をした。

「じゃあ、私が泊まる宿がわかったら、明日の夜までにはメールしておくね」と言って。

アグラ2日目の土曜日、午後3時頃にオータさんがデリーからやってくる。

朝は遅めに起きたけれど、周くんはまだ寝ているのだろうか。

「せっかく居心地のいい宿だから、朝はゆっくりします！」と言っていたのを思い出し、起こさないことにして、新館のWi-Fiがつながるところで、いろいろネットで調べものをして過ごし、お昼になって、外を歩くことにした。

3時まで時間があるので、タージ・マハル周辺のレストランで、ランチをするつもり。行く前に、もし「オータ」という友人が来たら、これを渡してと宿のスタッフに紙を渡した。

『午後3時までに戻るから、早く着いたらちょっと待っててほしい』

スタッフは、その代わりにと、周くんからの手紙を渡してきた。

『のぞみさん、午後5時か6時に宿に戻って、それからバラナシへ行きます』

なんと、新館にいる間に、彼は起きてタージ・マハルへ向かったようだった。5時か6時は、私とオータさんがどこかへ外出するだろうから、きっと入れ違いでもう会えない。旅先での出会いや別れはこう突然にやってくる。いつだって「さようなら」と言って、握手やハグをして別れができるわけじゃない。伝言メモに目をやりながら、切なさに見舞われる。


外でランチを済ませ、3時に宿に戻ると、レセプションのスタッフが1階のレストランにオータさんがいると言う。中に入ると、シャツとジーンズ姿の彼が遅めのランチをしていて、「ここ美味しいよ」と言ってきた。

ファティープル・シクリには翌日彼の借り上げた車で行こうと誘ってくれ、この日は歩いてタージ・マハルへ行くことにした。

宿から歩いて15分ほどで、タージ・マハルの入り口まで着いた。ものすごい観光客がいる。

それもインド人が多い。インド人は観光が好きみたいで、南インドから、中部のムンバイから、東のコルカタからとか週末になると観光でどっと人が増えるらしい。

面白いのが、そんなインド人同士の会話が英語だということ。民族が多様なゆえ、インド内における言語というのは100も200もあるという。だから、共通の言語は外国人と話すように英語になるらしい。

それにしても、いただけないのは入場料。インド人はたったの20ルピーほどなのに、外国人は750ルピーもする。ただし、外国人のチケットは、東京ディズニーランドでいうファストパスのようなもので、長蛇の列でなかなか中に入れないインド人たちを尻目に、あっという間に中に入ることはできる。それにしても、高すぎる。不平不満はありながらも、チケットを買うことにする。

そのとき、「のぞみさん!」と声がして、振り向くと、なんと、周くんがいた。

彼はちょうどタージ・マハルの観光を終えて、これから宿に戻り、それから鉄道でバラナシへ行くと言う。

「奇跡! もう会えないと思っていたのに!」

と嬉しそうに言うと、彼も別れを惜しんでくれて、最後に一緒に写真を撮りましょうと言ってくれた。それにしてもこの雑踏の中で、私を見つけてくれた彼に感謝。『ウォーリーをさがせ！』の世界ぐらい人がいるのに。最後に別れを言うことができて、とっても嬉しかった。

中に入り、前回来たときが雨でどんよりしていたことを思い出した。一緒に旅をしていた親友の加奈が、雨で滑りやすくなった床にまんまと滑って転んでしまった。

そんな前回と打って変わり、晴天のもと、ものすごいインド人がいるタージ・マハルは、色とりどりのサリーが見受けられ、華やかきわまりない。白亜の大理石でつくられたタージ・マハルと青い空のコントラストがいい。

正門からタージ・マハルへ向かう直線上にあるタージ・ガーデンには、青々とした芝生があり、池のようにつくられた水面にタージ・マハルが映し出されて非常に美しい。水面上と現実のタージ・マハルがシンメトリーな世界をつくっている。

タージ・マハルに対しては、前回とは違う感動がおそった。美しいものを見て美しいと感じるよりも、シャー・ジャハーン王が亡くなった愛する王妃のために建てたという「愛」の部分のほうが感動する部分を占めた。

さまざまな建物があるけれど、思い入れというものは、建築の一部に表れ、その心の部分は人に伝わり、何かしらの感動を与えるように思う。美しいタージ・マハルが、単に王様の物欲でつくられたものだとしたら、感動を与えるものになっていたかどうかはわからない。

座ってタージ・マハルを見ながらオータさんと仕事の話や彼の奥さんの話などをした。

「奥さんに会いたくないの？」

「そりゃ会いたいけど、彼女もやりがいを感じて海外で働いているからね」

彼は、インドのインフラを整えるためにメトロをつくったり、貨物列車用の鉄道を引いたりとやりがいのある仕事をしている。また、奥さんも同じような仕事を別の発展途上国でしているらしい。

「お互いやりがいを持って働いているのね。仕事と、２人で一緒に暮らすことの両立は難しいのかな」

「がんばって働いている彼女にすべてをやめて、こっちに来てよって言うのも、なんだか」

「でも、女性ってどこかのタイミングで『もう、いいよ』って言ってくれるのを待っているのかも。自立心や独立心が強い女性って、どこで仕事と妥協したらいいのか、自分じゃ決められない気がする」

タージ・マハルの向こう側に夕日が浮かぶ。

「俺の仕事だって、葛藤はあるよ。だって、３・11の震災があってさ、日本こそ支援が必要なときなのに、日本のお金で他の国を支援するってどうなのかなってさ」

思い思い、自己と向き合いながら人のために働く彼は、きっとこの先も葛藤しながら一歩一歩、誰かのために、そして愛する人のために悩みながらも生きていくのだろう。

「生きる」って、誰かのために生きることであって、誰かが必要としてくれることで、誰かを必要とすることなんじゃないかと、真っ白なタージ・マハルがオレンジ色に染まっていく様子を眺めながら思った。

宿に戻り、6時くらいに2階のレストランで夕飯を食べた。2人でビールをひと瓶空ける。食事はタリーセットで、昨日周くんと食べたセットとは違うバージョンのものをオーダーした。ところで周くんは、無事にバラナシに着いただろうか。

オータさんとは、当分会えなくなるであろう夜、あの頃は……というおよそ10年くらい前の話をとめどなく話した。ラグビー部の皆が今どうしているかという話なんかを聞いて盛り上がり、心からあの日々を懐かしく思った。

「皆変わったよ。マッキーなんて、今はテレビ局に入社してさ。あの頃皆からいじられキャラで、劣等感のかたまりだったあいつも、今はすげー仕事ができるみたいで。そうなると、性格も変わっちゃってさ」とか、

「あの理系の洋司さ、ださかったくせに、今女にモテまくりで、遊びまくってるよ。信じられないでしょ。髪型なんかもすっかり変わって。でも皆かっこよくなったかなー。あの頃、彼女いるやつなんて、すげ～って皆思っていて、俺たち彼女がいない組はうらやましくてさ」とか。

さりげなく、私は別れた彼の名前を出す。そうでもしなければ、気を遣ってか、話に彼の名前が出てこない。彼が海外で働いていることは噂で聞いていたので、そのことを言うと、自然と「あいつさ」と話してくれた。

ふと、どうして、彼と別れたのか、と聞かれた。

その人は、私が初めて付き合った人だった。高校生のときから約4年間付き合い、2人ができる範囲であちこち旅に出たのを思い出す。あの頃、怖いものなんてなかったし、愛が終わるなんて、他人事だと思い込んでいた。そもそも愛だなんてものが、どういうものだか知りもせずに、ただ好きな気持ちに正直だったと思う。

それがある日、彼が留学したのをきっかけに、私は他に好きな人ができた。あの頃、人を振り回し、傷つけてまで、自分が欲しいものや幸せを手に入れるためには、何でもできた気がする。結果自分が傷つき、とても深く嘆いた。それが、青春だった。

「忘れた。もう10年も前だもの」

甘酸っぱく、苦みのまじった感情が胸をおそう。いつまでたっても、この想い出が甘いだけの感情になることはない気がする。

「インド人は子供が大人で、大人が子供みたいなんだよ」と、インドで昔出会った青年が言っていた。それが人のありのままの成長かもしれない。大人ぶろうと背伸びしていた10代。けれど、結局子供だった。

こんな異国の地で、オータさんと再会することになるなんて、想像もできなかった過去からの未来は、今ここにある。私たちは、大人になった。それぞれが、それぞれの旅路を歩いている。

その夜、宝物のような過去の貴い記憶を思い出させてくれる、本当に素敵な再会ができたことを、とても幸せに感じた。

朝9時半、オータさんが部屋をノックしてくれた。私の部屋はそこからすぐに2階のテラスにつながり、レストランとなっている。そこで一緒に朝食をとることになっていた。朝食はトースト。10時すぎに出発。

オータさんが借り上げた車でファティープル・シクリへ行く。アグラから西へ約40キロの場所にあって、1時間ほどで着くらしい。

ファティープル・シクリは、タージ・マハルにはない厳かさと建築としての斬新さみたいな部分が印象的で、来てよかったとすぐに実感した。壁をつくらず、柱と梁だけで組み合わせていったジャングルジムのような赤色の五層の塔はこれまでに見たことがなかった。これは、風の塔と言われているらしい。

14年間だけの都だったファティープル・シクリだけれど、その王様がすべての宗教は同じであるとして、イスラムとヒンドゥーとキリストが一体となった内装をつくっていた。王様には、3つの異なる宗教の妃がいたというから、その宗教観を受け入れる心の広さには驚くべきものがある。

モスク地区で建物を熱心に見入っていると、オータさんが、

「のんちゃん、もう普通の日本人女子には見えないよ。世界をゆく旅女だな」と言った。

布を頭から巻き（日よけのため）、パンツはタイで買ったイージーパンツを穿いている。東南アジアを旅している間は当たり前のスタイルだったけど、改めてそうか、旅女らしく見えるのか、と思った。

「格好というかさ、イメージが変わったね。とてもミステリアスになった」

10年の歳月で人は変わるものだと思ったけど、自分もしっかり変わっていたのか。あるい

は、旅に出てから、さらに私は変わってきているのかもしれなかった。

あっという間に時間が過ぎ、オータさんは、4時間ほどかけてデリーに戻らないといけない。遠回りなのに、私をアグラのホテルまで送ってくれた。

「また、必ずどこかで再会しよう」

という言葉をあとに、彼の車はオートリキシャで混み合う通りに消えていった。

少し疲れたので仮眠をとり、気づいたときはもう夜10時を回っていた。空腹だったので、宿の1階のレストランへ行き、簡単に作れるものでいいから何かないかと聞くと、ビリヤニを作ってくれると言った。その様子を横で見ていた宿のオーナーが私の向かいに堂々と座り、しばらく沈黙を置いてから声をかけてきた。

「君はなぜ旅をしているのか？」

突然の質問に、私はちょっと考えてから、肩を上げて、答えることを拒否した。説明するには、長過ぎるし、時間も遅かった。

オーナーは、その返事に対して反応する様子を見せず、ただ私の目をじっと見てから、こう言った。

「キミはとてもスィートで笑顔が素敵だけれど、心の中はハッピーではないような気がする。いいかい、忘れるな。Be relax. Don't think too much. Feel your heart」

オーナーは続けて、

「キミは強い。自由だ。いいか、幸せになることを怖がるな」と言った。

この人には、何かが見えているのかしら？　それとも、何か感じるの？

はたまた、私はハッピーではないのだろうか。

「幸せになることを怖がるな」という彼の言葉が耳に残る。

幸せであることが、どうして怖いのだろうか。心で感じたままに生きることは、つらいし、悲しいこともある。「仕方ない」と受け入れることを覚えれば、乗り越えられることのほうが多い。幸せを受け入れるほうが、人にとっては困難な気がしてならない。

「キミは強い」とオーナーは言った。

本当だろうか？　強さとはなんだろう。

幸せだと思うときに、それを失ったときに傷つかないように距離をとって、防御する。もう、10代の頃とは違う。幸せのために、自分や周りの人を傷つけることのほうが怖い。いつの間にか、幸せを心で感じることよりも、頭で考えることのほうが楽になっていた気がする。

そうだ、幸せになることを怖がってはいけない。

強く、自由であるとはそういうことなのだ。

なんだか、不思議なアグラ最後の夜だ。

プシュカル――聖なる修行の街の魔力

ニューデリーの鉄道ステーションで、アグラ行きのチケットを買うために長蛇の列に並んでいたときに、日本人の旅女と出会った。彼女は、デリーに戻ってきたらしく、デリーの前は数週間もプシュカルという街にいたという。

「数週間」という長さは、旅というフレームに乗せようとすると長過ぎる気がするけれど、インドにおいては「短い」ほうになる。1つの町に数週間も滞在するなんて、なかなかないことがインドでは起こり得る。

インドを旅する多くの人がはまり込んでいくのが、自己探求、自我の解放というようなことじゃないかと、私は思う。ただインドにいるだけで、それはある程度実現できる気がするけれど、それでもあえて、宗教施設やボランティア施設、ヨガや瞑想のためのアシュラム(精神的修行をする場所)に入ってみたくなるらしい。

これまで出会ったインドの旅人のうち、およそ2人に1人は、

「スピリチュアルに興味がある」

「ヨガをやりに来た」

「自分探し」

「生きる意味を知りたい」

　というような話をする。かく言う私も、初めて来たときは、リシュケシュというガンジス川の上流の町に行った。というのは、そこがヨガのアシュラムがいくつもあることで有名、いわゆるヨガや瞑想の中心地らしく、本場のヨガというのを体験してみたかったから。

　念願の初挑戦、その体験というのは強烈異様なものだった。だって、ヨガのポーズをしていたかと思うと、

「さあ、みんなで笑おう！」と先生がいきなり言い出して、皆はそれが普通ですとでもいうように、一斉に、

「あっはっはっはっはっは！」って笑い出すのだから。それも、皆で輪になって笑い合う。私の顔、相当ひきつっていたと思う。

　ま、呼吸法とか、自己につながるとか、そういう行為の一環なのかもしれないけど、そりゃあ奇妙な光景だった。しかも数分後、私の真横にいた西洋人の若者が、ハードなポージングを決めているときに、バタンッと倒れた。泡吹いて、失神した。

　それ以降、あまりヨガや瞑想に対してはけっして前向きではないのだけど、まあ、またいつか……程度の心持ちでいる。

「ねえ、プシュカルでは何をしていたの？」と聞くと、

「瞑想してた」

出たな！　さっそく。

「ふーん、どんな瞑想？　ヨガ？」

「ううん、あのさ、ジュリア・ロバーツの主演映画『食べて、祈って、恋をして』って知ってる？　あれで、インドで口を利かないという修行をする場面があるんだけど」

「おおおお、知ってる！　あれ、やったの!?」

「そう、そこに2週間くらいかな。久しぶりに話すというのは、なんか変な感覚だよ〜」

ふーむ。なるほど。彼女はその後も本当によく喋ったのだけど、それは口を利かない修行のせいか、もともとか？

「どちらにしても、プシュカルはおすすめ。とっても可愛い街だよ」

というわけで、全く修行をする気はないけど、アグラの後は聖なる街プシュカルへ向かうことにした。

初めてインドに来たときは、北インドをデリーから東へ向かって、アグラ、ジャイプル、バラナシ、ブッダガヤと回ったので、2度目の今回は、インドの西部であり、砂漠が広がるラジャスターン州とその南にあるグジャラート州を回るつもりだった。

ラジャスターン州の州都であるジャイプルからさらに西へ2時間ほど列車で行ったところ

にアジメールという街があって、そこで降りて、バスに乗って山を1つ越えたところが小さな湖に臨む美しい街プシュカル。

列車がアグラを出たのが、朝5時10分。かなり寒く、フェザーダウンを着て身をちぢこませる。インドは初春でも、朝晩が本当に冷える。

アジメールには、昼の12時前に着いた。

駅に着くと、1つ前の席に座っていたオーストラリア人バックパッカーの男性2人もプシュカルへ行くといい、一緒に行こうと誘ってくれた。

駅からバスステーションまでオートリキシャで行き、バスに乗る。オートリキシャは1人10ルピー。プシュカル行きのローカルなバスはひどく混んでいて、3人とも通路に立ったのだけど、山を1つ越える間のバスの横揺れが激しく、立っていた私は倒れまいと、足腰、両腕の筋肉と腹筋を常時使うはめとなった。

旅先って、毎日何キロも歩くし、勝手にジムナスティックできてしまうし、日本にいる頃よりもずっと健康的な生活をしているように思う。

プシュカルに着くと、オーストラリアから来た2人と別れて、オートリキシャに乗って、予約していたホテルへ向かう。場所がわからないし、実際遠いところにあったので、乗ってよかった。

ホテルは丘の上にある宮殿だった。もともと宮殿風だったところを改装したような？　やけに新しい感じが変に浮いて目立ったけど、まあ、素敵。これで5000円しない。え、インドで5000円の宿なんてあり得ない!?　そう、5000円なんていったら、超高級ホテルになる。でも、たまにはこういうホテル（宿とは言わないわ）に泊まるくらいの贅沢をしたほうが、旅はずっと楽しくなる。

だって、こういうホテルで働くインド人を観察するのも面白いし、立地や眺めのよい部屋でくつろぐ余裕を持ち、ゆっくりバスタブに浸かって全身の垢を落として、疲れを取り除くためには、ぜったいに必要なことだと思うから。

おそらく、旅をするにあたって、出費を抑えるポイントは旅人それぞれによって違うだろうし、多くの長期旅行者は、宿泊費と食事代というのを抑えようと心がけている気がする。

私は、それにはある程度お金をかけてもよいと思っているし、あえて言うならば、それでお金が減っていって、1週間や1ヶ月早く帰国することになっても、そのほうがいいという心づもりができている。

ところで、宮殿とはいえ、客はおらず、全体的に暗い。というか、プシュカルに来る旅人のほとんどが、ヨガや瞑想が目的だとしたら、宮殿ホテルなんて泊まる必要はないだろうし、あまりニーズがないのかもしれない。

普通の部屋を予約したのに、スイートルームにしてくれて、バルコニーからはプシュカルレイク（湖）を囲む街全体が見下ろせる。さらに翌朝は朝食も無料にしてくれるという。インド人のオーナーが、

「マダム、何かあったらお申し付けください」というお姫様待遇をしてくれて、なんだか気分は上々。

いったん洗濯をして、ホテルでゆっくりしてから街へ行くことにした。

街の中は観光客が思いのほか多く、かなりにぎやかで、お土産物屋さんもたくさんある。洋服も雑貨も、どれも可愛い。けれど、あまり一つひとつ見ることはせず、お腹が空いたのでランチを食べに行こうと、どこかよさげなカフェを探す。

すると、勝手にガイドが花を差し出してきて、今日は聖なる日だから、プシュカルレイクに花を流せとか、いろいろ言ってくる。花をレイクに流したとたん、いくら払え！　と言われるのだろうなという想像はついていたので、花は受け取らない。だけどレイクには出てみたかったので、とりあえず言われるままついていく。インド人の必死さと、しめしめついてきたぞ！　という嬉しそうな顔ったら、見え見えで、こちらが騙している気分になってしま

う。

ガートという沐浴するためにつくられた岸辺にある階段に連れていかれて、ここに座って話を聞いてくれと言う。まあ、そういう話には適当に耳を傾けつつ、プシュカルレイクを見渡す。

想像よりも小さくて、湖の岸辺に白やパステルカラーの建物が立ち並び可愛くまとまっている。後でゆっくりと、1人で来よう。湖の場所がわかったところで、「じゃあね」と言って立ち去ると、しばらくずっと後ろから何か叫ばれていたような。

ランチは、結局ルーフトップレストランで、じゃがいもカレーとナンを食べる。すると、建物の下からドンドンわいわいにぎやかな祭りの音が聞こえてきた。シヴァ神の祭りらしい。ヒンドゥー教は多神教ゆえ、いろいろな神様になりきった人の列が見下ろせる。小さな子供が神様になって、神輿のように運ばれている。その周囲をぞろぞろと楽器を演奏したり、踊ったり、花びらをばらまいたりしている人がいて、なかなか面白い。

遠くには、野菜を食べ散らかす牛や、地面にしゃがみこんで花飾りをつくる人や、5人くらいで店先でチャイを飲む西洋人の旅行者などが見えた。

街そのものは、四角い箱を通りに沿ってぽんぽん置いていったような感じで、それぞれの箱は色が違う。主に白が多いけれど、その中に淡いピンクやグリーン、青や黄色など入り込んで、パレットに並べられた絵の具のように華やか。

そんな景色を屋上から見ていると、1メートルほど横にいた西洋人のヒッピーらしき旅女が、ノリノリになって踊り始めた。彼女の踊りに合わせるかのように、下から聞こえてくる音楽はさらに音量を上げ、楽器の数も増えたような気がした。まさか、神が彼女に降臨し、私は生き神でも見ているのだろうか？


ふたたび街を歩き始め、名前のない小径を散策していると、ブラフマー神を祀る寺院に出くわした。ブラフマー神は、ヴィシュヌ神、シヴァ神と並ぶヒンドゥー教三大神の1つで、世界創造の最高神。インドではたいていがヴィシュヌ神かシヴァ神を祀る寺院で、だからブラフマー神の寺院があるのはめずらしい。

その後、プシュカルレイクに出た。

ブラフマー神が手にしていた蓮が地上へ落ち、そこから水が湧き出して美しい湖となった、という伝説があるところ。

太陽の光が湖に反射して、水面はキラキラと輝き、宝石をちりばめたような美しさを見せた。湖を囲むように隙間なく立ち並ぶ白やパステルカラーの箱型の建物は、青い空を背景に、正方形や長方形の折り紙のように浮かび上がり、岸辺では華やかな色とりどりのサリーを着た女性たちが沐浴をしているから、目の前の光景そのものは、美しい色彩がモザイクのように描かれた、パウル・クレーの抽象画を見ているようだった。

パウル・クレーは私が好きな画家の1人でもある。

好きな理由は、色彩中心の絵と、彼が旅人だったこと。

彼は1879年にスイスの音楽一家に生まれ、幼少時から音楽や文学を好んだけれど、最終的に絵を描いていくことを選び、ミュンヘンの美術学校へ行く。1901年、初めての海外旅行でイタリアを訪れた。そのときに、ルネッサンスやバロックなどの建築や絵画などから、視覚的な感受性を養った。

さらに1914年チュニジアを旅したときに、彼はその土地に刺激を受け、天啓のようなインスピレーションを得てから、作風は色彩が中心という抽象絵画へと一変した。彼が抽象主義の色彩家となっていく契機となった旅だった。

チュニジア以降、彼の扱う色彩は豊かで温かく、チュニジアを旅している間に書かれた日記には、「色彩は私と一体である。私は画家である」と綴った。

彼だけでなく、多くの芸術家は旅人だったのではないかと思う。目の前で出会う美しい光景や、これまでに見たことのない異文化や習慣は、彼らの精神世界と芸術性に刺激を与えていったのだと思う。旅そのものは、芸術を育むのかもしれない。

それから少し歩き出すと、突然、

「日本人ですか？」と声をかけられた。いかにも。

「仕事でこっちに来てるんですけど、服をつくっていて、日本人の体型に合うのか、ぜひ試着してもらいたいんですけど、いつまでいますか？」と聞かれる。

「えーっと、プシュカルは、明日には出ます」と答えると、残念そうに顔をしかめた。洋服のサンプルができるのが明後日らしい。

「まあ、せっかくなので、お茶でもどうですか？」と誘われて、たしかにせっかくなので、お茶をしてもいいと思った。

彼は、37歳で、健というらしい。インドには年の半分くらい来ていて、とくにプシュカルが好きで、ヨガをやったり瞑想したりして過ごしながら、インド雑貨や洋服などを仕入れる仕事をしているらしい。まあ、完全なるラブ&ピース！精神を持ち合わせた、働くヒッピー。もちろん、ヒッピーヘア（ドレッド）。

彼はチャイを飲みながら、とめどなく話す。

「なに、世界旅行中？　いいね。どう？　でも、世界ってさ、怖いところなんて、ないと思わない？　愛なんだよねー。結局、愛。愛があれば、怖いものなんてないからね」

思わず口角が上がってしまった。出た、出た。次にはピースって言うんでしょ?

「ダライ・ラマってすごいよね。中国を愛するんだもんね。あんなに虐殺されて、略奪されて、それでいて愛そうとするんだよ? それがピースでさ、やっぱり世界はラブ&ピース!」

大当たり〜。旅に出て初めてリアルに聞いた、ラブ&ピース。ちなみに、気になって聞いてみた。

「この街って聖地と言われていますよね。ヨガとか瞑想をするアシュラムもたくさんあるし。私も、この街を歩いていて、心がすごく穏やかになって、静けさが訪れるような感覚になる。で、健さんも何かそういうの、感じますか?」

「うん、感じる。この街はいいよね。にぎやかだけど、穏やかな空気が好きなんだ。で、俺はというと、プシュカルでヨガをやるんだよね。5ヶ月も毎日やってるのさ。そうすると、しだいに自分がなくなる感じになる。たとえるなら、空気とか森林とか星空とか太陽とかの一部になってしまって、自分という物質的な存在がなくなっていくような感じかな。

でもね、どこにいても、たった1人でも、誰かと一緒でも、自分というものが絶対的に存在している喜びがある。ココ(胸をおさえる)、ココにあるんだよ、自分が。そうすると、怖いことはない。恐れもない。愛が生まれてくるんだ」

そう話してから、おちゃらけて、

「だからさ、も〜なんでもできちゃうよね！　うまくいくことしか考えないよ」と笑った。

その話は、幼い頃の気持ちを蘇らせた。

小さい頃、自分に自信がなくて、いつも親の言うことを聞いたり、周囲が判断してくれるのを望んだりした。それがいつからか嫌になり、情けなくて、自分を痛めつけるように、親に反抗した。抑えられない苛立ちや劣等感は、自分という存在がどこにもないという気持ちをふくらませた。私はどこにもいない。それはたとえようもない孤独だった。

だからいつも恋愛をしたいと思ったし、親友をつくりたいと願った。それなのに、彼、彼女が自分からいつ離れていくかを怖がった。だったら、1人でいたい。私のほうが、逃げるように去ってしまったことのほうが多い。

その場の孤独を埋めるために誰かといることは、誰かと一緒に生きることではない。

自分をもっと信じたい。きっと、信じる者は救われる。

健さんの言う、絶対的な自分を感じて、愛を生み出すのだ。


「ところでインド人もさ――、ほんとー、いいやつなの〜。ぼったくろうとするかしないかは、お金持ちかそうじゃないかだけでさ、結局どちらも、親切で言ってるのは間違いないわけ〜（え？　本当？）。憎めないよ、インド人。俺はインドが大好きだよ〜」

テンション高い彼は、やがて、
「ごめん、そろそろ行かなきゃ！　またどこかで！」と嵐のごとく去っていった。

1人残され、チャイを飲みながら思い立ってスケッチブックに絵を描いた。絵は下手。遠近感を描けないし、大小がばらばら。それでも、パウル・クレーのような絵が描けないものかと思い、結局できあがっていく絵は緻密さに欠け、遠近もまったく捉えられていない。それでも不思議と絵を描きたい気持ちになる。なぜだろう。内なる自己の世界を探求したがっているのだろうか。

空の色が変わったので、ふたたびプシュカルレイクに出てみた。
沈みゆく太陽に照らされた湖は、とても妖艶ではかなげな女性のような雰囲気がした。ブラフマー神の手からこぼれ落ちた蓮の華が、ゆっくりと開かれていくのを見ているようだった。

湖には沐浴のため体を水に浸からせたインド人がちらほらといて、それから鳩の大群が湖の上を飛び交っていた。ガートには、たくさんの旅人が座っている。
この空間は、命あるものたちで溢れているにも拘わらず、心の底に沈んでいくような静寂がある。

湖の水面は、膜を張ったかのように穏やかで、日中、キラキラと輝き躍動を見せていた水面とは装いを変えた。目の前の景色がまるで写真や絵画のような、現実とは違う世界の光景に見えた。

その世界から、太陽が姿を消した。

ホテルへ向かって歩き出す。空は群青色になっていた。

中に入ると、「待ってましたよ、マダム！」と言わんばかりの勢いで、スタッフが私のもとへとやってきた。

「夕飯はどうしますか？　もう召し上がったのですか？　何か必要なものはありませんか？」と、ふたたびお姫様扱い。お客のいないスタッフは暇なのか、ずいぶんと至れり尽くせり。執事が大勢いてくれる感じ。まあ……いい気分。

とりあえず、野菜補給のために、

「ベジタブルスープを部屋まで、プリ〜ズ！」と、お願いする。

「かしこまりました、お姫様」と執事は言う（そう聞こえる）。あ〜いい気分！

部屋に戻り、スープがやってくるまで、スケッチブックの色を塗る。やっぱり……なんだか入り込める。ヨガや瞑想ではないけれど、まして口を利かない修行でもないけれど、こうして心と向き合っていくような作業がしたくなる。
これが、聖なる街と言われるプシュカルの魔力に違いない。

青い街ジョードプル —— 悪夢からの生還のすえに

プシュカルを出て、アジメールから列車に乗り、ブルーシティと呼ばれるジョードプルへ行く。ラジャスターン州のさらに西へ向かう。

列車は上中下の寝台が左右にあって1つのコンパートメントになっているのだけど、早い時間なので、みんな寝ることはせずに、下の寝台に3人ずつ座る。私の向かいがベルギー人の年配のご夫婦で、彼らの隣と私の隣2人は、インドの軍人だった。頭にターバンをかぶったシク教の軍人たち。ガッチリとしていて背も高く、目がくりくりで、眉毛は濃くて、あまり笑わない感じ。なんだか、どっしりとしていて、軍服がやけに似合っている。

しばらくして、悪夢が起こった。最初は、私も信じたくなくて、気のせいと言い聞かせてきたのだけど……もう、我慢できなくなった。向かいのご夫婦も、顔をしかめている。

悪夢の発端は、同じコンパートメントの軍人たちがブーツを脱ぎ始めたこと。最初は徐々に悪臭が漂い始め、しかも10分もしないうちに、強烈な臭さが鼻をつくようになった。かなりきつい。正直、ジョードプルに着く前に、死んでしまうのではないか、ってほど。窓も開かず、天井に備え付けられた扇風機が、ゆるゆると回転し、無情にも悪臭を拡散させていく。

ベルギー人の旦那さんが、彼らのブーツをそっと遠くに足でのける。だけど、そんなことで強烈な悪臭が収まるはずがない。奥様のご機嫌はマックスに悪くなっているのが見てわかる。旦那さんのすまなそうな表情を見て、なんだか同情してしまうけど、こういうとき、おばさんというのは世界共通で強いらしい。

ついに、おばさんの堪忍袋の緒が切れた。

「軍人にもの申す!」という勢いで、面と向かって彼らに言い放った。

「臭いわ!」

その言葉に続いて、叫んだ。

「I have a headach!（頭痛がする!）」

相手が、インド人だろうが軍人だろうが政治家だろうが、構わないわ! って感じの形相をしている。軍人たちがあっけにとられていると、再度、はっきりと言い放った。

「その、ブーツが臭いのよ!」

一瞬、その場が凍りついたかのようだった。

しかし、これには軍人様たちもハッとして、大慌て! どうしたものかと、あたふたし出した。その様子を見て、私とおじさんは呆然となったのち、盛大なる拍手を送りたくなった。おばちゃんて、やっぱりすごい。

しかしインド。それで物事がすぐに解決するような国ではない。彼らは、持っていた香水をブーツと自分の足にまき散らす。ニオイは更に強さを増し、いよいよ私も頭痛がしてきそうになった。うっっぷ。

持っている布で、露骨に鼻と口を覆う私とおばさん。おばさんも、もはやこれ以上物申しては状況が悪化すると懸念したのか、あきらめたのか、おとなしく座っている。

ああ……。こうなったら、意識を飛ばそう。

ファンを全開にし、ニオイが幾分か拡散してくれることを望むしかない。

ようやくジョードプルに着いたときは、ようやくこの悪夢が終わるという喜びと安堵感に包まれる。しかし、インドは次から次へと「あり得ない」が襲ってくる。

列車を降りると、わんさかと客引きが来て、わめく。

「カモン！　出口はあっちだから！　早く！」

その言い方には、まるでこれから巨大地震が来るから、急いで逃げろ！　というような切迫感がこめられている。ここで、焦って動揺したら、インドでは負ける。どう考えても出口への階段はすぐそこだし、みーんな、そちらへ行っている。なぜ、そんなわかりやすい嘘を、堂々とつく？

わめいている客引きを完全無視して、階段を上り出口へ出る。夜なので、人のよさそうな運転手をみつけ、ささっとオートリキシャに乗った。30ルピーで、ガイドブックに載っているAnil Sunrise Guest Houseへ行ってもらう。

旧市街の中心にある時計台からすぐの場所に、宿はあった。

旧市街と新市街がある街というのは、たいてい観光名所は旧市街の中にある。だから、宿を探すときも、立地の便利さゆえ旧市街の中から探すようにしている。とはいえ、観光名所が集まっていることもあって、深夜になるまでうるさい思いをしたりはする。

Anil Sunrise Guest Houseの外観はいわゆる安宿だけれど、ブルーシティと言われているだけあって、宿の外壁もブルーに塗られているし、部屋の内装もブルー。それだけでテンションが上がってくる。

ホテルのオーナーのアニール氏に、まず部屋が空いているか確認して、見せてもらう。はじめに450ルピーの部屋を見てから650ルピーの部屋を見るけれど、どちらもそう変わらない。ダブルベッドが1台か2台かという違い。1人だし、1台で十分だけど。

アニール氏に、他の宿も見たいと去ろうとすると、450ルピーの部屋を400ルピーにすると言い、

「自分は日本人を尊敬しているんだ！」なんて顔をしかめながら、叫んだ。

「ここに泊まってくれ！」

彼のぎょろっとした目で見つめられると、ちょっと怖い。

ちょうどそのとき、日本人の男子学生が別の部屋から出てきたので、

「ねえ、ここホットシャワー出ます？」と聞くと、どうやらバッチリ出るらしい。それならば、悪くない。学生くんと、せっかくなのでルーフレストランでお茶をすることにして、そのついでに、もう、ここに泊まることにした。

彼はご飯を食べたばかりで、夜11時半（もうすぐ）の夜行列車でジャイサルメールへ行くと言う。宿は「HOTEL TOKYO PALACE」がおすすめらしく、そこへ行ってみるらしい。なんでも、日本語がぺらぺらで、東京の板橋でカレー屋さんを経営しているインド人オーナーのホテルだとか。私も、ジョードプルの後ジャイサルメールへ行く予定だから、そのホテルへ行ってみようと思う。

彼曰く、ジョードプルは1日で十分らしいので、3泊する予定の私は心が揺れ動き、2泊だけにして、ジャイサルメールへ行くことに決めた。


ジョードプルの朝が来た。

朝食は、18歳だというボーイくんがバナナパンケーキをつくってくれて、ルーフレストランでいただく。彼はすでに子供がいるらしい。インドは13歳で結婚するという幼児婚があるらしいいし、結婚は全体的に早いのだろうか。

彼のつくってくれるパンケーキは、正直なところ、いまいち。裏側、こげてるしね！　それでもぺろりと食べてしまったけれど。ところで彼のポケットにつっこんである携帯電話からずっと音楽が流れていて、彼は歩くスピーカー。音楽が、アップテンポすぎて朝からうるさい。それも、紛う方なきインドらしい騒音の朝だ。

「ねえ、チャイを1つお願い」

「オーケー、マダム。砂糖はどれくらい？」

「んー砂糖なしで。別に持って来てもらえるかな？」

「オーケー、マダム」

インドのチャイ、つまりミルクティだけど、極めて甘い。その甘さがインドでは、エスプレッソのように、くいっと飲めてしまうのだけど、それでもたいていは甘すぎてしまうことが多いから、ときには自分で砂糖を調整できるよう別にお願いすることもある。

それにしても、屋上から望む、目の前にでで一んと聳える城塞メヘラーンガルフォートが素晴らしい。俗に言う、パワースポットではないかと思うほど、雄大で迫力がある。あそこへ行けば、きっとブルーシティが素晴らしくよく見えるに違いない。

ちなみに、このジョードプルとジャイサルメールは、あの人気漫画『ワンピース』に出てくる砂漠の王国アラバスタのモデルとなった街らしい。と、どこかで会った旅人が教えてくれた。

食後、アウランガーバードとジャスワント・タダへ行くことに決めた。その前に、洗濯をして窓の外の柵に干す。そのとき、向いの建物の下で、立ち小便をしているおじさんが見えて、なんとなくすぐ窓を閉めた。

まず宿で、次に行く予定のジャイサルメール行きの列車のチケットを買う。それからオーナーがリキシャに交渉してくれて、ジャスワント・タダまで50ルピーで行けることになった。たぶん、相場より高いのだろうけど、まあ、いい。数十円程度のことで、交渉の労力を使いたくない。といっても私が喧嘩を売るときは、相手が卑怯だったとか、ずるしたとか、嘘ついたとか、そういうとき。ものすごく、怒る。

市街をガタガタ、時にお尻が浮くぐらいガッタンバッタン走り、高台へと上っていく。右がジャスワント・タダ、左がメヘラーンガルフォートと二股に分かれるところへ出て、まずはジャスワント・タダへ行く。

リキシャを降りて、チケットを買い、中へ入る。

白亜の大理石でつくられた綺麗な建物が顔を見せる。ここは、マハラージャ、つまりジョードプルの王であったジャスワント・シン2世を偲んで建てられた霊廟らしい。霊廟を囲む庭園には、花が咲き誇り、綺麗にガーデニングされている。

その間をインド人カップルが写真を撮り合っているのだけど、ほんとう、ボリウッドスターやスーパーモデル顔負けのポージングは、惚れ惚れするほど大胆で表現豊か。

それにしても、白い寺院は青空にとても映える。

その後、メヘラーンガルフォートまで歩くことにした。15分もしないうちに到着。かなりの大きさに圧倒される。名前の由来は「荘厳な砦」。たしかに、名前負けしない迫力がある。英語の音声ガイドをほぼ聞き流しながら、見学。中はずいぶんと広く、要塞としてのかつての強靱さを残している。

そうして、ついに待ち望んだ光景が広がった！

「きゃ～素敵～！　なんてブルーな世界なの！」

街を見下ろす眺めは、まさにブルーシティ！　家々は外壁も柱も扉もすべてが青色に塗られている。よく見ると、白い家々と、青い家々が交じりあっている。まるで陣取り合戦のように、四角い白い箱と青い箱をランダムに置いていったみたいだ。

なぜ青かというと、インドのカースト制度において頂点の司祭階層であるバラモンたちが住む家は、青で塗られていたらしく、だからバラモンの多く住んでいた旧市街はとくにブルーの家々が多い。ちなみに、青い壁は、蚊が寄りつかない効果があるらしい。

メヘラーンガルフォートから最も青い家の多い旧市街のほうまでオートリキシャに乗って移動した。そこは、まさにブルーの世界だけれど、その中へ入り込むとその青に圧倒されるというよりは、普通の人々の暮らしが垣間見られて面白い。それでも青い壁と壁の隙間を歩いているときは、たとえようもない異世界にいる気がして、ぞんぶんに旅情に浸れた。

1キロほど歩いて時計台まで戻り、ご飯を食べようと宿の屋上へ行くと、歩くスピーカーがいるみたい。ボーイくんがキッチンで鼻歌をうたいながら料理をつくっている。

キッチンをのぞくと、

「やあ！　ご飯食べた？」と聞かれたので、

「まだ」と言うと、

「卵カレーつくったから、食べなよ」と、御馳走してくれるというのだ。

「オーナーには、内緒だよ」と、やっぱり18歳らしいいたずらっ子な顔をして。

味は、やっぱりいまいちなのだけど、無邪気に、

「どう？　美味しい？」と聞いてくるのが可愛くて、

「美味しいよ～」と応えながら、卵の数をかぞえる。3個、4個……。卵がゴロゴロ入って

いて、かつて会社の健康診断で「コレステロール要観察」だったよね？　と思い出し、恐れつつも、結局綺麗に平らげてしまった。

ルーフトップで夜風に当たりながら、夜の姿を見せるメヘラーンガルフォートを見上げると、オレンジ色のライトアップによって日中とは違った厳かな雰囲気を漂わせていた。

タール砂漠のキャメルツアー——悲痛な鶏の叫びとウニの凶器

ジョードプルから、ラジャスターン州で最も西にある秘境ジャイサルメールに着き、HOTEL TOKYO PALACEに予定どおり泊まることができた。そこはまさに日本人宿！　宿泊者はほぼ日本人だった。

宿でタール砂漠のキャメルツアーが開催されており、1人1950ルピーもするけれど、せっかくこんな辺境までやってきたので、参加することにした。

砂漠ツアーへ行く日。出発時間まで、ジャイサルメールの街を1人でぷらぷらと歩いた。

ジャイプルはピンクシティで、ジョードプルはブルーシティ。そしてジャイサルメールにゴールデンシティと言われる。

ジャイサルメールの街というのは、近郊で採れる良質の砂岩からつくられているらしく、全体として同色の黄味を帯びた街というのができあがった。たしかに、ジャイサルメールは他のインドの町のようにカラフルでもないし、人口も少ないせいか猥雑でごった返す感じもせず、オートリキシャや車のクラクションの音もしない。

喧噪とはかけ離れた、安穏とした気持ちで過ごせる街で、インドで癒しを得られる場所だとさえ感じた。

そして辺境の地で、とても感銘を受けたのは、ハーヴェリィという美しい彫刻が施された建物だ。ファサードは、素材は違えど、ヨーロッパの美しい建物にひけをとらない繊細さを思わせた。

大通りから少し中に入ると、そこはもう生活の場で、外で隣人たちと会話するサリーを着た女性たちが家の前にいたり、掃除をしていたり、おじさんが新聞を読んでいたり、子供同士が裸足で思い切り走り回っている光景に出会う。

壁には、ときどきガネーシャなどの絵が描かれているけれど、それはそれで街の風景にしっくりと合っている。

街の中央に聳え立つジャイサルメール・フォートに入ると、中世の街並みが広がっている。インドで「中世の街並み」を堪能できる場所があるなんて、知らなかった。

展望スポットから、ジャイサルメールの街を見下ろすと、強烈な太陽の白い光は街をきらきらとゴールドに輝かせている。はるか昔から、乾いた風と砂が舞うこの王国は、黄色い印象を旅人に抱かせていたのだろうなと思った。まさに、タール砂漠のど真ん中にある、奇跡的なオアシスの街。ここも、夕日に染まると、きっと幻想的に輝くのだろう。

3時に宿に戻り、1泊分の簡単な荷物を持って、キャメルツアーに出発。

メンバーは皆HOTEL TOKYO PALACEに泊まっていて、年齢順に西さん（30）と私（29）、なかなか面白い神戸から来た3人組のようくん（25）、まさくん（22）、テキサス（22）、沖縄出身だけど超醤油顔のたかし（19）の6人。

車中、自己紹介が始まり、40分ほどでらくだが待機している場所まで来た。らくだは、四本足の動物で、猫に次いで好きな生き物。

昔チュニジアを旅したときに、「らくだ200頭で嫁いでくれないか」と現地人に（冗談で、いや本気で？）言われたことがあり、別に悪くないと思ってしまったくらい、らくだは愛くるしくて好き。たまに息が臭いけれど。

1人1頭のらくだに乗るので、6頭のらくだが縦列歩行して、のっそのっそと砂漠へ向かう。現地のらくだ使いは3人。らくだを誘導しながら、彼らは砂の上を歩く。

しかし、皆が口を揃えて言う。

「小林さんのらくだ、口がずっと開いていて、ベロみたいなのがダランって出てて、不細工ですね」

たしかに、他のらくだたちは、口元も締まって、つぶらな瞳にくるんと生えたまつげがキュートなのに。私のらくだだけ、どこか不細工なのだ。

「なんでボクだけおばさん乗せなきゃいけないんだよ〜」

ってヤル気失せてるわけ？　あ、ちょっと列から外れないで歩いてくれる？　道草も食いたがるらくだなのね……。

1時間ほどのったり歩くと、しだいにお尻が痛くなってきた。旅中、ついに痩せてしまったのか……って、絶対違う。明らかにインドに来て太ってきている私に、お尻の肉がそげたから骨が当たって痛い、なんてことはない。ただ、らくだにまたがるところに鉄の棒があって、みごとにお尻の骨に当たる。皆もそうなのか、横座りしたり、また前座りしたりと工夫をしていた。

日差しの強さが限界に達しそうなところで、砂丘に着いた。

360度、何もない。

空と砂丘が世界を二分している。

その2つの乖離した世界で、自分が砂丘の上に立っているというのが不思議でならない。

なんだか、世界が三次元から二次元へとなったようにさえ感じてくる。

我らの世話をしてくれるらくだ使い3人は、夜の準備を始めるらしく、

「今からチャイを入れるから、サンセットでも見てきなよ！」

と言ってくれてから、

「あ、そうだ。今日の夕飯に、チキンを食べるか？」

と聞いてきた。それは、「1羽丸焼きで食べたいか」ということらしい。値段を聞くと、1羽1000ルピーと高額だ。しかも、6人なので、2羽じゃないと足りないらしい。私はどちらでもよかったので男性諸君にご判断を任せると、せっかくなので2羽行きましょうということになった。

夕日がよく見えそうな場所まで歩き、年嵩の西さんがダッシュするが、お、おそ!! 続いて、若い4人が走っていったけれど、け、軽快！ 負けるな三十路！ 私は走りさえもしなかったけど。

日が沈むまでの時間、砂丘で輪になって、改めて自己紹介をしたり、趣味や彼女トークを聞いて楽しんだ。気づいたら、あとわずかで日没。

思い思いカメラを太陽に向けて、ぱしゃぱしゃ撮り始めた。雄大な夕日は、広大な砂丘で見ると、圧巻だ。太陽はゆらゆら燃えている火の玉のようで、その熱さが手元にまで届きそ

うな気がした。いつものことながら、宇宙を感じずにはいられない。

静寂な世界の中で、人の言葉というのは奇妙なほどよく通る。空間の中にすうっと溶け込んでいく。

「ああ、美しい」

地平線に太陽が接触すると、そこからはあっという間に姿を消してしまった。

太陽が沈むと一気に寒くなった。

空がまだピンク色のうちに、テントが張られた場所まで戻ると、熱々のチャイができていた。ときとして、食事が美味しいかどうかは、シチュエーションによって大きく左右される。大自然に抱かれてすするチャイは、最高の味。

2010年にチュニジアを訪れたときも、私はサハラ砂漠で1泊した。夜、テントを張ったその横で、チュニジア人が私たち旅人のために、パンをつくってくれた。それは小麦粉を水でこねて焼くだけなのだけど、焼く前に、顔ほどの大きさの煎餅形をしたパンの両サイドに、ぱんぱんとサハラの砂をつけた。それから砂を払って、ぱちぱちと火の粉が暗闇に舞っている焚き火の中で、それを焼いた。パンはあっという間に焼けて、焼きたてのピザのように香ばしくなった。

「旅をしたなかで、これまでに一番美味しかったご飯はなんですか？」

と聞かれると、私は必ずこう答える。

「いろいろあるけれど、サハラの砂のついたパンは、忘れられない」と。

さて、完全に暗くなる前に、トイレに行くことにした。とはいえ、トイレなんてない。あるのは、どこでもトイレ。いちおうレディなので、懐中電灯を持って、少し離れたところにある木の陰で用を足す。満天の星のもと、ありったけの開放感を感じながら……。

テントに戻ると、カレーとチャパティ、ライスが出てきた。今日の夕食はシンプルではあるが、かなりの量だ。

そして、食べることにした「チキン」だけど……。夕飯の具材として出てきたのは、生きた鶏。これを、捌いて調理する。その一部始終を見学したいと、男子諸君は言っている。

私は、テントの前に残り見ないことにした。かよわき、乙女。いや、過去のトラウマ？

小学生のときに、ピーちゃんと名付けたセキセイインコを飼っていたのだけれど、歩き回って私についてくるピーちゃんを振り返りざまに踏んで死なせたことがある。そのときのショックといったら1週間は毎日泣いていた。

そんなトラウマがあって、なぜ、あえて生きた鳥が捌かれるのを見なくてはならない？

とはいえ、ベジタリアンではない私は、牛・豚・鳥・魚といった命あるものの犠牲を忘れて、感謝を忘れて、当たり前のように酒池肉林の毎日を送っている。だから、こういうのって、目で現実を見てこそ、命のありがたさを感じるに違いない。だ、だけど……。

男子諸君は全員、現場に立ち会った。

やがて……少し遠くからだけど、しっかりと声が聞こえてきた。

「おお!」

「うわっ」

「やべー……」

その後、すぐに、断末魔の叫び声を聞いた。

コケ――――!!(って鳴き声ではないけれど)

おお、鳥肌。謹んで、合掌。

どーんよりした空気を纏い、皆揃って両手を後ろに組みながら無言で帰ってきた。

「どうだった?」

「いやーすごい。ちょっともう食べられないかも」

え、そ、そんなに? あー神様、やっぱり立ち会わなくてよかったです。チキンが食べられなくなるなんて、絶対に嫌!(え、そこ?)

聞いた話、まず最初に足を切って逃げられないようにする。そのとき「コケー!」って叫ぶらしい。それから首をナイフでギコギコきり、首がまだぶらさがっている状態で、最後に一気に足の股から2つにカラダを割くのだそう。聞いただけで、血の気が引いていく。これでは、イスラム教の犠牲祭なんて立ち会ったら、泡吹いて気絶するだろう。

世界って、ワイルドだ。


やがて3人の世話係は、薪《たきぎ》を燃やし、キャンプファイヤーをつくり始めた。何が始まるのかと思ったら、アルミホイルにくるまれた鶏が火の中へ投げ込まれた。まさに、丸焼きではないですか！

だいぶ時間が経った頃、どう考えても熱いであろうアルミホイルを手でつかんで、中を確認しろと言ってくるインド人。そこは、お世話してくれないらしい。

三十路の西さんが、必死に中を開けて確認しようとするが、相当熱いようで、大苦戦している。そりゃそうだ。

アルミホイルをむくと、綺麗に折り畳まれた鶏さんがいらっしゃった。ご愁傷さまです。

中までちゃんと焼けていることが確認できると、

「食べろ」と、世話係がポンッと渡してきたのは、塩。味付けはそれだけ。素材を存分に楽しめということですね？

「では、いちおう手を合わせましょうか」と25歳のようくんが言い出し、

「そ、そうだね」とみんなで手を合わせる。

「アーメン」って、ここはヒンドゥーの国だけど、犠牲となった鶏さんへの感謝の意は、宇宙に届いた？

そんなしんみりと感傷に浸ったのは、手を合わせたときだけ。一度食べ始めると、

「うめー！」

「おい、心臓食えよ」

「肝って美味しいんだぜ」

とか言いやがる。男児たちよ！……それでいい。世界はワイルドなのだから！

2羽目も焼き上がり、綺麗にたいらげられていく。いつの間にか私は、闇夜の中チキンを貪り食う男たちのためのライト照らし係になっていた。それでも、

「小林さんも食べてくださいよ！」と言ってくれるヤツもいるのだけど、いやいや、食べるところ、もうないよね？　いいのだ。お腹いっぱい胸いっぱい。空を見上げれば星がいっぱいだ。

一気に気温が下がり、やはり砂漠の夜というのは、心底冷える。砂漠は相当な寒さだと言っていたし、前にもモロッコやチュニジアで砂漠を経験したことがあるので、真夜中の寒さ

は覚悟していた。だから、スタッフに頼んで寝袋を用意してもらったり、上着をいっぱい持ってきたり万全の準備をしていた。

それなのに、寝袋がない！（宿に忘れた）

なんと、靴下も忘れた！（日中はビーサンだったので）

寒さにめっぽう弱い私が、寒さ対策の失敗に途方にくれて突っ立っていると、スタッフが毛布をいっぱいくれた。

飛びつくように毛布をかぶると、

「イッタ―――――イ！！！！！」

叫び声は、死にゆく鶏の断末魔の鳴き声よりも砂漠に響いた。

「どうした？　どうした？」

ウニのような形をした、最強にちくちくする鋭利な植物の実があちこちついていて、毛布が凶器となっている。痛いとわめいていた私を、「そんな実ごときでおおげさな」と笑っていた男子たちも、同じ目にあうと、

「イテ―――――！！！！」とやっぱり叫んでいた。

ちなみに、ウニがどれくらいの凶器かというと、ビーサンの裏に、その実のチクチクが画鋲のように刺さっていて、ちょっとくらい引っ張ってもなかなか取れない。生足だったら、

間違いなく足裏貫通していると思われる。恐るべし、砂漠の猛者。

で、まだ眠くないので、焚き火を燃やし続けて、皆でいろいろな話をした。インド人3人のほうは、「あれは朝の焚き火に使う木だから燃やすな」とだけ言って、早々に寝てしまい、いびきまでかいている。

私は少しだけ編集の仕事をしていたときの面白い話なんかをしたし、西さんは帰国したら結婚したいんだと言っていた(彼女はいないけど)。それからテンガロンハットをなぜかインドでかぶっているテキサスの彼女の写真を見たり、ようくんの元彼女の話なんかを聞いたりした。これが、ボーイズトーク?

気づけば、月の位置がかなり下がってきている。地球って動いているのだと空を眺める。ああ、星が無数に瞬いている。皆黙って星を見続けた。流れ星だ。

「願いごと、間に合わない」

誰かがそうつぶやいた。きっと本当に小さなつぶやきだったのだろうけど、全員がその言葉に、言葉ではない相槌を打った。

流れ星に願いごとをするものだなんていうことは、すっかり忘れていた。

西さんが、「燃やすな」と言われた木を焚き火に放り込む。消えそうだった焚き火は再びパキパキと音を立てながら燃えあがっていく。ゆらゆら揺れる炎が、まるで自然讃歌の踊りのように思え、さきほど見た夕日のようだった。

この宇宙で、この地球で、いったいどれほどの神秘やロマンが営まれているのだろう。そしてどれほどの人間が、この瞬間に喜びや悲しみを抱いているのだろうと思った。

テキサスが星空を撮影するのに夢中になっていた。靴下を忘れた私は、砂の中に足を突っ込み、体温を維持する。それでも冷えてくると、いよいよテントに入って眠ることにした。ウニの凶器に気をつけながら……。

クーリー村――不思議なダンスを一緒に踊る

砂漠ツアーから戻った翌日は、ジャイサルメールよりもさらに辺境にあるクーリー村へ行くことにした。それこそ、もう二度と行けないいんじゃないかというほどの場所にある。

バックパックはHOTEL TOKYO PALACEに置いておき、ふたたび1泊分の荷物だけ持って、バスを探す。

バス停というものはなくて、「道に立っていれば、クーリー村へ行くバスが来るから、それに乗れ。だいたい朝9時頃にいつも通る」というざっくりとしたスタッフの情報で、バスが来るのをチャイを飲みながら待った。

午前10時すぎに、ようやくバスが来た。

バスに乗り、1時間半。その間、地元の人たちが、バス停とは思えぬ場所からいっぱい乗ってくる。ヤギも乗ってきた。おとなしくしていて、いい子。まるで飼いならされた犬のように従順そうである。

荒涼とした外の景色を眺めていると、サリーを着た女性たちをちらほら見る。ショッキングピンクや蛍光イエロー、オレンジといった派手な色のサリーを着ている。やわらかな黄色の砂漠に、それがよく映える。

サリーの色にも、インド人女性のこだわりがあるようで、自分が一番華やかに、という意志が伝わってくるほど、ビビッドで鮮やかなのだ。

思えば、インドにいて視界から色彩が失われることはほとんどない。インド発祥のヒンドゥー教の神々というのが、実に多彩な色をした神ということもある。

男性神である三大神にしても、破壊神シヴァは、全身青くて体には金色のヒョウ柄の布を巻いているし、創造の神ブラフマーは、4つの頭すべてに金色の冠をかぶっている。慈悲と繁栄維持の神ヴィシュヌは、4本の腕を持ちながら、全身青黒い肌をして黄色の衣を羽織っている。インドにとって黄色は、幸福の証であり、結婚することを「互いに手を黄色く染める」と言うらしい。

女性神であり、ヴィシュヌ神の妻であるラクシュミー神は真っ赤なサリーを身に纏う。その赤もまた、富と幸運を意味するらしい。

インド人にとって、サリーの色選びというのは、おそらく見た目の美しさだけではなくて、そういった色の持つ意味を意識しているのだと思わずにはいられない。


クーリー村に着くと、すぐに客引きが来た。

宿に泊まっている日本人から「悪くないらしい」と、あらかじめ教えてもらっていたアルジュ・ファミリーゲストハウスの人もいたので、彼についていってみることにした。

白壁の円錐形の屋根の一戸建てで、屋根が木の枝で葺かれている。外の白壁には、かわいい絵がペイントされている。中をのぞくと、簡易ベッドがあって、スズメが室内の天井に使われた板に止まっている。

「あら、あなた、どっから入ったの？」

まあ、自由な感じで悪くないけど。

同じ敷地の中に、一戸建ての部屋が6つある。

庭先で、数日滞在しているという日本人のるみさんとひろ君に出会う。

るみさんは40代の女性で、会社をしばらく休んで、休養のためインドに来たらしい。はたして、インドで休養ってできるのだろうか……。私には、休養というには、あまりにも五感が働きすぎる国に思えるのだが？

それからひろ君は学生で、春休みのうちに、インドをおよそ1ヶ月で一周したいと言っていた。2人は今夜、キャメルサファリへ行くらしい。クーリー村からも、キャメルサファリが出ているのだ。

私は、お尻の痛みが激しく、宿に泊まることにして、代わりに150ルピーを払って、宿近くで開催されるというダンスショーを見に行くことにした。宿は、3食付きで75ルピー。私が経験した中で、インドで一番安い宿！


夕方4時半にキャメルサファリは出発らしいので、それまで皆でアイスクリームを食べに行こうと街歩きをする。アイスクリームを売っているお店まで、道を教えてくれた少年が、アイスをおごってと言うが、るみさんが「ノー！」と言う。

インドに来て初のアイスだった。それも「ベジタリアン用のアイス」なんて書かれている。どんな味かと思い、はじめにるみさんが1つ買って味見をしてくれた。

「あ、意外と美味しい」

その後、全員1個ずつアイスを買って、日陰に入り、低いコンクリートの階段に座った。

アイスを一口食べてみる。うん、意外といける！　濃くはなくて、ラクトアイスに近い。

クーリー村も太陽の真下では、砂漠にいるのとほぼ同じほどの体感温度があるという。皆火照った体が少しずつ冷却されていく。

宿に戻り、2人はらくだのお迎えが来て、いそいそと乗って出かけていった。2人を見送ると、ちょうど、昨日砂漠で一緒だった沖縄出身の19歳、たかしが来た。

「え、なんでいるの？」と聞くと、ジャイサルメールからの最終バスでクーリー村へ来たそうな。彼も、

「僕、もう砂漠ツアーは十分です」ということだったので、一緒にダンスを見に行くことにした。

宿の夜ご飯を食べていると、音楽が遠くから聞こえてきた。ショーが始まったようだ。

「もう行くぞ！」と宿のおじさんにせかされ、急いで食べて、暗い道をおじさんとたかしと3人で向かう。

懐中電灯を持ち、街灯のない砂と土のぼこぼこした道を足早に歩く。

5分ほど行ったところで、音楽が始まっていた。

打楽器を使って5人ほどの演奏者が座りながら音楽を奏で、それからシャラシャラと音のするきらびやかな衣装を着た女性が踊り出す。なんとなく華やかに思えたショーは、落ち着

いてよく見ると、さまざまな（インドらしい）粗が目につく。

まず、ダンサーは、美人だけど、おばさん。それでも、私と同い年くらいなのだろうなあと思う。インド人って、とっても美人が多いんだけど、老けるのが早いのだ。子供なんか、体は子供なのに、すでに成熟した女性の顔をしてたりする。

続いてもう1人、若い10代と見受けられる女の子も踊り出す。しかし、明らかに見習い？テンポも遅いし、もう1人の先輩（おばさんダンサーのこと）を見ながら踊っている。本番で、だ。間違ってしまったときの恥じらいまで、伝わってくる。

演目も、いよいよ不思議なものになった。キラキラ衣装を着たおじさんのダンスというか、パフォーマンスが始まった。頭に壺を載せたり、皿を載せたりして、欽ちゃんダンスみたいなステップで踊り出す。

けれど演奏が素晴らしいのか、それがものすごい技のような気がしてくるから不思議だ。

ショーが終わりにさしかかると、客の女性がダンサーに手を引っ張られて一緒に踊ることになった。私も見習いダンサーに引っ張られて、手をつないで踊りを要求される。

こうなったら、楽しもうじゃん？

カメラを預けたたかしが、客席（というのが、一応ある）から一生懸命写真を撮ってくれている。ありがとう。愛娘の演技を一生懸命カメラに収めようとするパパみたいな動き、いいよ！　って、10歳も離れているのに、ごめんね？

夜10時すぎに宿のおじさんに戻ると言われ、暗い夜道を引き返した。部屋には裸電球が1つだけあって、外で顔だけ洗ってくると、早々に電気を消して、ベッドに入って就寝することにした。砂漠のテントとは違い、部屋の中というのは暖かくて嬉しい。

朝7時頃、目を開けると、ベッドの真上の天井の木の枝に止まっているスズメと目が合った。

「あら、おはよう。あなたのお宿も、ここですか？」

この日、朝10時のバスでジャイサルメールへ戻る。夕方5時のバスでアーメダバードへ行くことにしている。いよいよ、グジャラート州へと行く。

10時のバスまで、1人、朝の散歩をする。

本当にのどかだ。朝は日差しがそこまで強くないので、歩くにはいい。朝を迎えた村は、サリーを着た女性たちが家の前をほうきで掃いていたり、朝ご飯の支度か食器がぶつかり合う音も聞こえてくる。子供たちは、裸足のまま外で遊び始める。そのすぐ傍には牛が、何もない空中を見つめたまま、ゆったりと道を移動している。

地図も持たずに、建物を目印にして歩けるほど、とにかく小さな村なのだ。

30分ほどで戻ると、宿泊者たちが朝ご飯を食べていた。

「あ、おはよう」

まだ少し眠そうなたかしも朝食中で、挨拶をする。

ロティという平べったいパンに、蜂蜜をたっぷり塗っていただく。1枚にしようと思ったけれど2枚目に手を出し、ぺろりと平らげてしまった。青空のもと、食事がすすむ、すすむ。

外にある共同のバスルームで顔を洗って歯を磨いてから、荷物をまとめてたかしと一緒にバス停まで向かった。キャメルサファリへ行った2人はまだ戻らず、「先に行くことにする」と手紙を書き、宿のおじさんに託したところで、2人を乗せたらくだの一群が戻ってきたので、先に行くと直接告げた。

ジャイサルメール行きのバスはすでに満杯だったので、バスの真上の荷台に乗って1時間半を走る。バスの上には、地元の人、旅人と合わせて7、8人が乗っている。

風がびゅんびゅん来るけど、気持ちいい。朝の日差しは、まだ強過ぎることはない。

途中で、風力発電所があるのを見た。日本にはない光景。

そういえば昨日のお昼、同じ宿に泊まっているフランス人とイギリス人に、日本は今どうなっているのか、原子力発電所は動いているのか、などと聞かれた。また、日本の人口、東京の人口、東京と福島間の距離を聞かれたけど正確に答えることができなくてもどかしかった。

両側延々と草原が広がる中、一本道をひたすら走ると、やがて遠くにオアシスの町ジャイサルメールが見えてきた。

遠方に聳えるジャイサルメール・フォートの威容。古来延々と、はるか彼方から過酷な旅の末に到達した者たちを、慈悲深く迎えてきたような佇まいだった。

HOTEL TOKYO PALACEに戻り、シャワーを浴びて、近くで買ってきたビールを飲みながら、出発の時を待った。夕方に、夜行バスに乗ってアーメダバードへ向かう。

そのうち、クーリー村からるみさんたち２人も宿にやってきた。

共同シャワーを順番に浴びて、終わった順に屋上でランチを食べる。私はラジャスターン州最後のご飯にと、お気に入りのカシューナッツカレーを食べることにした。太るとわかっているのだけど、美味しくてぺろりと平らげてしまう。

屋上で、そよそよと吹く風に当たり、インドらしからぬ穏やかな静けさを最後にたっぷりと堪能する。

静寂を破ったのは、その日に例の砂漠ツアーから戻ったシゲという男の子。初めての砂漠で、重度の日焼けをしてしまい、肌が真っ赤になって、痛い痛いと言っている。旅は道連れ、

バックパックにあったフェイスクリームを渡すと、

「初めてのインド、やっぱりインドは強え〜な」

「いや、インドというか、単に日焼け止めが足らなかっただけだから」

「砂漠の太陽をあなどってたわ」

「でも、本当に痛そうね。火傷だもの」

改めて、大自然に置かれた人間というのは、なんと弱いものかと思った。私も、気づいたら乾燥で唇が割れてしまっていた。


夕方5時半、バスが出発した。アーメダバードまで、たかしも同じ時間に向かうらしいのだけど、なぜか違うバスだった。バスチケットを買ったバス会社が違ったのだろうと思う。彼とは向こうで再会できるのか。どこかで待ち合わせるとか、同じ宿に泊まろうという約束はしなかった。

ジャイサルメールには5日間もいた。HOTEL TOKYO PALACEでは、何度もやってくる旅人と出会い、それから送り出してきた。それが、いざ自分が送り出される番になると、寂しくなってしまう。同じ学校で学んだ友と別れる卒業の日、明日からは違う道をそれぞれ歩んでいくのだというときの、喜びと希望の中で、一抹のぬぐいきれない寂しさを感じるように。

自分だけの乗り物に乗って、私たちはいく人もの仲間を見つけながら、同じ方向へ走り出す。それが人生だ。それぞれ道は違えど、目指す方向は同じなのだ。それはいつまで続くかもわからない未来という方向だ。

いざ、グジャラート州へ――建築都市アーメダバード

グジャラート州は、インドの中でもかなりマイナーな地方だと思う。インドの北西部にある、カシアワル半島一帯。ガイドブックにも、ほとんど紹介されないし、とくに何があるというわけではないのだけど、それでも私が行こうと思ったのは、どうしても見たいものがいくつかあったからだ。

1つは、建築都市として有名な州都アーメダバード。

もう1つは、パリタナという街にあるジャイナ教の最大の聖地で、860以上におよぶ寺院が集まった山岳都市。

さらには、カッチ湿原という塩湖と、その辺りに点在する少数民族の村々。

おそらく、他の州よりも交通は不便そうだし、なにより観光地化されていない気がする。

グジャラートを旅した人たちからは、

「とにかく人が優しい」

「グジャラート語で、英語がほぼ通じない」

「あまりぼったくられない」

というようなことを聞いた。

それからインドにおける質のいい布製品や刺繍、民族工芸品のほとんどは、グジャラート州でつくられているらしい。グジャラート州は、綿花の栽培がさかんな地域でもある。


ジャイサルメールからバスに乗って、建築都市アーメダバードには早朝着いた。

さっそくオートリキシャの運転手が来て、宿をすすめてくれるけれど、そういうのには基本的に行かないし、いい宿なのかどうかもわからない。

そのとき、同じバスだったハリスというおじさんが声をかけてきた。彼も宿を探しているのでガイドブックを見せてくれという。けれどあまりアーメダバードの宿が載っておらず、しかも日本語。よくわかっていないそうだけど、1つの宿を指さし、そこに行ってみようと思ったらしい。

彼と一緒になって、彼ご指名の駅に近い宿へ行く。が、部屋がない。仕方なく、ガイドブックに載っていた別の宿Kings wayへ向かう。

そこは、Non A.C（エアコンなし）のシングル（５００ルピー）が１つと、A．Cのダブル（１０００ルピー）が空いているということだった。部屋を両方見せてもらう。

ダブルの部屋はニオイが臭い。エアコン付きなので、そのせいだろうか。

ところで、エアコンのないシングルの部屋は５００ルピーのはずなのに、こっちも１０００ルピーだと言ってくる。たぶん、２部屋しかなく、同時に着いた私たちに、金額に差が出るとよくないと、宿の人がシングルを高く言ってきているもよう。

正直、こうなったら、どちらでもいい。異臭を考えると、シングル希望。とにかく早く休みたかった。なんたって、朝の４時半なのだから。

とりあえず、私はシングルでいいと言って部屋にさっさと入る。しばらくすると、ハリスがノックしてきて、

「申し訳ないよ、どうしてキミはダブルの部屋にしないんだ。僕がシングルでいいのに」と本当に申し訳なさそうにしていた。

まさか部屋が臭いからとは言えなかったが、インド人にとって異臭は悪臭でないかぎり（であっても？）気にならないせいか、単純に申し訳ないと思ってくれているようだった。

ハリスに起きる時間を聞かれ、おそらく10時だと言うと、

「では、ランチを一緒にどうだ」と誘ってくれるので、
「では後ほどロビーで」ということになった。

目覚ましが鳴り、シャワーを浴びて、ハリスとランチに向かう。彼が美味しいと評判のレストランへ連れていってくれるという。

オートリキシャを宿の手前でつかまえて、アーメダバードの街中を走る。おそらくデリーから直接来ていれば感じなかったのかもしれないが、喧噪からかけ離れたジャイサルメールにいたため、喧噪と猥雑さ、排ガスによる空気の悪さが気になってしまった。それでも、また、ワクワクし始めるのだから、つまりインドが好きだってことなのだろう。

レストランというか、ローカルな食堂に到着した。

外まで人が溢れ出ているほどの盛況。驚いたのは、店の中に、お墓がある。それって、斬新過ぎやしないか。木まで生えている。面白い。建築都市らしく自由かつ斬新な内装をめざしたのだろうか？　って、それは違うはず。

ハリスは、ジャイサルメールで採掘される宝石や金を使った宝飾屋で、仕事の交渉でアーメダバードへ来たらしい。タリーを食べながら、そんな話を聞いて、

「私はこれから階段井戸へ行くの」と言うと、彼は聞いたことがないらしい。

ボリューミィなタリーをすべて平らげ、ハリスのタリーを見ると、かなり残している。え、インド人でも量が多かったの？　インドに来て以来、膨張し続ける我が胃袋の行く末が恐ろしい。階段井戸って前に、私がデブへの階段を上っている〜。

そして、ダーダー・ハリーという階段井戸へオートリキシャで向かった。ハリスは、仕事だというのに、心配してわざわざ送ってくれる。

「ついでに、僕も見学する」と言ってオートリキシャのお金を払ってくれて、ついてきた。インド人、おせっかいで世話好きなところがたまに面倒くさくなるけれど、心の底から世話してあげたいと思っているのがわかる人もたくさんいる。

ダーダー・ハリー、一見地上には何も存在しないように思えるのに、地下へ下りる階段の入り口は宮殿さながらに素晴らしい構えで、中は、やはり宮殿と見間違うほどの美しい彫刻に囲まれ、計算しつくされたような芸術的な梁と柱に支えられて、見るものを圧倒させるオーラがあった。

「井戸とは、とても思えない！」私が感嘆の溜息を漏らすと、ハリスもうなずいた。

階段は井戸底まで続き、そこへ到達する頃には、肌はひんやりと湿っていた。見上げると、地上の光が差し込んで、ぬくもりすら感じられた。

インド人の彼も驚いたようで、こんな素晴らしい階段井戸があるなんて知らなかったと感動して、「ありがとう」と言ってくれる。

その井戸で、ももちゃんという日本人の女の子に会った。

宿のおじさんが、

「おお、キミも日本人か。ここに、日本人の女の子が泊まっているよ」と教えてくれて、彼女が「もも」って名前まで聞いていたから、まさか奇跡的に彼女に会えるとは！　しかも、気が合いそう。なぜなら彼女もニコンＤ７０００を持っていて、

「あっ同じ一眼レフ！」って同時に言ったのだから。

せっかくなので午後3時に宿のロビーで待ち合わせをして、お茶をすることになった。ももちゃんは、今夜のバスでディーウというグジャラートの南にある街に向かうらしい。それまで一緒に街歩き。初めて会ったのにそんな気がしないくらい自然と馬が合い、結局数日後にどこかの街でまた再会しようということになった。


アーメダバードで私がどうしても見たかったのが、偉大なる建築家ルイス・カーンが手がけたインド経営大学と、フランスの近代建築の巨匠ル・コルビュジエが手がけた4つの建築物、繊維業会館、サンスカル・ケンドラ美術館、サラバイ邸、ショーダン邸。後者2つは、私邸のため、見学が難しいらしい。

ももちゃんと一緒に見られたのは、サンスカル・ケンドラ美術館。ル・コルビュジエが手がけた晩年の美術館。建築が大好きな友人曰く、「これは駄作」と聞いていたのだけど、やっぱり感動した。

ル・コルビュジエが手がけた美術館は、世界に3つしかない。その1つがここで、他は、日本の国立西洋美術館と、インドのチャンディガールにあるザ・ミュージアム。

1階部分がピロティといわれる柱だけになっていて、2階部分が空中に浮かんだように見える。これぞ、ル・コルビュジエが提唱した近代建築原則の1つ。たしかに、どことなく国立西洋美術館と似通っているような気がするのも、嬉しい発見。

後日、1人になって行けたのは、キャリコ博物館とインド経営大学。キャリコ博物館というのは、インドの更紗やアンティークなテキスタイルや、刺繍、染め物などが展示されている、見応えのある博物館。サラバイ財団が管理しているようで、ここに行けばル・コルビュジエの手がけた個人邸サラバイ邸が見られるらしい。見学はツアーとなっていて、完全予約制だ。

朝行ってみたものの、

「ダメだ。もう予約はいっぱいだから」と門のところにいた守衛さんに言われる。

「ええええええええ」と、大げさに落胆すると、守衛さんがこそっと、

「あと1時間したら戻ってこい」と言ってくれる。

ま、ま、まさか？　その囁きに期待して、近くでブランチをして時間が過ぎるのを待った。

ふたたび、門前に行くと、ツアーが始まる時間らしく、西洋人やインド人の観光客で溢れ返っている。守衛さんと目が合うと「待て」と言うので待つ。そしていったん団体が中へと入ってから、呼ばれた。彼らについていけという感じだった。

荷物を預け、写真撮影も不可なのでカメラも預け、荷物との引き換えナンバーが書かれた札を持って、中へ入る。

そのときに、彼に袖の下なるお金をさっと渡した。

当たり前のようにさっと受け取られる。

きっと、たまにこういうことがあるのだと思う。でも実際、入れずに無念の顔をして中を見つめる観光客も何人かいたから、ラッキーだった。

で、キャリコ博物館で素晴らしきキャリコやアンティークなテキスタイルや刺繡を見たのだけど、サラバイ邸ってどうやって行くのだろうか。結局わからないまま、せっかく中に入れたのに、見られずに出てきてしまった。

後で人に聞いたら、キャリコ博物館の受付で聞けば、サラバイ邸に電話して承諾が得られ

れば連れていってもらえたとか！　なんたる失態。とはいえ、美しいキャリコが見られただけでもかなり満足だった。

それから、ルイス・カーンの手がけたインド経営大学も行った。オートリキシャに乗って、新市街まで飛ばしてもらう。

大学のゲートで見学したい旨を話すと、すぐに入場許可書を書かされて、1時間の見学が可能だと言われた。1時間！　あっという間なので、焦る。

ルイス・カーンといえば、丸、三角、四角を使った造形が美しい建築が有名で、雑誌なんかで見ると、特にバングラデシュの国会議事堂と、ここ、インド経営大学には、ずいぶんと好奇心を持っていた。

実際、レンガでつくられている建物としては、不思議なほど芸術的で、巨大な丸をくりぬいたガラスを使わない窓や半円のカーブ、構造的につくり出される三角形のシルエットが地面に映る空間というのは、モダンでありながら、居心地のよさを与えてくれていた。

とくに外側の壁のさらに内側にも壁をつくるという、二重構造の壁というのが印象的で、光を和らげたり、まぶしい光が入らないようにと工夫されているみたいだ。インド人というのは、少し薄暗いほうが好きなのかもしれない。

おそらくインドの風習や風土、文化的な要素が建物の設計において考慮されているはずだから、建物って見ているだけでも、たくさんのことを伝えてくれるものだと感じる。

遠くから把握する丸い窓が、近づくととてつもなく大きくて、何度もスケールアウトしてしまう。

それから食堂に入り、学食なるものを食べることにした。お金を払えば食べていいよって言うのだもの。

真鍮のお盆を持って、バイキング形式で、好きなご飯を好きなだけ食べていい。カレー2種類と、ご飯と、チャパティと、サラダと……とりあえず出ているもの全部載せて、食堂のテーブルについていただく。学生もちらほらいる。インド経営大学って、相当なエリートだと聞いた。

皆さん、きっと頭のよい方たちなのでしょうね～。もぐもぐ。ああ満腹。

すっかり満足して、宿に戻ることにした。もう今夜は何も食べまいと心に誓って。

ジャイナ教の聖地パリタナ――信者の行進に交ざる

インド通の人でも、パリタナと聞いてピンとくる人はそう多くないかもしれない。グジャラート州、カシアワル半島の中ほどにある小さな町にして、ジャイナ教五大聖地の1つだという。

私は、インドと建築が好きな友人からこの場所を聞き、ぜひ訪れてみたいと思った。聖なるシャトルンジャヤ山の頂に点在しているジャイナ教寺院群はわざわざ時間をかけても行くべきだと、友人は言う。それに、ガイドブックには写真すら載っていないものが多いというから、秘境感は半端ないのではないかと、好奇心がうずいた。

アーメダバードの南のディーウというインドで最も美しいビーチがあると言われる街で数泊してから（またも、ももちゃんと入れ違い）、バスで6時間かかって到着した。ディーウを出たのは朝7時半で、パリタナのバスターミナルに着いたのは午後1時半。

宿探しをしなければ。ディーウで会ったオランダ人のご夫婦がパリタナにはいい宿が1つもなかったと言っていたので、はなから期待せずに、「グッドホテル、ぷり〜ず！」とだけ一応伝えて、オートリキシャに連れていってもらったのは、Hotel Shravakというところ。バスステーションが目の前で便利だけど3人部屋。こんなにベッドいりません。シャワーもコールドらしい。ホットは出るけど、ホットウォーターだという。つまり、蛇口からお湯が出るというだけ。大きなバケツにお湯をためて、桶を使いながら体を洗うことになる。

ああ、どうしよう？　でも他にまともなホテルなんてないんじゃないかという気がした。

値段も安いし、水回りとベッドシーツも汚いわけじゃないし、窓が多くて部屋も明るいし、決めた。

あっという間に午後2時半になる。

ホテルの人に、さっそくシャトルンジャヤへ登ってみたいと話すと、往復するのに軽く5、6時間はかかるから、明日の早朝から登り始めろと諭される。横にいたフランス人のおじさんも、

「この炎天下、こんな暑い時間に登ったら死ぬぞ！　悪いことは言わないから、明日にしなよ」と助言をくださる。

明日はさらに西へ、ジュナーガルという街へ行こうと思っていたので、ひとまずジュナーガル行きのバスが何時に出るのか、向かいのバスステーションへ聞きに行くことにした。

結局、ジュナーガルへはローカルバスしかないらしく、出発はいちおう、午後2時半だという。ローカルバスかあ……。

ということは、おんぼろバスが、あちこちに停車しては地元の人たちを乗り降りさせていくバス。ダイレクトに行くバスと比べたら、時間は倍かかるし乗り心地も半減。でも仕方ない。この土地、この街の日常に入り込ませてもらっているわけだけだから、文句の言いようがない。文句？　いやいや、体がしんどいというのはあっても、心のどこかでは、現地の人

たちとたくさん触れ合えるのだから、楽しみなこと！ と思っていたりもする。

ということで、明日の早朝に登り始め、バスが出発する昼過ぎまでに下りてくることに決めた。といっても、今すぐにすることがないので、シャトルンジャヤ山の麓にある寺院まで行ってみることにした。街からおよそ2キロだ。オートリキシャに乗って、向かう。

ジャイナ教は、不殺生を守り、蟻も蚊も殺さず、厳格な信者は空中の虫なんかを吸い込まないようにと口に布を巻いていたりもする。厳しい苦行と禁欲の末に輪廻からの解脱に至れるという教え。当然、菜食主義者（ベジタリアン）だ。

インドでは今回私が訪れたラジャスターン地方、グジャラート地方、ムンバイに信者が多いらしい。信者は、白衣をまとうそうだ。

寺院の入り口の礼拝所には、夕方にも拘わらずたくさんの信者がいた。

しばらく向かいに座り込み、様子を観察する。ふざけたり、適当な様子で祈る者は1人もいない。

特定の宗教を信じていない自分からすれば、なかなか共感できない領域で、でもこういった人々を見ていると畏怖や畏敬の念というものが何かしら湧いてくるような気がしてしまう。祈る姿というものが、そういった気持ちにさせるのだろうか。

日が沈む前に宿に戻り、2軒隣の食堂でご飯を食べる。

メニューはなく、よくわからないので、相席になったインド人におすすめを頼んでもらった。カレースープに、プーリーという全粒粉を使った中がすかすかの揚げパンをつけて食べるという、高カロリーな献立だけど、美味しい。

インドは、州によって、あるいは大きく北部と南部によって、カレーをはじめとする食事の味付けが違う。言語も文化も風習も人の顔も違うのだから、食事が違って当たり前。

辛さでいうと南部のほうがストレートに辛く、クミンとガラム・マサラというスパイスを使う北部に対して、南部はクロガラシやココナッツミルクを使い、ガラム・マサラを使わないことも多いそうだ。主食も、北部はナンやチャパティといった小麦粉を使ったパン類に対して、南部は米だという。

グジャラートは南西に位置するのだけど、主食はパン類も米も多い気がする。ただ、南北にはない、不思議な味付けをしている。

驚いたのは、カレーがとっても甘く、でも辛いこと。甘辛いというのではなくて、口に入れた瞬間に「甘い！」と思うのに、しばらくすると「辛い！」と変化するような不思議な味付けで、はじめは戸惑いを感じるのだが、食べていくうちに病み付きになる。

有名なのがグジャラート・タリーで、タリーとは大きなシルバーのお盆にナンやチャパティ、ご飯が盛られて、それから小さいシルバーのカップが4、5個ほど並んだ定食のような感じだ。カップの中には、2、3種類のカレーやヨーグルトなどが入っている。
インドでタリーはどこにでもあるけれど、グジャラート・タリーは甘い味付けのカレーが2、3種類、辛いカレーが2、3種類、それから油っぽい野菜炒めか煮込みが2、3種類、ヨーグルト、デザートもカップに入っている。

グジャラートは州の人口の3分の2以上がジャイナ教ゆえ、肉や魚を食べられるところなんてほぼなくて、よって食事はヘルシーなのかと思うけれど、ボリューム満点。けっして痩せてしまうことはなさそうだ。

指を油でべとべとにしながら、熱々のプーリーを食べ心に誓う。

明日、山登りでカロリーを消費させよう（誓ってばっかで行動してない？）。

どうでもいいけれど、相席になったおじさんは、私が食べるのを真正面から堂々と見てくる。外国人が手で食べているのが不思議なのだろうか。た、食べづらい……。

翌朝6時にアラームが鳴り、日焼け止めだけを塗って出発する。まだ外は暗いけれど、オートリキシャは多く、肌寒い中をシャトルンジャヤまで走ってもらう。

少しずつ空が白み始めると、早朝にも拘わらず大勢の信者がいることに気づく。

そういえば昨日の夜、食堂で相席になったおじさんが、私がプーリーを食べ終わると話しかけてきて、教えてくれた。

「明日はジャイナ教の年に一度のフェスティバルで、大勢の信者が巡礼のため山に来る」

ジャイナ教徒がインド全土から集まって、皆で山に登るらしい。なんとも聖なる日に遭遇してしまった。

まだ夜が明けないけれど、昨日訪れた山の麓の寺院は巡礼の入り口のため、すでに大勢の信者がいた。

男性は白を基調とした布を、まるでローマ時代から飛び出してきたように纏っている。女性はそれはそれは美しいサリーを身に纏っている。ひらひらとサリーの裾がゆれ、しゃらしゃらと服のどこかから音が聞こえてくる。

中のトップスと布のそれぞれには、こだわりがあるようにデザインされている。水玉のトップスには花柄の布だったり、赤いトップスには白い布だったりと、とてもカラフルで華やかだった。

供物のバラの花をカゴに盛るおじさんが寺院の門前に何人かいる。

写真を撮ると、1輪くれた。

よく写真を撮って、お金を請求されることのほうが多いのに、バラを1輪くれるなんて。

だからだろうか、

「グジャラート州はおおらかで、優しい人が多い」と、この地を訪れた旅人は伝えていくのだろう。

インドは、まるでいくつかの国家のように、州によって人の性格も風土も違うのだと、移動するほどに実感する。


昼過ぎには下山しなければいけないので、さっそく登り始める。大勢の信者の巡礼の流れに身を任せる。

太陽が昇り、やわらかい光が山に差し込むと、肌寒さはしだいになくなっていく。登る途中、息づかいが荒くなると、インド人がいちいち、

「急いだらダメだ、ゆっくりね」（わかってます）とか、

「私は一日に3回も登るのよ」（え、嘘でしょう?）とか、

「写真撮らせて」（つらいの、ほっといて）とか、

「サインして」（なぜ??）

なんて声をかけてくる。どうして、この人たち喋りっぱなしなのだろうか。

山頂まで4000段近くあるらしい。登り始めて1時間くらいのところで、少しガスのか

かった視界の中から遠くに湖が見える。

そしてついに、ついに、山頂の寺院群が見えてきた。なかなか順調なペース。ところがだ。頂上付近はものすごい人で、規制がかかっている。道の真ん中がテープで仕切られ、女性は右で、男性は左らしい。右ゾーンに交ざりつつ、バスの時間を気にしながら流れに身を任せる（しかない）。

なかなか進まないので、地面にしゃがみこむ人たちも出てくる。私も疲れたので、地面に座ってみた。周りのインド人女性たちは、私に興味があるようで、チラチラとくりくりの目で見てくる。目が合うと、彼女たちの口角はぐっと上がって、綺麗な歯を見せてくれる。

ぼうっと、空を見上げる。

そんなとき、誰からともなく、祈りの歌が始まった。

1人が始めたであろう歌声は、2人、3人と広がり、やがて大きな歌声は、1個のエネルギー体として感じられるほどになった。そのパワーは絶大だろうなと思わずにはいられない。ぞくぞくと、鳥肌が立ってしまう。

祈りのエネルギーは、宇宙へと届いて、信者たちのもとへと返ってくるのだろうか。

やっとのことで、山頂の寺院へ入ることができた。

巡礼者たちの熱気は想像以上に凄まじく、叫ぶ者、はしゃぐ者、床に頭をつけて祈り続ける者、さまざまに想いをどこかへ昇華させている。祈りはどこへ向かうのか、祈りとは何だろうかと相変わらず私は考える。

同時に、「考えるんじゃなくて、感じないとダメだ」とアグラのホテルで、オーナーに言われたことを思い出す。

「キミは本当にハッピーなのか?」と問われて、どうしてそんなことを聞くのか、と思ったのだ。私自身、神という存在はなんとなくピンとこない。それでも宇宙の流れに身を任せること(それを運命というのか)、何かあれば神様に祈りたくなること、広大な宇宙を意識することでなんとなく安心することはある。こういう感覚に、近いといえるのだろうか。

仏教国にしても、ヒンドゥー国にしてもイスラム国にしても、何に祈るか、その祈り方、生活は変われど、祈りに傾注する精神性については、どこも壮絶なまでにパワフルだと思う。

インド人に、時間がないならあちら側に行けば、寺院群を上から見られると教えてもらい、標高の少し高い位置に建つ寺院群のほうへと向かった。

階段を上り、さっきまでいた場所を見下ろす。

それは、感動的な山岳寺院だった。

人というのは、こんなに繊細で豪華で細密な建築物をつくれるのかとため息が漏れてしまう。信仰心は、人に技巧の才能を生み出させるのだろうか。ヒンドゥー教寺院のように、さまざまな神々の彫刻やポップな装飾は見当たらず、繊細な模様が繰り広げる芸術に感動する。

眺めのよい場所から寺院の中を散策する。

寺院の中には、周囲を一めぐりする美しい回廊があって、中央には神を祀る祈りの場所がある。寺院の出口のような門からは、いきなり次の寺院へとつながっている。その構造は、まさに寺院都市と言われるにふさわしい。

丸いドーム型のストゥーパには、どこかイスラム教の影響も感じられる。遠くには、後を絶たない巡礼者の長い列が見える。聖地とは、ただ寺院があるだけではなくて、巡礼に訪れる者たちがあって成り立つ。寺院をつくったのは、人間なのだ。

来た道を戻り、寺院群入り口の広場へ行くと、朝とは打って変わって人が減っている。早くも、午前11時を回っている。ふたたび、4000段の階段を下りる。これから登る人たちも、まだまだ多い。家族で、団体で、個人で登っている人たちとすれ違う。真上に太陽が昇った今からとは、インド人ってたくましい。

少し下から、深紅色のサリーを身に纏い、布をかぶったインド人のおばあさんが、頭に大きな四角い荷物を載せ、登ってくる。なんて、たくましい足腰なのかと、驚いてしまった。

彼女は私に気づくと、持っている一眼レフを指さしてから嬉しそうに自分を指さした。

「撮ってちょうだい」ということなのだろう。

写真を撮ると「見せて」とお願いされたので、再生ボタンを押すと、そこには彼女の幸福な顔が写っていた。それを確認すると、目尻をしわしわにして、

「ありがとうね」と言って、また階段を登っていった。

やがて、パリタナの街が見えてきた。

昨日と変わらず麓には大勢の巡礼者がいる。帰り道、寺院入り口付近の食堂でＢＨＥＬ（ベル）というスナックを食べた。グジャラート州オリジナルのＢ級グルメ。これが美味しくて、はまってしまった。実は昨日も食べたのだけど。

ベビースターラーメンのようなスナック菓子に生野菜とざくろの実と大好きなコリアンダー、ナッツを交ぜたスパイシーな味つけ。病み付きになってしまう！

こういうＢ級グルメが私は好き。

だから、インドを旅するのが楽しいというのもある。インドはＢ級グルメ大国だと思うから。ただし、衛生面はやや気になるところ。でも、私は日本にいるときよりも、他の東南アジアの旅のときよりも、なぜかインドにいるときのほうがお腹が痛くならないので、あまり

気にせず謳歌している。

ホテルで預かってもらっていたバックパックを取りに行き、バスステーションでジュナーガル行きのバスが来るのを待つ。

午後2時半にバスが来ると言われたのに、2時45分になっても、3時になっても来ず、ベンチの隣に座っていた青年にジュナーガル行きのバスに乗りたいけどまだか聞いてみた。

彼はムンバイに行くらしく、行き先は別であるにも拘わらず、「まかせろ！」と重大な任務のごとく、毎度毎度バスステーションに入ってくるバスをチェックしてくれた。そのたびに、

「あれじゃないよ！　まだだよ！　大丈夫、僕がいるから安心して」と言ってくれる。彼の住むムンバイにも、ジャイナ教の信者は多いと言った。

突然青年が、「あれだ！」と言うので、重いバックパックを背負い、お礼を言って別れた。同時に、ローカルバスだけあって、地元民がどわっとバスに向かっていく。座れないのではと不安がよぎる。

バスの扉が開いた。するとさっきの青年がいつの間にか隣に来ていて、

「僕がキミの席をとってあげる！」

と地元民をかきわけ、最前列の席をリザーブしてくれた。私が無事にそこに座ると、彼は嬉しそうに握手をしてくれて、それからベンチへと戻っていった。

バスは午後3時半くらいにパリタナを出る。

グジャラート州は綿花の栽培が盛んゆえ、白いポンポンがついた広大な畑が続く。

リザーブされた最前列。

運転手のおじちゃんの写真を斜め後ろから撮ると、運転中なのにカメラ目線の笑顔をくれるので、思わず、

「前！　前を見て！」と前方を指さす。

案の定、対向車がプップーとクラクションを鳴らす。時として、牛の大群が前方をふさぎ、バスを止めてしまうこともあった。

やがて太陽が沈み、空はオレンジ色からピンク色になって、私が最も好きなライトブルーになった。それからすぐに紺色になり、夜の空に月が浮かんだ。

その間ずっと、私の隣の席にはどれだけのインド人が代わる代わる座っただろう。停車、停車を繰り返し、そのたびにおじいちゃんだったのが子供になり、それがおばちゃんになり、制服を着た女子学生になり、子供を抱っこしたお母さんになった。

カッチ地方へやってきた――ブジでの再会

朝、寒さで何度か目が覚める。

パリタナを出て、ジュナーガルに到着、そこで数泊してから、今度はスリーピングバスでブジという街に向かっている、その途中だ。

ガタガタとバスは揺れ、体が空中に跳ね上がりそうになるときもあり、だからすぐに目が覚めてしまう。眠るのが難しい。それでも、ジュナーガルで手配したブジ行きの大型バスは、かなり快適な個室シートを用意してくれ、160センチの私が足を曲げることなくのびのびと眠れる大きさで、シートの素材もビニールシートなので、ダニなどを心配することもなく寝ることができた。

いつの間にかバスが止まったようで、そのうちスライド式ドアをドンドンノックされ、「ブジに着いたぞ！」とインド人に起こされた。

インド人はいつもそうだけど、乗るのも素早ければ、降りるのも早い。何をそんなに急いでいるのだろうかと思うくらい。

結局一番最後に降りると、起こしてくれたおじさんが、トランクからバックパックを出してくれる。大抵、バッグは下にポンッと投げ出されるのに、おじさんは私が背負いやすいようにバックパックを持ち上げたままキープ。すばやく背負い、お礼を言うと、とても優しい笑顔で頭を右に傾けてくれた。

薄暗い早朝、一体どの辺りに自分がいるのかわからない。オートリキシャの運転手がどこに行くのだと、寄ってきたので、前もって目星をつけていた、

「バスステーション前のサハラホテルに行きたい」と言うと、すぐ近くだから歩けるという。バス停からあまり遠いところは面倒だったので、近いところを探していたのだ。

朝6時半だというのに、バスステーション周辺はすでにチャイ屋や屋台が出ており、大勢の人でにぎわっている。面白いのが、グジャラートの人たちは、チャイを飲むのに、カップ&ソーサのソーサのほうにお茶を入れて、すすって飲む。理由を聞くと、

「だって、このほうが早く冷めるだろう～」って教えてくれたけど、飲むときにこぼれないかと、そちらのほうが気になる。

何度か人に聞きながら、宿を見つけて入った。

おそらく10年ほど前は、中級ホテルとして建築されたのかもしれないけれど、そもそも耐久具合が悪いのか、修理やケアを怠っているのか、今は古さがあちこちに見られる少し大きめな宿だった。

受付で部屋があるか聞くと、シングルは500ルピーだと言われる。とりあえず部屋を見

に行く。ボーイが部屋に連れていってくれる。簡素で必要最低限のベッドとごみ箱がある程度。それからホットシャワーが出るのかと、バスルームに行ってチェックしようとすると、ボーイまでバスルームに入ってきてドアを閉められた。

「もうすぐお湯が出るから」と彼は言いながら、私のカメラを触ろうとしたので、危険を感じて強引に外に出ると、今度は腕をつかもうとしてきたので、鉄砲玉のように部屋から飛び出し、そのままレセプションも全力で通過して宿を出た。

「こんな宿はごめんだわ！　あばよ！」

結局オートリキシャに乗って、ガイドブックにあるかなり良さそうなホテル（高め）に向かう。金額は700ルピーからとあったけど、これくらいで快適に過ごせるならいい、と思った。反動もあるけれど。

ところが、2200ルピーと想像以上に高い。ジュナーガルでも数日2000ルピーほどのホテルに泊まっていたため、少し節約したいと考えていたところ。

どうしようかと悩んでいると、ホテルの人が別のおすすめホテルを紹介すると言って、紙に「ANJALI G.H（アンジャリゲストハウス）」と書いて渡してくれた。

そこは、ホスピタルロードにあるそうで、その旨をオートリキシャに告げると、すぐに連れていってくれる。

中に入り、部屋を見ると、シングルルームはかなり狭いのだけど、窓があって清潔、ホットシャワーは出なくてホットウォーターだけどニオイもしないのでここに決めた。300ルピーと、かなり安く収まってしまった。

昼の12時に、アーメダバードで出会ったももちゃんと、カッチ博物館前で待ち合わせをしていたので、シャワーを浴びて着替える。

いよいよ再会だわ！

一度宿の屋上まで上ってみて、この街はなんだか少し埃っぽくて、殺風景だなと感じた。乾いた空気とじわじわと高くなっていく気温も、ここが砂漠地方だからだ。

そう、ブジは、グジャラート州でも辺地といえる場所にある。ずいぶんと、遠くまで来たのだ。

地図で宿の位置を教えてもらい、ガイドブックに従って歩くけれど、早速迷ってしまう。ホスピタルロードと聞いていたので、その位置を確かめてから歩くのだけど、なぜか道がおかしい。辺地だし、地図が間違っているなんてこともあるのだろう。

とりあえず、いろいろな人に博物館がどこか聞きながら進むが、それも意外と知らない人が多く、じゃあ郵便局はどこかとか、目印になりそうなところを聞きまくる。

けれど着かない。うーむうーむ。

ようやく、わかりやすい一本道まで来て、そこをまっすぐ歩いて右に曲がればカッチ博物館のはず！　インド人は、「あっちだよ」って指をさすが本当に適当でよくわからない。1人に聞いても必ず合っているとは限らないので、2、3人にも同じことを確かめないと定かではない。みんな違うことを平気で言う。

道を教えてくれた果物売りのおじさんのところでバナナを買って、食べながら進む。道は本当に埃っぽく、空気が濁っているように感じる。足下も、牛のビッグうんちが、方々に落ちている。

カッチ博物館の隣の寺院に来て、門の前に座っているおじさんの写真を撮ったとき、

「のんちゃ～ん！」

と後ろから声がして振り返ると、ももちゃんが向かいの通り沿いのチャイ屋さんから手を振っていた。

「ももちゃん！」

小走りで、そちらに渡る。

「再会できた！　無事に会えてよかった！」と言いながら、さっそく、お互いの離れていた時間の話で盛り上がる。

「ホーリーどうだった？」と聞かれ、残念な話をする。

ホーリーは年に1度春に行われるヒンドゥー教のお祭りで、盛大に盛り上がる。だれかれ構わず、赤、青、緑、黄、紫、ピンクの色をした水や粉を掛け合ったり塗り合ったりして、春の訪れを祝う。見ている分には楽しそうだけど、非常に興奮度が高く、危険だともいう。

私は、ホーリーをジュナーガルで過ごす予定だった。

「なのに、ジュナーガルのホテルのおじさんに、ホーリーは9日だと言われて、安心して8日にギルナール山に登ってきたのに、その8日がホーリーだったの！　下山したときにはお祭り終了！　残念ながらホーリー祭を見逃したの!!」

「ええ!!　インド人って、なぜか嘘つくよね。どうも、『知らない』って言えないらしいよ。私もドゥワルカで、9日って言われたもん。でも、8日にやっぱりあって、参加できたけど……見てよ、カメラ！」

同じニコンD7000、赤い粉がボディにしみ込んでいる！　それも拭き取っても落ちないんだとか。

「ホーリー、本当に危険だよ。ものすごい人で盛り上がって、みんなクレージーになっちゃうみたい。変な人にも追いかけられるし、襲われるかと思った……」

同じ頃、フェイスブックでは、インドで出会った旅人たちがホーリー祭りを楽しむ様子がアップロードされ、カラフルな粉まみれになるのを見て、半ばわくわく、半ば恐ろしいと思っていたところ。ももちゃんのいたドゥワルカは、インドの中でもヒンドゥー教の聖地の1つだから、それは熱狂的な盛り上がりだったのだと想像する。

「で、変な人に追い回されて、おじさんに助けてもらったけど、『危ないから3時までホテルから出るな！』って、説教をくらった」らしい。

でもやっぱり体験したかった。ま、インドに来たら、流されるしかない。出会った人が嘘つきで、それを信じたならそれが私のインドになっていく。

「ジュナーガルのギルナール山はどうだった？」と聞かれ、

「9999段の階段と言われているんだけど、実際には1万3000段らしく、死ぬかと思った。ちょっとした巡礼トレッキング！　階段の中腹にあるヒンドゥー寺院群はなかなか素敵だったけど、正直パリタナのジャイナ教の山岳寺院都市のほうが感動したかな。それよりも、山から見下ろす大自然が絶景だった」と答えた。

出会ってから再会するまでの数日間で、お互いの旅はまったく違うものになっている。それも人生そのもののようで、面白い。

お腹が空いたので、ちょっと歩いたところにあった屋台でカモン・トコラを食べる。このカモン・トコラというのが、グジャラートのB級グルメで超はまった逸品！　黄色いひよこ豆の粉でできた蒸しパンに、甘酸っぱいソースをかけて、ヨーグルトとチリソース、コリアンダー、ベビースターラーメンみたいなのを載せる。

あまりの暑さにちょっとバテ気味だったけど、復活。

少し歩くけれど、まだ道がよくわからないので宿までリキシャで行くことにした。ももちゃんも、宿を私と同じにするという。

ところが「アンジャリホテル」というのがブジに2軒あるとかで、「アンジャリゲストハウスon hospital road」といって着いたところは別の宿。

「ノーノーここじゃないよ、別のアンジャリ！」と言うと、英語の通じないドライバーは、

「アンジャリパレス？」と聞いてくるが、それでもない。

記憶を辿り、「宿の近くにはガソリンスタンドがある」と言うと、おじさんが小さなガソリンスタンドに連れていってくれたけど、そこも違う。

そのうち何人かインド人が集まってきて、英語の話せるインド人が通訳してくれる。すると、他の人が、

「アンジャリってあっちのじゃないか？」と言ってくる。

あのさ、この街に、いったいいくつのアンジャリって名前の宿があるのよ？

最後に言われた、「あっちのアンジャリ」に向かってもらうと、ビンゴ！　ここです！

なんと、「アンジャリゲストハウス」はおじさんが初めに連れていってくれたところで間違いはなく、私が泊まっていた宿は「ホテルアンジャリ」という名前だった。

ということは、早朝に「アンジャリゲストハウス」に行ってもらったつもりのオートリキシャのおじさんが間違えたみたいだ。なるほど、それじゃあ地図もなかなか読めないはずだ。それでもなんとかなる、というのがインド。どうにかしてくれちゃうのも、なんとかしてくれちゃうのも、インド人なのだから。

ももちゃんも無事にチェックインができ、レセプションでカッチ湿原のほうへ行きたいと相談すると、自分たちで行くのは難しいと言われた。

ローカルバスはあるけれど、時間がかかるし、乗り換えもあって、出発時間も不正確だそう。しかも湿原の手前までしか行かないらしい。かといって1人でタクシーをチャーターするのも怖いし、三十路の2人、とくに無理は嫌い。せっかく一緒に行けるのだから、車をチャーターして行こうということになった。1日1950ルピーで宿代も込み。

ハリジャンの村を含め、いくつかの少数民族の村とカッチ湿原のホワイト・デザートと呼ばれる塩の砂漠にも行ってくれる。

車チャーターの予約は宿ではできず、バスステーションの前のトラベルデスクまで行き、無事に翌日スタートになった。

宿に戻る道すがら、アルプリを食べる。これもまたB級グルメ。揚げパン、プーリーの中にほくほくのじゃがいも、オニオン、ソースを入れて、コリアンダーやベビースターラーメンのようなスナックをかける。たこ焼きみたいな見た目をしている。一口で食べないと、中のスープが出てしまいそうになるけれど、一口では大きすぎて、食べるのに苦労する。

されども、

「これはやばいね〜美味しいね〜」と、あっと言う間に平らげてしまう。

さらに食欲は止まることを知らず、パンの中にじゃがいもカレー味のペーストとナッツを入れたダベリというサンドウィッチも食べる。グジャラート州のB級グルメ、最高！

それから道を歩くと、緑色のサリーを着た女性が子供連れで洋服を売っていた。

なんとなく、ももちゃんと物色を始めると、可愛い飾りのついたチュニックが原色の緑とピンクである。

「色違いで明日から旅しちゃう？」なんて冗談で言っていたつもりが、

「いいね、本当にそうしちゃおうか！」といって色違いで購入した。

チュニックに合う、下に穿くズボンも物色して、私は緑のチュニックにからし色のズボン、ももちゃんはピンクのチュニックに青緑色のズボンを買った。

インド人女性のサリーのように、カラフルだ。

翌日からさっそく2人で色違いのチュニックを着て、旅をする。

ハリジャンの村々とカッチ湿原

インドとパキスタンの国境沿いに、カッチ湿原が広がるカッチ地方がある。その辺りにバンニと呼ばれる地域があって、大小40ほどの村がある。俗にハリジャンというマグワル族もいるし、遊牧民のラバリ族や農牧民のアヒール族、ジェッド族などさまざまな民族が暮らしている。彼らは刺繡や工芸品をつくらせれば一流らしく、世界一の刺繡製品だと、インド人も誇りにしているくらい。

あらかじめ、ツアーデスクでもらっていたマップで、その中で訪れる村をいくつか決めて向かった。

車は宿から出発して、早々にブジを抜けると、あっという間に広大な平原になった。果てしない道を車はガタガタと進む。

まず、ニローナという村に着いた。

ここでローガン・アートという工房に案内される。世界でローガン家しかつくることができないアートがあるらしい。この地域だけに生える樹から分泌される液と色のついた粉を混ぜて、ネバネバの素材をつくる。それを布に載せて絵を描いていく。

驚いたことに、絵の下書きはなし。いきなり色を載せていくのだから、創造力と度胸に脱帽する。それも、やっている職人さんというのが、まだ若い青年だったりする（見た目はおじさんだけど、インド人は老けているから、たぶんまだ若いはず）。

布に模様を描いたら半分に畳んで模様を左右対称にしていく。最初は1色で進めて、次に別の色を模様の上に載せていき、また布を半分に畳んで……を繰り返す。

できあがりまで、1週間から数週間、大作になると数ヶ月かかるとか。

模様の繊細さと下書きなしでこれほど幾何学的な構図を描けることが不思議でならない。まさに神の手を持った家族。それには、彼らの技術を伝承していくファミリーの絆があるのだろう。

さて、先へと進む。

やがてビリンディアラという村に到着。チェックポリス地点があって、そこでパスポートを見せて、必要な書類に情報を書き込めば、先に進める。通行許可書をここでとれるらしい。パキスタン国境が近いために、セキュリティが厳しいのだそう。別に、少数民族の生活を保護するというわけでは、ないらしい。

ルディーアという村へ行った。ハリジャンの村だ。

白い円錐形の家で屋根が木の枝で葺かれている。クーリー村で泊まった宿と同じ。違うのは、外壁のペインティングがもっと多く、カラフルという点だ。

女性たちはサリーではなく、もっとたっぷりしたスカートとお揃いのトップスを身に着けている。巧妙で繊細な刺繡は素晴らしく、可愛いとも美しいとも感じるほど。

頭から覆う布にも、刺繡が施されていて、彼女たちの顔を華やかにする。それから、腕や足、顔にじゃらじゃらキラキラとアクセサリーを着けている。

「可愛い!!」

彼女たちを見て、2人で叫んでしまった。さらに、どうどう？　と見せてくるバッグや小物が可愛くて、しばらく真剣に物色してしまった。

はしゃぐ2人を見て、大きな鼻ピアスをつけたおばさんが、ミラー刺繡のキュートなトップスとトルコ帽みたいな型の赤い帽子を着せてくれた。

そして……インド人の女の子たちはまるでお人形さんのようなのに、私ったら、どうして……（無念）。

「まあ〜！　と〜っても似合うわよ！」と、おばさんは親指を立ててグッドサインを出してくれるけれど、嘘だとわかる。なぜなら、ももちゃんが、

「えっと、私はいいや、見てるだけでいい……」って言っていたから！

ところで首に着ける重そうな銀色のネックレスや腕にぐるぐると何重にも巻きつけた白いブレスレットは、ハリジャンの証らしい。

どうしてインドの女性は彼らの服飾品を身に着けないのかといえば、その刺繍やアクセサリーこそ、ハリジャンのものだから。当然、ハリジャンの女性はサリーは着ることができない（らしい）。こうして、観光客向けに生涯村に住みながら刺繍に明け暮れ、娘から娘へと伝えていく。それが彼らの生きるということらしい。

ところで、ハリジャンというのは、インドの古いカースト制度においては、「不可触民」とされ、見ることも触ることも拒まれた、人として見なされなかった人たち。

奴隷層シュードラよりも、下の階級。酷い差別を受け、彼らは「家畜」同様のひどい扱いを受けていた（いる？）。

現在は憲法でカースト制度が廃止されているので、当然不可触民は解放されているはずなのに、依然としてカーストは根強く残っており、心的な部分の差別レベルでは何も変わっていないのだと、インド人から聞いた。

それでも、カーストの上層部バラモン、クシャトリア、ヴァイシャにいる人たちの間では、カーストを超えた恋愛や結婚もごく最近ではあるらしい。

インド独立の父マハトマ・ガンジーがハリジャン（神の子）と名付け、不可触民解放運動に生涯を捧げたことは歴史に詳しい。ガンジーが生まれたのも、ここグジャラート州の港町ポールバンダル。といっても、彼はカースト制度そのものは肯定していたらしい。

宿は、ドロドという村にあって、この地帯ではかなり高級ホテルになる。部屋は例の村々にあった一軒家のようで、内装も外壁のペインティングもとっても可愛い。他の宿泊者はほとんどインド人家族だった。

夕方になって、ふたたび車に乗って、カッチ湿原のほうへ北上した。周囲は荒涼とした湿原が広がり、遠くにところどころ、工場のような建物が見えたりする。やがて、巨大な塩の世界が広がった。ホワイト・デザートだ。

車から降りる。

足下は、ざくざくという音がする。

乾季なので、水分が少なく、地表は白い塩で覆われている。地平線まで、その白い世界は続いている。それは、一面の雪景色を思わせる。

2人とも、言葉が出なくなる。

しばらく沈黙があって、ももちゃんが言った。

「インドじゃないみたい」

私は、こっくりとうなずく。2人の影が足下に伸びている。インド人の観光客の影も白い地表に伸びている。よく見ると、白い一面のキャンバスには、人の影しか描かれていない。

太陽の光を受け、塩の結晶はキラキラと輝いて見える。

2人とも、しばらく幻想的な世界を見つめたまま動けなくなった。

ももちゃんが、カメラを構えた。

やがて、「カシャ」という音が聞こえた。

私も同じニコンD7000を顔の前で構えて、ファインダーをのぞく。

同時に、ふたたび、そう、あの中国の砂丘で泣いてしまったときと同じように、胸にこみ上げてくる感情を抑えることができなくなりそうだった。

泣きたいような気持ちになった。

ファインダー越しに見える真っ白な世界は、まるでスクリーンのように、アジア3ヶ月の旅で出会った、愛しき出会いを一つひとつ思い出させたのだ。そして、いくつもの喜びと幸福と、怒りと悲しみの感情がうずまいた。それはまるで、誰かを真剣に愛するときに経験するような様々な感情に似ていた。

旅の間、いや、もしかしたら29年間の人生で感じたそれらの感情が、一度にまとまって襲ってきているような気がした。
体が熱くなっていくのを感じ、血が逆流していくような躍動を自分の中に感じる。
風に吹かれて空中を舞う塩のせいか、口の中がしょっぱく感じる。
それは、生きていることの実感だった。

真正面に太陽が落ちていく。
「太陽って、本当に燃えて見えるね」と、ももちゃんがカメラを首から下げて言った。
「うん、太陽も生きてる」と私は応える。
インド人の団体が太陽に向かって歩いていく。
彼らの姿はシルエットだけになって、太陽の光の中に吸い込まれていった。

ムンバイ——その光と影

インド最後の街ムンバイへ来た。ブジでももちゃんと別れ、またの再会を誓い合って。
ムンバイからはマレーシアのクアラ・ルンプールへ飛び、そこでアジアの旅が終わる。
インドを初めて訪れるとき、北インドの王道と言われるルートがある。

デリー、アグラ、ジャイプル、バラナシ、ブッダガヤ、コルカタ。誰が言い始めたのかわからないけれど、ここを辿れば、人の生と死と宗教と文化と風土と食と自然と……とにかくインドを語るうえでの基本的なたくさんのことに出会えるからではないかと思う。

「インドはすべてのアジアを経験してから行きなさい」

と、高校生のとき、インドを愛してやまない物理の先生が言っていた。その言葉は、16歳の私に「フィリピン（父が仕事でいた）に勝る途上国っていったい？」と疑問と好奇心が同時に襲ってきて、インドを魅惑的な存在へと印象づけた。

それからおよそ5年後に、私は北インドの王道を旅した。時間がなくてコルカタは行かなかったけれど、その代わりにガンガー（ガンジス川）の上流の町ハルドワールとリシュケシュへ行くことにした。

不安まじりの好奇心は、やがて冒険心と探究心と呼べるものに変わっていき、目の前で起こる現象と現実のありさまをまじまじと見据え、世界観というものができていったように思う。

世界というのは、はるか遠い異国であっても、同じ空の下にあって、同じ大地の上にある。それを感じるだけで、幸福な気持ちになるというのが、私にとって、旅から与えられた大切な発見だった。

母なる大河ガンガーへ、死後遺体を流すということがインド人にとって最高の幸福であるということを知り、その光景をこの目で見てみたいと、好奇心だけでバラナシへ向かった。バラナシでは、生と死が同じくらい持っているパワーを肌で感じることができた。


ガンガーの畔で、人が焼かれていた。

布にくるまれた遺体の、その布から、死者の足先が出ていた。

もはや、それは木の棒のようにしか見えなかった。

やがて火は、布を灰にしながら、その棒のような足先へと到達する。

空を仰ぐと、灰が雪のようにハラハラと舞っていた。

家族は涙を流しながら、その光景をずっと見続けている。

悲しみにくれるという感じではない。

小さな箱に入れられるわけでもなく、殺風景な式場で、事務的に焼かれるということでもなくて、その人が生きて、生きて、生きてきた長い、あるいは短い旅路を天地が優しく包み、肯定してくれる光景が目の前にあった。

すべてのどのような人生も、天地は受け止めてくれるのだろう。

「よくぞ、生きた」と言ってくれているようで、これからの旅路を祝福してくれているようにも見えた。

ゆっくりと、ゆっくりと。
家族と死者の時間が、そこにはある。なんて幸福な別れだろう。

時間が経って、死者は母なる大河へと流された。
かつて生きていた者は、ゆっくりと、沈んでいく。
川はまったく動じずに、悠々と流れていく。
そこに流されるものは、何一つ違いがないもののように思えた。
犬の死体も死者も、人が投げ入れたゴミや糞尿でさえ、自然に還る。
そのものたちの「生なる時間」はゆっくりと、悠々と自然へ昇華していく。
すべてが無に還っていくようで、きっとそうではない。
自然に抱かれて、生まれ変わるのだろう。
輪廻転生の思想がなぜインドで生まれたのか、わかったような気がした。

2度目のインドで、初めて訪れたムンバイは、インドの商業都市と呼ばれ、驚くほどの経済都市へと発展していると聞いていた。

かの有名な高級ホテル、タージ・マハルホテルもあって、客室からはアラビア海が見渡せるそうだ。アラビア海に浮かぶたくさんの小舟はまさに絵になる光景。タージ・マハルホテルと向かい合うように、豪華な構えのインド門が海に面して立っている。

さらにムンバイには、インドで最大にして、優美で壮麗な姿を見せるチャトラパティ・シヴァージー・ターミナス駅がある。世界遺産の威厳を放ち、宮殿や教会かと見紛うかのようなヴィクトリアン・ゴシック建築が美しい。かつてイギリスによる植民地時代、10年の歳月をかけて建設された駅だという。当時ヴィクトリア女王だったことから、ヴィクトリア・ターミナスと呼ばれていた駅だ。

街には高層ビルもところどころ建っており、インドらしからぬ都市感を思わせる。街を歩きながら、そんなムンバイの光景を目の当たりにする。

ところが、ムンバイには、巨大なスラム街が隣接する。現在ムンバイの人口の約6割がスラムの住民らしいから、その規模の大きさは一部しか見られなくとも、想像がつく。高層ビルに隣接して広がるスラム街は、ムンバイ港のほうまで広がり、港はヘドロがたまり、悪臭がすさまじい。さすがにずっと歩いていると頭痛がする。

ブジでハリジャンの村を訪れたけれど、このスラム街にも大勢のハリジャンがいるらしい。地球の息づかいに合わせて生きているようなカッチ地方の村に比べ、ムンバイのスラム街には希望があるのだろうかと感じてしまう。

そして街のほとんどは、まだまだ貧しい装いをしている。

物乞いはあちらこちらに見るし、地べたに座り込み、野菜や花、日用雑貨を売っている人たちも多い。なかには、体が不自由な人もいる。工事中の舗装されていない道があちらこちらにあり、歩くのも困難だし、そこで働く体の細いインド人たちの目はギラギラとして、何かに燃えるような、怒ったような顔をしていた。

けれど、その道の脇を通る子供たちは、お互いにじゃれ合いながら、無邪気に笑い、母親の後をついていく。

足下には、祈りのために捧げるピンクの花びらが落ちている。

まだまだ発展途上であり、インドならではと言える（それは他のアジアにも起こり得るけれど、規模感でいえばダントツで）光と影を垣間見てしまう。ムンバイで見た人たちは、「バラナシで見た死者が生きていた頃の姿」とでも言えばいいのか、人間が死へ向かうまでの「生きる時間」で起こるたくさんの姿に出会える場所だった。

私は思春期を迎えたあたりから、よく思っていたことがある。

なぜ、「生まれたことに感謝しなさい」と教わるのかと。

生まれて生きることは、苦悩のことのほうが多いように感じていたからだ。それはもちろん、他者との比較ではなくて、自分自身がきっと生まれながらにして持っている、弱さや繊細さのせいだと思う。すぐに傷つき、人を傷つけることのできる弱さは、孤独と寂しさを生み出した。

生きるとは、未熟な自分と一生向き合うことそのものではないかと思う。まさに我こそ発展途上。発展の途中には、さまざまな問題も犠牲も愛の崩壊も裏切りも、想像するだに恐ろしいたくさんのことが起こり得るだろうと思う。

けれど、逃げることはできないのだ。小さな幸福や、ささやかな喜びのために、私たちは苦悩を乗り越えていくしかない。

アジアを通しても、インドだけの世界でも、ムンバイだけを歩いても、私はそういったことをずっと考えている。旅は学びの場であって、多くの問いを与えてくれる。

旅に出て、初めて母にこうメールをした。

——生きるって、大変。孤独と向き合うことだね

するとと母からこうメールの返信があった。

——でも、だから、1人では生きられないわよ

　愛を持って生きてね

脳裏に1つの光景が蘇った。

ムンバイで、大人びた顔をした子供が、赤いサリーを着た母親に手を引かれ、無邪気に笑ってついていく。

手を引かれた子供は振り返り、私と目が合う。

その瞳は、どこまでも澄んで美しかった。

あとがき――東南アジア・インドの旅を終えるときに

東南アジア・インドの旅が終わる！　両手を空に向かって突き上げたいほどの達成感と、後ろ髪をぐい――っと引かれる名残惜しさが同時に私の胸にこみ上げる。

インドを出れば、私の3ヶ月におよぶ旅が終わる。

思い返せば世界旅行に出るのだ！　と鼻息荒く妄想していた頃ははるか過去のこととなって、はるか遠くだと思い描いていた未来は、思いがけずあっという間に足下までやってきた。

父が昔教えてくれたアインシュタインの相対性理論だって、いつの間にか肌で感じられるようになった気がする。時間とは自分にとって、遅い、速いというものがあるのかもしれないけれど、旅という非日常のなかにおいては、またその時間的な感覚も特別なものだと思った。

太陽が地上に顔を出したばかりののどこか黄味がかった世界からは、清涼な空気が流れ、あらゆるものが動き出している音が耳に届く。そんな感覚は、日本ではない。

鶏が鳴き、空からは鳩やカラスや名前のわからない鳥の鳴き声がする。道をのそのそ歩き、ゴミ溜めに顔をつっこみ、鼻や喉をならす牛。それに交じって、人のざわめきや、時折くしゃみをする人の気配がある。

早朝から始まるチャイ屋さんで食器ががちゃがちゃぶつかり合う音やオートバイやタクシーがエンジンを吹かす音がする。朝だからか、いくらかまだ遠慮がちのクラクションの音がしてくる。それは、ピ――――だか、ピ、ピ、ピだか、ピ～タララというような、運転手の性格が露骨に表れるような、さまざまな音。

東南アジアやインドは、音の海に沈んでいくようだと思う。騒音というよりは、ざわめきの世界だ。常に何かが躍動している生命の息吹を感じる。

その音に目が覚めて、顔を洗い、簡単な化粧をし、洗濯して乾いた服に着替え、歯磨きをしながらふたたび窓から外の世界を眺める。やわらかく、黄味がかった世界は、いつの間にかクリスタルな光に照らされて、力強さを放っている。

体の中からパワーが湧いてくるような気がする。そんなことを感じると、なんというか、自分は自然の循環の中の一部であり、壮大な宇宙の流れに身を浮かべているような幸福な気持ちになってくる。

ついに、私も、「ねえ、知ってる？　私たちって、宇宙の一部なのよ～」とか言い始めちゃう？

その流れの中で、これまでに見たことのない、一つひとつと出会っていく。その行程は、いつも心が揺さぶられる。

素晴らしい！ 綺麗！ 臭い！ 汚い！ と、感嘆の幅は大きく、それもまたしだいに慣れていっては、また別の感動で胸を震わせる。ところが人というのは、いつまでも同じものを見て、同じ感動を保てない。悲しいほどに。

だけど、新たに胸躍らせてくれる何かに出会えると信じて前に進むのも、旅であるし、生きることそのものだと思う。

インドネシア、マレーシア、シンガポール、ミャンマー、タイ、ラオス、カンボジア、インドの8ヶ国を回っても、その国々はまだまだ奥が深く、アジアについて語るなんて到底できないけど、1つ言えることは「自分はアジア人だ」という力強いアイデンティティの再認識が行われたことで、もっとアジアを知りたくなったということ。

アジアには、今は途上国であっても、急速に発展している国々が多い。いつか、誰かから、世界はアジアによって支えられていると聞いたことがある。

誰かのでたらめかもしれないけど、東の日本、中国をはじめ、インド、東南アジア、そしてはるか西はイランやトルコまで含まれる広大な範囲のアジアの歴史や文化、人々がなければ、この世界はまったく別物になっていただろうと思う。

アジアの最大の魅力は、そこじゃないかと思う。

最先端技術の開発がなされ、便利さと効率化ばかりを追い求める日本から、いまだに裸足で歩く国々を旅することができたのは、幸福なことだった。


ミャンマーで、彼らの平均寿命は64歳だと聞いた。日本人の平均寿命は83歳。たしかに、医療の不足や食生活、衛生面を見れば、短くならざるを得ないのかもしれない。でも、と思う。彼らは、背筋を伸ばし、裸足で土を踏み、自分の足で毎日しっかり地球を歩いている。


靴を履いていると、人の足はいとも簡単にひびが入り、草木に傷つく弱いものだと気づかない。朝の土の温度と夜の土の温度が違うなんて、土と石の湿度が違うなんて気づかない。

ミャンマーで、裸足で歩く機会が多かったこともあって、その後いろいろなところの汚い道でも、だいぶ気にせず歩けるようになった。食事にしても、初めはたびたびお腹を壊していたのが、インドに入ってからはまったく腹痛にならず、臆せずにいろいろなご飯を食べた。生野菜でも、ときに生水でも（これは、間違って飲んでしまったのだが）、大事に至るような病気にはならなかった。

おかげで、インドを出る頃には祝・体重増加！

徐々に体が慣れていく。慣れとは、強さかもしれない。

気づけば、非日常の旅が日常になって、日本での生活が非日常になってきている。同じ時間、日本にいたら、私は何をしていただろう？　と、すでにどちらが本当の「日常」にいるのかわからないけれど、思いを馳せてみる。

笑っているのだろうか。

ストレスで疲れた顔をしてはいないだろうか。

夜な夜な遊びに出かけて、目覚ましの音に起こされて会社へ向かっているのだろうか。

幸せだろうか。

世界は、活気に溢れ、生命力にみなぎっている。圧倒的で畏敬の念を抱かされる大自然と、辟易させられながらも、それでもやっぱり好きなんだよな、と思ってしまう愛嬌のある人々がいる。

今、自分がこの世界で現に生きていることを思うと、とたんに日本で生活している妄想の中の自分は、風船の中に閉じ込められて、どこか遠い遠い空へと飛んでいってしまいそうな気分になる。

このさまよう感覚。これが「旅」なのかもしれない。

さて、アジアの旅が終わる頃に、私という人間は少しでも何かを得て、いらない何かを削ぎ落とし、「素敵な女性になるのよ」と家の玄関先で母に告げた言葉を実現できているのだろうか。

それは、今はまだわからない。

けれど、母の口癖だった「人は孤独なのよ、強くなりなさい」の真意を、私は旅先で少しだけ理解できた気がする。

人生という旅路において、人は1人だ。

大地を踏みしめ、ゆったりと歩き、水を飲み、また歩き、食べて、休み、眠る。それは、やがてこの世を旅立つその日まで続く、たった1人の作業だ。

だけど、誰かと足並みを揃えて歩き、水や食事を分かち合い、知識や知恵を教え合い、ともに休み、ともに眠る。1人で生きていたら得られない喜びと愛がそこにはある。

生まれた意味や、生きる理由の答えが、そこにはある気がする。

1人だからこそ、誰かを必要として、求めていい。自分の弱さを知って、もっと甘えていい。自分の強さを知って、誰かのために傍にいてあげればいい。

誰かのために生きるとか、誰かを必要とし、必要とされることは、人が生きるうえで、最も幸福なことなのではないかと、今は思う。

それが東南アジア・インドの旅を終える頃に抱いた私の新しい「孤独観」。

そう思えたことは、私の30年になろうとする人生で、最も貴く嬉しい発見だった。


最後に、私をずっと支えてくれている家族（両親、兄夫婦、可愛い甥っ子たち！）、先輩方、友人たちに、そして私が旅に出ると決めてから、「だったら原稿書いてみなよ！」と新しい挑戦の場を与えてくださった幻冬舎の永島賞二氏とコンテンツビジネス室の設楽悠介氏に、この場を借りて感謝いたします。


それから、旅先で出会ったすべての旅人に心からの感謝と尊敬を！

人生は旅そのもの。

それぞれの旅を謳歌しよう！


そして私、旅女は、ドキドキワクワク地球に恋をしながら、今日も世界をゆく！

この作品は書き下ろしです。原稿枚数727枚（400字詰め）。
また、本文中の情報は、2012年1月〜3月のものです。
JASRAC　出　1407342-401

恋《こい》する旅女《たびじょ》、世界《せかい》をゆく

——29歳《さい》、会社《かいしゃ》を辞《や》めて旅《たび》に出《で》た

小林《こばやし》 希《のぞみ》

平成26年7月5日　初版発行

発行人——石原正康
編集人——永島賞二
発行所——株式会社幻冬舎
〒151-0051東京都渋谷区千駄ヶ谷4-9-7
電話　03(5411)6222(営業)
　　　03(5411)6211(編集)
振替00120-8-767643
印刷・製本——中央精版印刷株式会社
装丁者——高橋雅之

幻冬舎文庫

ISBN978-4-344-42219-3　C0195　こ-36-1